中国金融稳定报告
China Financial Stability Report
2015 中国人民银行金融稳定分析小组

中国金融出版社

中国人民银行金融稳定分析小组

组　长：潘功胜

成　员（以姓氏笔画为序）：

王永红　王　煜　冯菊平　纪志宏

朱　隽　李　波　杨伟中　励　跃

张　涛　陆　磊　邵伏军　宣昌能

盛松成

《中国金融稳定报告2015》指导小组

史耀斌　王兆星　庄心一　陈文辉

《中国金融稳定报告2015》编写组

总　纂：宣昌能　金　荦　梁世栋　黄晓龙　陶　玲
统　稿：金　荦　杨小军
执　笔：第一章：刘　通　丁　康
　　　　　第二章：李　达　陈　颖　张怀清　马志扬　刘　珂
　　　　　　　　　翟　春　魏礼军　周轶海　韩迪铮
　　　　　第三章：陈建新　林文顺　赵　民　洪　波　赵冰喆
　　　　　　　　　丁洪涛　王文静
　　　　　第四章：孟　辉　李敏波　许　玥　孙寅浩　孙伊展
　　　　　第五章：王少群　陈　敏　刘　浏
　　　　　第六章：孟　辉　李敏波　许　玥　孙寅浩　孙伊展
　　　　　　　　　肖　婕　罗惟丹　李向瑾　王伟强　刘延明
　　　　　第七章：张卫华　刘　通　张　烨　黄珊珊　孙　毅
　　　　　　　　　杜　静　李南南　拓　扬
　　　　　第八章：田　娟　谢　丹　胡　平　王　淯　任秋宇
　　　　　　　　　刘　婕　陈建新　赵冰喆　刘　浏　杨　柳
　　　　　　　　　苗萌萌　郑楚琳　冯　蕾　王　元　胡　婧
　　　　　专题一：欧阳昌民　于焘华
　　　　　专题二：谢　丹　刘　婕　王　淯　胡　平　任秋宇
　　　　　专题三：陈建新　刘　波　王　楠　李　超　丁洪涛
　　　　　　　　　孙寅浩　张　鹿
　　　　　专题四：孟　辉　李敏波　许　玥　孙寅浩　孙伊展
　　　　　附　录：赵　民　刘　通　刘　珂　毛奇正　许　玥
　　　　　　　　　刘　浏　覃　雯

其他参与写作人员（以姓氏笔画为序）：
　　　　　马军伟　王尊州　季　军　沈理明　陈　静　林　毅
　　　　　郭大勇　夏江山　温茹春

综　述

2014年，全球经济总体缓慢复苏，主要经济体经济走势和货币政策分化明显。我国宏观经济在新常态下保持平稳运行，金融业改革积极有序推进，金融机构实力不断增强，金融市场创新发展加快，金融基础设施建设不断完善，金融体系总体稳健，服务经济社会能力不断增强。

金融业健康发展。银行业资产负债规模继续扩大，支持"三农"、小微企业力度持续增强，薄弱领域的信贷投入继续加大，资本充足水平持续提高，拨备整体稳定，风险弥补和损失吸收能力较强。证券期货业经营机构整体运营稳健，行业创新能力不断提升，监管转型继续深化，市场基础性制度建设稳步推进，双向开放取得积极进展。保险业资产规模持续增长，保费收入快速增加，资金运用收益大幅提高，经营效益显著提升，风险保障能力进一步提高。

金融市场稳健运行。各项改革和发展措施稳步推进，市场交易活跃，产品创新不断深化，市场制度逐步完善，多层次资本市场建设稳步推进。货币市场利率波动幅度减小，市场压力有所下降。债券市场投资者类型更加丰富，公司信用类债券发行增速明显提高。股票指数震荡上行，股票融资规模上升。期货市场成交量有所增长，国债期货重启后运行平稳。人民币利率衍生品市场交易活跃度明显上升，产品品种进一步增加。

金融基础设施建设继续稳步推进。支付、清算和结算体系建设不断完善，农村地区支付环境持续改善。金融法制建设深入推进，一系列金融法律法规和司法解释发布。会计标准建设稳步推进，政府和企业会计准则体系不断完善。征信业规范发展，社会信用体系建设稳步推进。反洗钱管理改革持续深化，制度建设和监测工作继续推进。

随着中国经济发展方式的转变、经济结构的调整以及国际经济金融形势变化，中国金融体系可能面临更多的内外部冲击和压力。国际方面，世界经济正处于国际金融危机后的深刻再平衡调整期，增长动力依然不足，主要经济体复苏进程和货币政策取向继续分化，新兴市场经济体面临国际金融环境变动和自身潜在增长速度下降的双重挑战，国际资本流动、主要货币汇率和大宗商品价格波动较大，地缘政治等非经济扰动因素影响加大，环境复杂多变。国内方面，经济增长从高速增长转向中高速增长，传统增长引擎减弱、淘汰过剩产能与新兴产业发展并存，在结构调整的过程中，过去经济高速发展阶段潜在的矛盾问题逐步"水落石出"，转轨过程中的一些风险隐患正在逐渐显性化。全社会债务水平上升，商业银行不良贷款持续反弹，房地产市场出现一定调整，地方政府性债务、影子银行、民间融资等领域的潜在风险值得关注，部分金融机构创新业务或新型金融业态的跨市场风险隐患也不容忽视。

2015年，面对复杂的国际国内经济形势，要全面贯彻党的十八大、十八届三中、四中全会精神，坚持稳中求进工作总基调，主动适应经济发展新常态，把转方式调结构放在更加重要位置，继续实施积极的财政政策和稳健的货币政策，更加注重松紧适度，适时适度预调微调，促进经济健康发展。大力推动金融改革开放，坚持全面深化改革，完善金融体制机制，健全和完善金融体系。加强对重点领域金融风险的监测分析，动态排查风险隐患，切实防范化解各类金融风险。充分发挥金融监管协调部际联席会议制度功能，加强金融政策的协调和落实。优化金融环境，强化市场机制的约束作用，扎实做好存款保险制度实施工作，完善金融安全网。强化底线思维，采取综合措施，牢牢守住不发生系统性区域性风险的底线。

目 录

第一章　国际经济金融环境·· 1
　　一、主要经济体经济形势·· 3
　　二、国际金融市场形势·· 5
　　三、主要经济体货币政策·· 8
　　四、风险与挑战·· 9
　　五、展望··· 10
第二章　中国经济金融运行·· 13
　　一、宏观经济运行·· 15
　　二、货币金融运行·· 22
　　三、展望··· 28
第三章　银行业··· 31
　　一、运行状况·· 33
　　二、稳健性评估··· 40
　　三、展望··· 48
第四章　证券期货业·· 51
　　一、运行状况·· 53
　　二、稳健性评估··· 61
　　三、展望··· 65
第五章　保险业··· 67
　　一、运行状况·· 69
　　二、稳健性评估··· 72
　　三、展望··· 75
第六章　金融市场·· 79
　　一、市场运行情况·· 81
　　二、市场融资情况·· 87
　　三、市场基础制度建设取得积极进展·· 89

四、稳健性评估 …………………………………………… 90
　　五、展望 …………………………………………………… 94
第七章　金融基础设施 ……………………………………………… 97
　　一、支付、清算和结算体系 ……………………………… 99
　　二、法律环境 …………………………………………… 102
　　三、会计标准 …………………………………………… 103
　　四、信用环境 …………………………………………… 104
　　五、反洗钱 ……………………………………………… 107
第八章　宏观审慎管理 …………………………………………… 109
　　一、国际组织加强宏观审慎管理的进展 ……………… 111
　　二、主要国家和地区加强宏观审慎管理的进展 ……… 121
　　三、我国宏观审慎管理的实践 ………………………… 125
专题一　建立存款保险制度 ……………………………………… 129
　　一、存款保险的概念和功能 …………………………… 131
　　二、当前出台存款保险制度具有重要的现实意义 …… 133
　　三、我国存款保险制度的主要内容和政策考虑 ……… 135
专题二　国际金融监管体制改革实践与方向 …………………… 139
　　一、金融监管体制改革的国际实践 …………………… 141
　　二、国际金融危机暴露的监管缺陷 …………………… 152
　　三、国际金融危机后的监管体制改革方向 …………… 153
专题三　银行业压力测试 ………………………………………… 155
　　一、压力测试基本情况 ………………………………… 157
　　二、压力测试总体结论 ………………………………… 159
专题四　证券业压力测试 ………………………………………… 167
　　一、压力测试基本情况 ………………………………… 169
　　二、压力测试总体结论 ………………………………… 170
　　三、反向压力测试 ……………………………………… 173
附录
　　统计资料 ………………………………………………… 177
专栏
　　专栏1　2014年5 000家工业企业经营状况 …………………… 19
　　专栏2　2014年房地产市场和房地产信贷状况 ………………… 21

专栏3	多措并举，缓解企业融资成本高问题	26
专栏4	开发性金融的国际经验	37
专栏5	切实采取有效措施，促进同业业务健康发展	39
专栏6	银行业金融风险传染分析	43
专栏7	进一步优化证券公司客户交易结算资金第三方存管制度	57
专栏8	沪港通顺利启动	59
专栏9	证券公司融资融券业务快速发展及对市场的影响	63
专栏10	《国务院关于加快发展现代保险服务业的若干意见》发布	71
专栏11	保险业建成中国风险导向的偿付能力体系	77
专栏12	建立场外金融衍生品集中清算机制	86
专栏13	进一步推进信贷资产证券化需正确处理三大关系	95
专栏14	制定《非存款类放贷组织条例》	103
专栏15	《社会信用体系建设规划纲要（2014—2020年）》发布	105
专栏16	全球系统重要性银行总损失吸收能力要求	112
专栏17	中国国家同行评估圆满完成	117
专栏18	全球法人机构识别编码中国本地系统建成运行	120
专栏19	金融监管协调部际联席会议制度运行良好	125

第一章

国际经济金融环境

2014年,全球经济仍处于深度调整期,总体缓慢复苏,但增长动力依然不足,主要经济体经济表现和货币政策分化明显,国际金融市场波动较大,主要货币对美元贬值,大宗商品价格整体下跌,地缘政治等非经济扰动因素增多。展望2015年,各经济体能否在低通胀环境下,通过结构性改革提高经济潜在增长率,将成为促进经济平稳发展的关键。

一、主要经济体经济形势

2014年,世界经济呈缓慢复苏态势,主要发达经济体增长速度较上年有所加快,新兴市场经济体增长虽仍快于发达经济体,但速度减慢。美国经济增长动力持续增强,美联储资产购买计划稳步退出。欧元区经济复苏缓慢,且伴随较大的通缩压力。日本经济在消费税率提高前强劲反弹,而后增速大幅下降,长期挑战仍存。新兴市场经济体增长放缓,脆弱性进一步上升。

美国经济复苏动力强劲。美国经济除在2014年第一季度短暂收缩外,从第二季度开始,在企业投资大幅增长、房地产市场持续回暖以及消费和出口增长等因素的共同驱动下,经济持续稳健复苏,全年国内生产总值(GDP)增长2.4%,创四年来最大升幅。长期宽松的货币政策以及放缓的财政整顿节奏助推经济复苏,由于选择时机较为适宜,退出资产购买计划也未对经济增长造成明显影响。劳动力市场进一步改善,平均每月新增就业岗位20.8万个,失业率持续走低,从2013年末的6.7%稳步降至12月末的5.6%,为2008年6月以来最低水平;全年通胀水平除第二季度达到2.0%外均处于低位,12月居民消费价格(CPI)同比仅上涨0.8%;美国供应管理协会(ISM)公布的制造业采购经理人指数(PMI)全年均位于50荣枯线以上。此外,贸易赤字略有上升,达5 050亿美元,较上年增长6.0%。

欧元区经济复苏缓慢,且伴随较大的通缩压力。2014年,欧元区GDP同比增长0.9%,其中各季度环比分别增长0.3%、0.1%、0.2%和0.3%。但自第二季度以来,经济增长再度放缓,投资乏力,虽然欧央行在6月出台了一揽子宽松货币政策,并在9月进一步推出了新的资产购买计划,仍未从根本上提振欧元区经济。失业率虽较2013年略有下降,但仍维持在11.4%以上的高位。特别是,欧元区物价全年维持低位,12月综合物价指数(HICP)同比下降0.2%,其中能源价格同比大跌6.3%,剔除能源和食品后,HICP同比上升0.7%,低于预期,通缩压力增大。

日本经济增速大幅下降。2014年日本实际GDP同比增长0.0%,其中第一季度在突击消费带动下，经济增速环比大幅反弹至5.1%，此后受消费税率上调和内需萎缩、投资疲弱等因素影响，增速明显回落，后三个季度实际GDP环比分别增长-6.4%、-2.6%和1.5%。4月核心CPI因消费税率提高大幅升至3.2%，5月后持续下行。就业市场稳中向好，12月失业率从上年同期3.7%降至3.4%。受日元贬值、突击消费刺激进口、制造业生产基地移至海外等因素影响，2014年贸易逆差为12.78万亿日元，升至有可比数据的1979年以来新高。

表1-1　　　　　　　　主要发达经济体宏观经济金融指标

国别	指标	2014年第一季度			2014年第二季度			2014年第三季度			2014年第四季度		
		1月	2月	3月	4月	5月	6月	7月	8月	9月	10月	11月	12月
美国	实际GDP增速（环比折年率，%）		-2.1			4.6			5.0			2.2	
	失业率（季调，%）	6.6	6.7	6.6	6.2	6.3	6.1	6.2	6.1	5.9	5.7	5.8	5.6
	CPI（同比，%）	1.6	1.1	1.5	2.0	2.1	2.1	2.0	1.7	1.7	1.7	1.3	0.8
	DJ工业平均指数（期末）	15 699	16 322	16 458	16 581	16 717	16 852	16 563	17 098	17 043	17 391	17 828	17 823
欧元区	实际GDP增速（环比，%）		0.3			0.1			0.2			0.3	
	失业率（季调，%）	11.9	11.8	11.7	11.7	11.6	11.6	11.6	11.6	11.6	11.5	11.5	11.4
	HICP综合物价指数（同比，%）	0.8	0.7	0.5	0.7	0.5	0.5	0.4	0.4	0.3	0.4	0.3	-0.2
	EURO STOXX 50（期末）	2 853	2 968	2 916	2 978	3 033	3 228	3 115	3 044	3 067	2 998	3 076	2 990
日本	实际GDP增速（环比折年率，%）		5.1			-6.4			-2.6			1.5	
	失业率（季调，%）	3.7	3.6	3.6	3.6	3.5	3.7	3.8	3.5	3.6	3.5	3.5	3.4
	核心CPI（同比，%）	1.3	1.3	1.3	3.2	3.4	3.3	3.3	3.1	3.0	2.9	2.7	2.5
	日经225指数（期末）	14 915	14 841	14 828	14 304	14 632	15 162	15 621	15 425	16 174	16 414	17 460	17 451

资料来源：各经济体相关统计部门及中央银行。

新兴市场经济体增速进一步放缓，部分国家遭遇金融市场动荡。根据国际货币基金组织（IMF）统计，2014年主要新兴市场和发展中经济体GDP增长4.6%，比上年下降0.4个百分点。经济走势出现分化，印度GDP增速比上年上升0.3个百分点，俄罗斯、巴西、南非GDP增速比上年分别下降0.7个、2.6个和0.7个百分点。在美国货币政策回归正常化、地缘政治风险增大、国际油价重挫、结构性问题凸显的背景下，部分新兴市场经济体面临资本外流风险。俄罗斯、巴西等高度依赖大宗商品出口的国家受影响较大,国际收支恶化,外汇储备减少,财政和债务状况严峻。总体来看,新兴市场经济体脆弱性进一步上升。

二、国际金融市场形势

2014年以来,受全球经济复苏弱于预期、主要经济体货币政策分化和地缘政治等因素影响,全球金融市场波动较大。其中,主要经济体货币对美元汇率大幅贬值,多数经济体国债收益率下降,主要发达经济体股市震荡上行,一些新兴市场经济体金融市场波动性增大。大宗商品价格出现下行趋势,原油价格大幅下跌。

多数经济体货币对美元贬值。 2014年末,欧元对美元汇率收于1.2097美元/欧元,较上年末贬值11.99%;日元对美元汇率收于119.68日元/美元,较上年末贬值12.02%。同期,部分新兴市场经济体货币对美元汇率出现大幅贬值,俄罗斯卢布、阿根廷比索、哈萨克斯坦坚戈、智利比索、墨西哥比索和巴西雷亚尔对美元汇率贬值幅度均超过10%,分别达到43.34%、23.69%、15.57%、13.37%、11.61%和11.11%。美国经济强劲的复苏态势以及有序退出量化宽松政策是美元持续走强的主因。

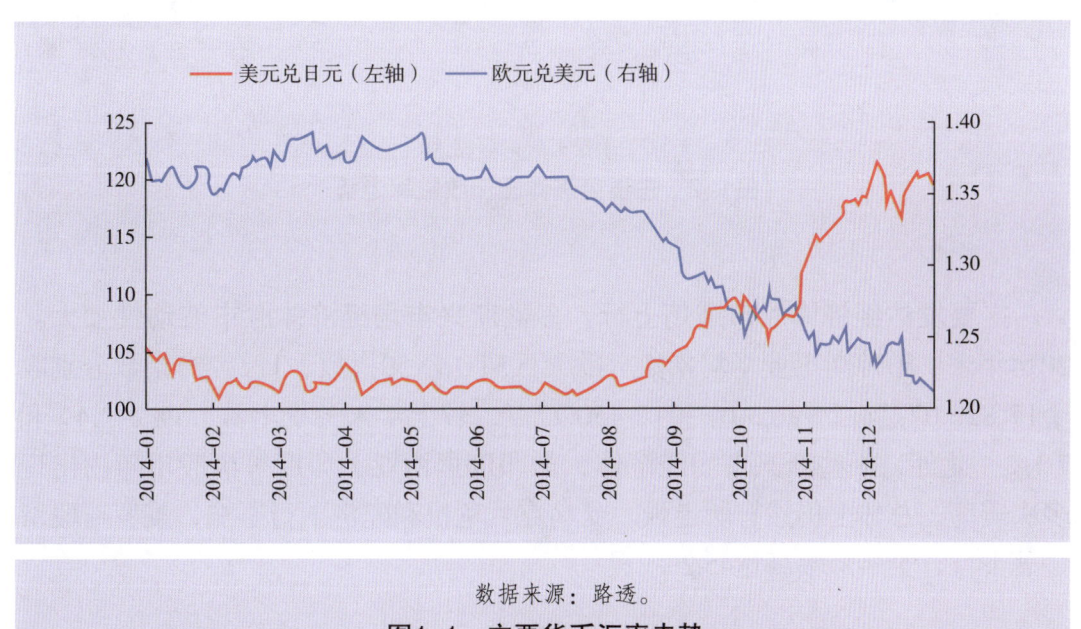

数据来源:路透。

图1-1 主要货币汇率走势

美、欧、日及部分新兴市场经济体国债收益率下降，俄罗斯国债收益率大幅攀升。 2014年8月以来，美、欧、日等发达经济体中长期国债收益率连续创下年内新低，部分欧洲国家10年期国债收益率更是跌至百年以来最低水平。2014年末，美国、德国和日本10年期国债收益率分别收于2.170%、0.600%和0.325%，较上年末分别下降了87个、151个和41个基点。部分新兴市场经济体10年期国债收益率也有所下降，其中土耳其、越南、泰国、印度和巴西降幅较大，分别较上年末下降了218个、180个、120个、97个和79个基点。但俄罗斯受卢布大幅贬值等因素影响，10年期国债收益率较上年末大幅攀升511个基点。

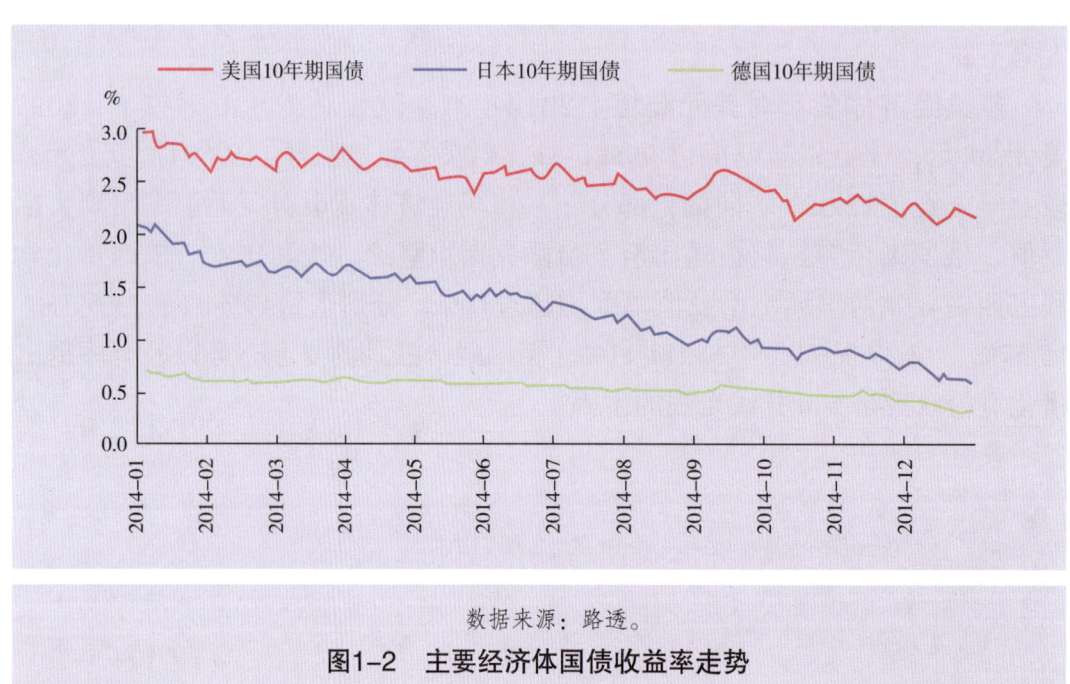

数据来源：路透。

图1-2 主要经济体国债收益率走势

主要发达经济体股市震荡上行，多数新兴市场经济体股市波动性加大。 2014年末，道琼斯工业平均指数、欧元区STOXX50指数、日经225指数分别收于17 823.07点、2 990.30点和17 450.77点，较上年末分别上涨7.5%、2.4%和7.1%。此外，一些新兴市场经济体，如印度尼西亚、印度等国股市年内出现多次震荡，总体上仍然有所走强。受乌克兰危机和经济下行影响，俄罗斯股市显著下行，全年降幅高达45.2%。

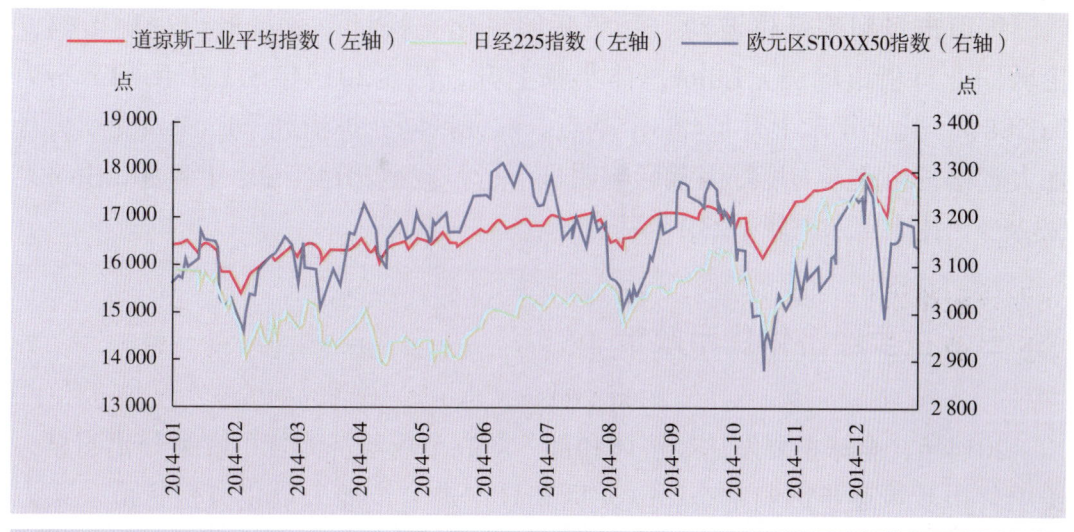

数据来源：路透。

图1-3 主要股指走势

国际黄金价格宽幅震荡，原油价格大幅下跌。2014年末，涵盖全球主要大宗商品的美国商品调查局（CRB）现货综合指数报收437.75，较上年末下降18.61。黄金市场价格先扬后抑，总体保持下跌趋势。国际黄金价格最高1 385.0美元/盎司，最低1 142.0美元/盎司，年末收于1 199.25美元/盎司，较上年末下跌2.25美元/盎司。受页岩气革命提高北美原油产量、全球经济增长放缓以及欧佩克拒绝减产等因素影响，2014年6月以来，国际原油价格大幅下挫。截至年末，纽约轻质原油期货价格和伦敦布伦特原油期货价格分别收于每桶53美元和57美元，全年跌幅高达44.2%和46.8%。

数据来源：路透。

图1-4 国际黄金、原油价格走势

货币市场利率低位波动。 受美联储量化宽松货币政策退出进程影响，伦敦同业拆借市场美元Libor总体小幅上升，截至2014年末，1年期Libor为0.6288%，比上年末上升了4.58个基点。欧元区同业拆借利率Euribor受欧央行加大宽松货币政策力度等因素影响明显下行，截至2014年末，1年期Euribor为0.325%，比上年末下降了23.1个基点。

三、主要经济体货币政策

2014年，全球主要发达经济体和部分新兴市场经济体货币政策分化明显，美国货币政策逐步回归常态，欧元区和日本进一步加大量化宽松货币政策力度，新兴市场经济体因自身经济状况差异，货币政策取向也出现分化。

美联储结束资产购买计划。 由于美国经济较为强劲的复苏态势，美联储自1月起开始削减其每月的资产购买规模，并于10月末结束了资产购买计划。同时，维持联邦基金利率在0~0.25%的水平不变。美联储逐步调整了前瞻性指引，弃用了维持低利率相当长一段时间的表述，但强调对货币政策正常化要保持耐心。

欧央行加大宽松货币政策力度。 由于通胀率长期低于目标水平，欧央行分别在6月和9月下调政策利率，将主要再融资利率、边际贷款便利利率和存款便利利率调降至0.05%、0.30%和-0.20%，于9月启动定向长期再融资操作（TLTROs），并从第四季度开始购买资产抵押证券和担保债券。此外，为实现价格稳定目标，欧央行宣布进一步扩张资产购买计划，将购买范围扩展至欧元区政府、机构和欧洲企业发行的债券，每月资产购买规模将达600亿欧元，购买操作将至少持续至2016年9月。

英格兰银行维持现行宽松货币政策。 英格兰银行全年继续维持0.5%的基准利率和3 750亿英镑的资产购买规模不变。

日本央行扩大宽松货币政策。 日本央行在2月18日决定扩充"贷款支援基金制度"，对于向成长性行业增加贷款的金融机构提供低息贷款，并将原定到3月底的期限延长一年，对成长性行业的支援额度也增加至7万亿日元。日本央行于10月底大规模加码"量化和质化宽松货币政策"，宣布将每年基础货币扩张规模由60万亿~70万亿日元增至80万亿日元，将每年国债购买规模增加30万亿日元至80万亿日元，所持国债未到期时间延长至7~10年，同时大幅扩大交易所交易基金（ETF）投资组合和房地产投资信托（REITs）的购买量。

新兴市场经济体货币政策走势分化，政策制定难度增大。 一方面，部分经济体收紧货币政策以应对通胀、资本外流和货币贬值的压力。为应对通胀，2014年巴西央行连续5次上调基准利率共175个基点至11.75%，阿根廷央行连续2次上调央行短期票据利率共930个基点至28.8%，南非央行连续2次上调基准利率共75个基点至5.75%。为应对汇率大幅贬值，俄罗斯央行连续6次上调基准利率共1 150个基点至17%，乌克兰央行连续2次上调基准利率共450个基点至14%。此外，巴西、俄罗斯等一些经济体为维持汇率稳定实施了外汇市场干预。另一方面，更多的新兴市场经济体为提振经济增长放宽了货币政策。匈牙利央行连续7次下调基准利率共90个基点至2.1%，土耳其央行连续3次下调七天回购利率共175个基点至8.25%，智利央行连续6次下调基准利率共150个基点至3%，韩国央行连续2次下调基准利率共50个基点至2%，墨西哥央行于6月下调基准利率50个基点至3.0%。

四、风险与挑战

在世界经济缓慢复苏、全球金融体系稳健调整的过程中，各经济体面临不同的风险与挑战。发达经济体复苏进程不同步，部分新兴市场经济体可能遭遇国际金融环境变动和自身潜在增长速度下降的双重挑战。此外，世界经济还面临来自石油价格不确定和地缘政治不稳定等因素的影响。

美国政策利率可能提高将成为世界经济面临的挑战之一。如果美联储加息早于市场预期，可能造成全球金融环境趋紧，新兴市场经济体可能面临资本流动突然逆转的压力。实际上，主要经济体不一致的复苏步调和由此而来的不同货币政策取向已经反映在了美元的升值趋势和一些新兴市场经济体货币的贬值压力中。

油价未来走势的不确定性给全球经济带来了新的风险。一方面，油价大幅下跌导致物价上涨放缓，通胀下行压力较大，欧元区和日本应对通缩的压力进一步增大。另一方面，石油出口国资产负债表脆弱性将会上升。俄罗斯、马来西亚、墨西哥等新兴市场资源国经济增长与原油价格高度相关，国际原油价格持续走低将拖累这些国家的经济，其中俄罗斯经济金融形势已经出现明显恶化。此外，也存在石油价格出现超低反弹的可能，若石油供给方面对价格下跌作出超预期的强烈反应，则油价可能比预期反弹的更早或更强，削弱低油价对部分经济体增长的促进作用。

欧元区面临持续下降的通货膨胀率和低迷的增长潜力的威胁。尽管欧央行长期将利率维持在零附近，但在低通胀环境下，储蓄率居高不下，资金追求安全资产，实体经济的实际借款成本可能仍然偏高。同时，低迷的增长使税收萎缩，财政赤字扩大，增加了外界对主权债务的担忧。欧央行量化宽松政策的有效性也存疑，且面临推升资产泡沫的风险。此外，全球也有陷入货币竞相贬值的恶性竞争的风险。

新兴市场经济体面临政策挑战。主要经济体货币政策仍将呈现分化态势，全球资本可能在更大范围和更大规模上进行重新配置，导致汇率走势和跨境资本流动方向多变、波动加大，新兴市场经济体的货币政策需要适应这样复杂的金融环境。同时，新兴市场经济体的出口将受发达经济体复苏进程的影响，在外需不足的情况下，将面临依靠结构性改革提高自身经济增长潜力的压力。

五、展望

2015年，世界经济仍将缓慢复苏。IMF预测，2015年和2016年世界经济将分别增长3.5%和3.7%。多数发达经济体和新兴市场经济体中期增长预期减弱和投资疲软将对全球经济增长产生不利影响，而油价下跌对全球经济增长总体呈促进作用。各经济体能否在低通胀环境下，通过结构性改革提高经济潜在增长率，将成为促进经济平稳发展的关键。

美国经济持续向好，IMF预计美国经济增长率将从2014年的2.4%上升至2015年的3.3%。但通胀率长期低于美联储目标、外部经济形势恶化以及美元走强对出口的影响可能导致美国经济增速放缓。不过，下行风险或将被向好因素抵消：当前私人部门的良好信心和就业数量的大幅增加预示宏观经济的增长势头或将比预期更为强劲，配套的宏观审慎政策的实施也有助于国内市场适应逐渐收紧的金融环境。

欧元区经济有望继续缓慢复苏，IMF预计其2015年经济增长率将提高至1.2%。但消费者对短期乃至五年内通胀水平恢复至2%的信心降低，这将会在一定程度上影响经济复苏。为了促进经济增长，增强市场信心，欧元区可能采取进一步措施，包括：继续保持宽松的货币政策及灵活的财政政策并辅以可靠的中期财政整顿计划，将预算有效地用于刺激投资，实行结构化改革，发挥单一监管机制的积极作用，加快建立银行业联盟（Banking Union）等。

日本经济可能艰难走向缓慢复苏，IMF预计其2015年经济增长0.6%。财政整顿虽然短期内可能拖累经济，但或为实现经济健康发展、维护财政可持续性的必由之路。为平衡好促进经济增长和整顿财政的关系，日本可能实施进一步宽松的货币政策以提振经济。考虑到缓解银行业对主权债务大额敞口的风险，需强化区域性银行的资本标准,规范大型银行的融资来源。

新兴市场经济体增长可能进一步放缓,IMF预计其2015年增长率为4.3%,较往年有所下降。为了减少经济脆弱性、促进经济增长,各国可考虑采取以下措施,包括:继续推行结构性改革,维持汇率的灵活性,进行财政整顿,加强对金融部门的监管及实施宏观审慎政策等。对于过于依赖外债的国家,可考虑提高国内储蓄水平,以减少外部融资风险对本国的影响。

第二章

中国经济金融运行

第二章　中国经济金融运行

2014年，面对复杂多变的国际环境和艰巨繁重的国内发展改革稳定任务，我国坚持统筹稳增长、促改革、调结构、惠民生和防风险，继续实施积极的财政政策和稳健的货币政策，不断激发市场活力，努力培育创新动力，国民经济在新常态下保持平稳运行。

一、宏观经济运行

（一）经济增长总体平稳，产业结构继续优化

国家统计局初步核算，2014年我国名义GDP总额达到63.7万亿元，同比增长7.4%，增速较上年小幅回落0.3个百分点。第一至第四季度同比分别增长7.4%、7.5%、7.3%、7.3%（见图2-1），走势平稳。分产业看，第一产业增加值5.8万亿元，增长4.1%；第二产业增加值27.1万亿元，增长7.3%；第三产业增加值30.7万亿元，增长8.1%。从产业增加值占GDP的比重看，第一产业为9.2%，下降0.8个百分点；第二产业为42.6%，下降1.3个百分点；第三产业为48.2%，上升2.1个百分点，占比高于第二产业5.6个百分点。第三产业比重继上年首次超越第二产业后继续提升，经济由工业主导向服务业主导加快转变。

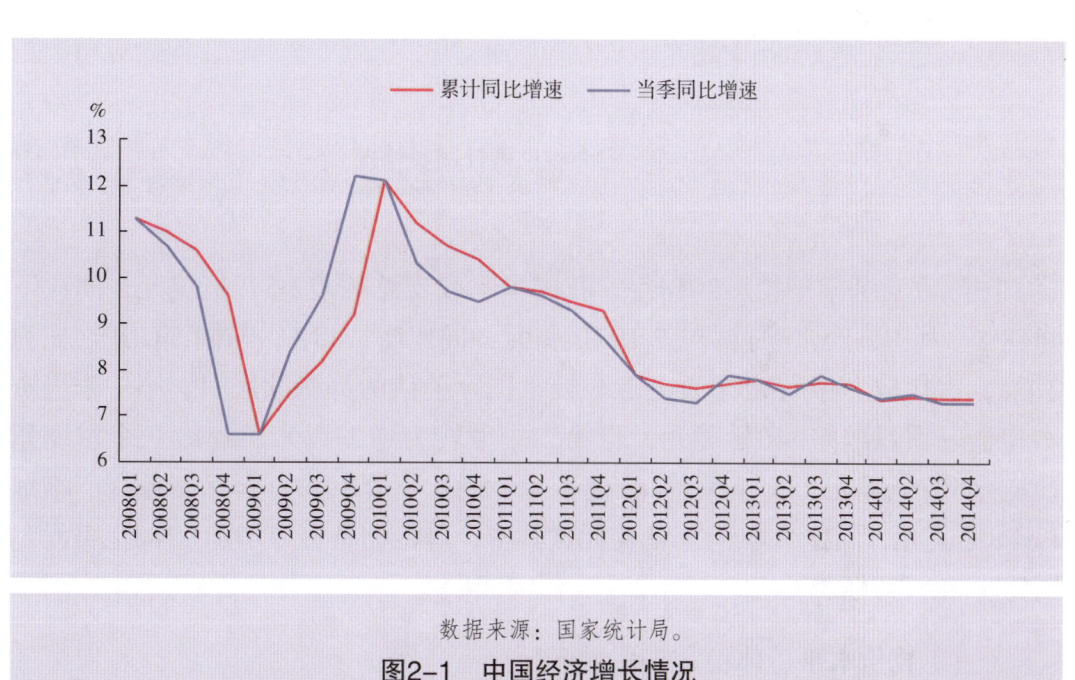

数据来源：国家统计局。

图2-1　中国经济增长情况

（二）国内需求增长有所放缓，国际收支基本平衡

2014年，全社会固定资产投资51.3万亿元，同比增长15.3%，增速回落4.0个百分点。社会消费品零售总额26.2万亿元，同比增长12.0%，增速回落1.1个百分点。货物进出口总额26.4万亿元，同比增长2.3%。其中，出口14.4万亿元，增长4.9%；进口12.0万亿元，下降0.6%。全年贸易顺差2.3万亿元，同比增长45.6%。需求结构继续改善，全年最终消费支出对GDP增长的贡献率为51.2%，比上年提高3.0个百分点。

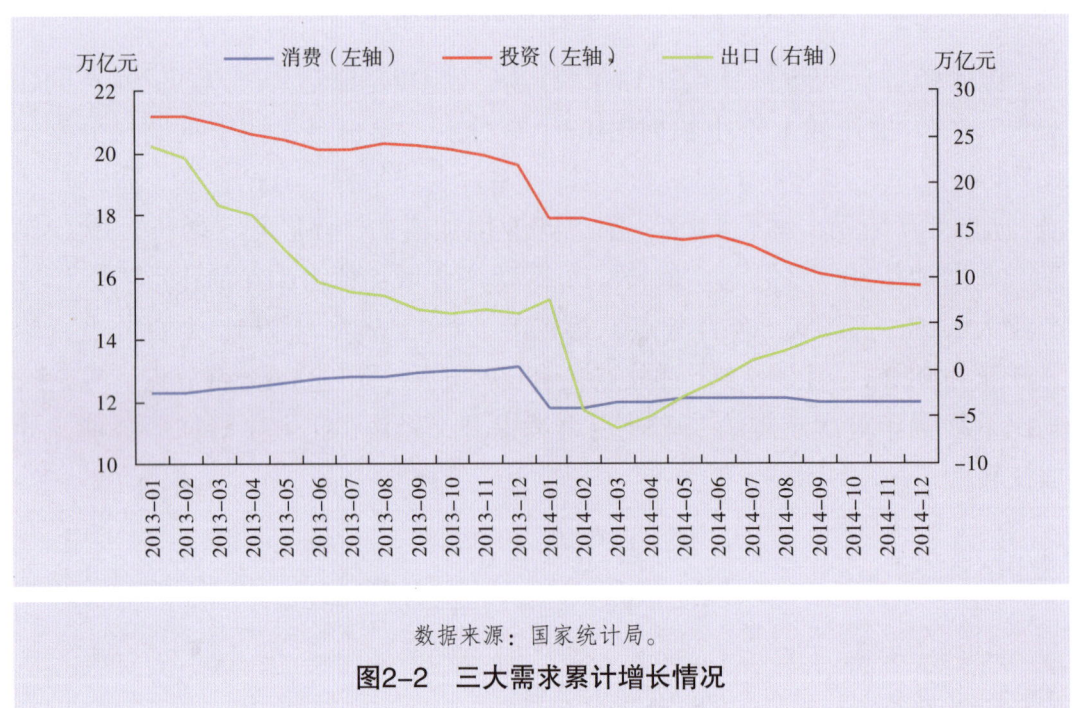

数据来源：国家统计局。

图2-2 三大需求累计增长情况

国际收支基本平衡。2014年，我国国际收支总顺差2 579亿美元，同比下降48%。其中，经常项目顺差2 197亿美元，同比增长48%，与同期GDP之比为2.1%，占比较上年高0.5个百分点，处于国际公认的可持续区间。第一季度资本和金融项目顺差940亿美元，自第二季度转为逆差以来，连续三个季度累计逆差557亿美元，全年顺差382亿美元，同比下降89%。国际储备资产增加1 178亿美元，同比少增3 136亿美元，其中，外汇储备资产增加1 188亿美元，同比少增3 139亿美元。

（三）物价水平总体稳定，涨幅下行

2014年，CPI持续走低，全年同比上涨2.0%，涨幅较上年回落0.6个百分

点（见图2-3），其中各季度涨幅分别为2.3%、2.2%、2.0%和1.5%。分食品和非食品看，食品价格上涨3.1%，涨幅较上年回落1.6个百分点；非食品价格上涨1.4%，涨幅较上年回落0.2个百分点。分消费品和服务看，消费品价格上涨1.8%，比上年回落0.7个百分点；服务价格上涨2.5%，比上年回落0.4个百分点。截至12月，工业生产者出厂价格指数（PPI）连续34个月负增长，全年同比下降1.9%，降幅与上年持平，其中，生产资料价格同比下降2.5%，生活资料价格维持不变。工业生产者购进价格指数（PPIRM）同比下降2.2%，降幅比上年扩大0.2个百分点。

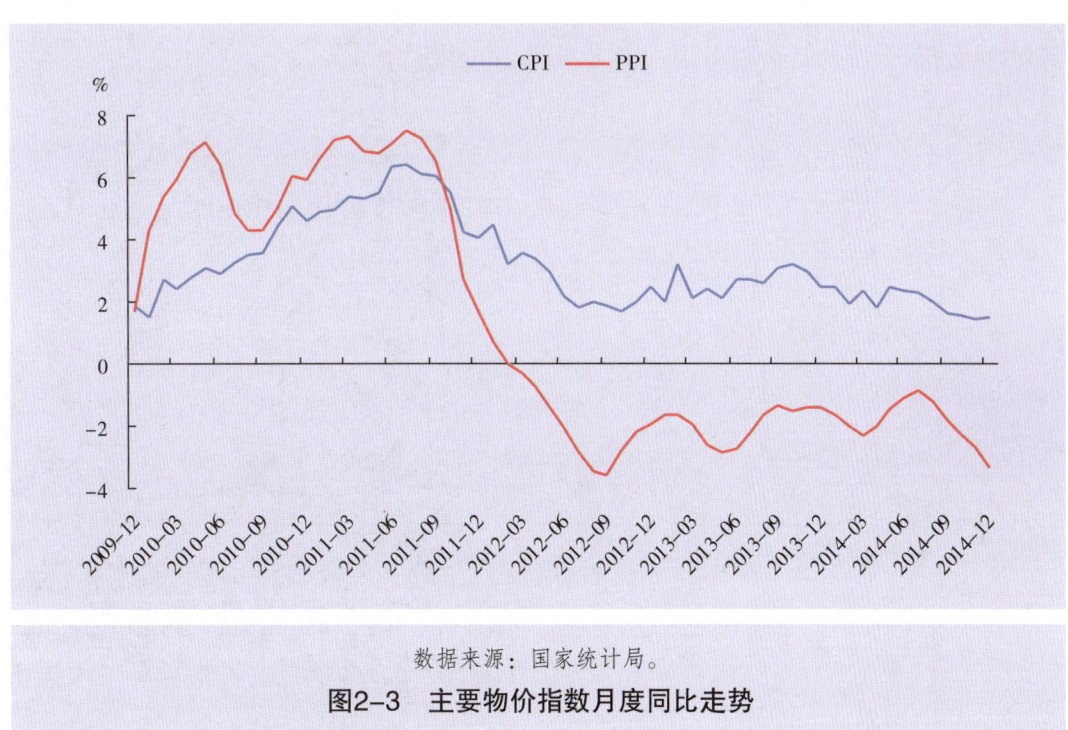

数据来源：国家统计局。

图2-3 主要物价指数月度同比走势

（四）财政收支基本平衡，地方政府性债务管理得以规范

2014年，我国一般公共预算收入14万亿元，同比增长8.6%，比上年回落1.6个百分点（见图2-4）。其中，中央一般公共预算收入6.5万亿元，占全国一般公共预算收入的45.9%，同比增长7.1%；地方一般公共预算本级收入7.6万亿元，同比增长9.9%。从收入结构看，税收收入11.9万亿元，占财政收入的84.9%，同比增长7.8%；非税收入2.1万亿元，同比增长13.5%。

一般公共预算支出得到有效控制，全年共支出15.2万亿元，同比增加1.2万亿元，增长8.2%，增速比上年回落2.7个百分点。其中，中央一般公共预算本级支出2.3万亿元，同比增长10.2%；地方一般公共预算支出12.9万亿元，同比增长7.8%。全年财政赤字1.35万亿元，与同期GDP之比为2.1%，低于3%的国际警戒线。

2014年8月31日，全国人大常委会审议通过《预算法》修正案，按照疏堵结合、"开前门、堵后门、筑围墙"的改革思路，允许地方政府举借债务，并从举债主体、债务用途、举债规模、举债方式和风险防控五个方面作出限制性规定。9月21日，国务院印发《关于加强地方政府性债务管理的意见》，围绕建立规范的地方政府举债融资机制，赋予地方政府适度举债权限，对地方政府债务实行规模控制和预算管理，厘清政府债务和企业债务的边界，明确地方政府对其债务负有偿还责任，中央政府实行不救助原则，由此解决了地方政府债务"怎么借"、"怎么管"和"怎么还"的问题。

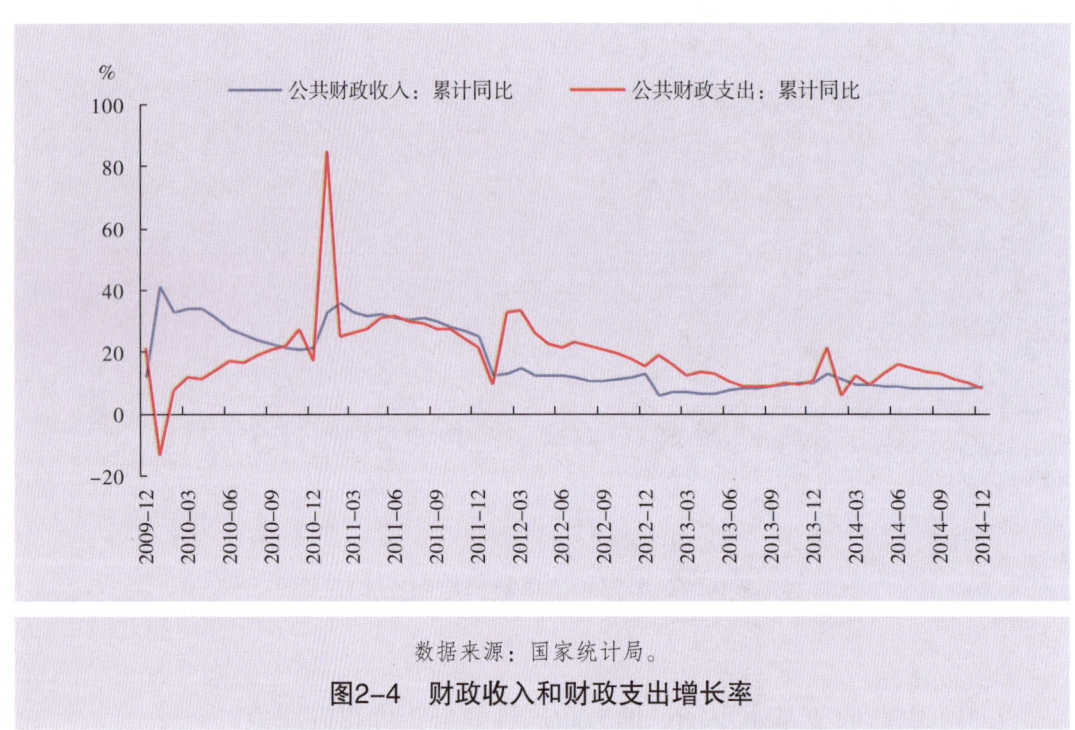

数据来源：国家统计局。

图2-4 财政收入和财政支出增长率

（五）工业企业利润增速回落，行业盈利水平分化

主营业务收入和利润增速回落。2014年，全国规模以上工业企业主营业务收入109.5万亿元，同比[①]增长7.0%，增速比上年回落4.2个百分点；实现利润

[①] 由于规模以上工业企业范围每年发生变化，为保证本年数据与上年可比，计算各项指标同比增长速度和增长量所采用的同期数与本期的企业统计范围相一致，和上年公布的数据存在口径差异。

总额6.5万亿元,同比增长3.3%,增速比上年回落9.9个百分点;主营业务收入利润率为5.9%,同比下降0.2个百分点。41个工业大类行业中,28个行业利润总额比上年增长,2个行业持平,11个行业下降,其中,电力热力生产和供应业、汽车制造业、计算机通信和其他电子设备制造业利润总额增长较快,增速分别为19.1%、18.1%、17.1%;煤炭开采和洗选业、黑色金属矿采选业、石油和天然气开采业利润总额增速降幅较大,分别下降46.2%、23.9%和13.7%。

专栏1　2014年5 000家工业企业经营状况

2014年,人民银行5 000户工业企业(简称5 000户企业)调查显示,企业经营面临压力,利润增速回落,但盈利能力尚可,负债水平小幅下降。

主营业务收入增速和利润增速均有所回落。 2014年,5 000户企业主营业务收入同比增长2.6%,增速比上年[1]下降2.2个百分点;工业总产值(现价)同比增长1.9%,增速比上年下降2.1个百分点。5 000户企业利润总额同比增长1.2%,增速比上年下降0.3个百分点。从问卷调查情况看,第四季度企业盈利指数为55%,同比下降2.6个百分点。

资产周转率略有下降,营运能力有待提高。 2014年,5 000户企业存货周转率为5.2次,同比下降0.2次。其中,产成品存货周转率为20次,同比下降1次;原材料存货周转率为14.4次,同比下降0.7次。总资产周转率为0.83次,同比下降0.04次。5 000户企业的营业周期[2]为135.3天,同比增加4.2天。

负债水平小幅回落,短期偿债能力有所下降。 2014年末,5 000户企业的流动比率为103.6%,同比下降0.5个百分点;速动比率为75%,与去年同期基本持平;利息保障倍数为4.2,同比下降0.1。企业负债水平小幅下降,5 000户企业资产负债率为62.1%,同比下降0.2个百分点(见图2-5)。

---

[1] 由于样本企业调整、企业上报数据时间不一致,5 000户企业财务数据须根据企业报送进行持续更新等原因,本报告用2014年1~11月数据来说明2014年全年的情况,专栏其他处也做同样处理,所用的2013年末的数据均为最新的、经过调整后的数据,可能与去年报告中数据存在一定差异。

[2] 营业周期=存货周转天数+应收货款周转天数。

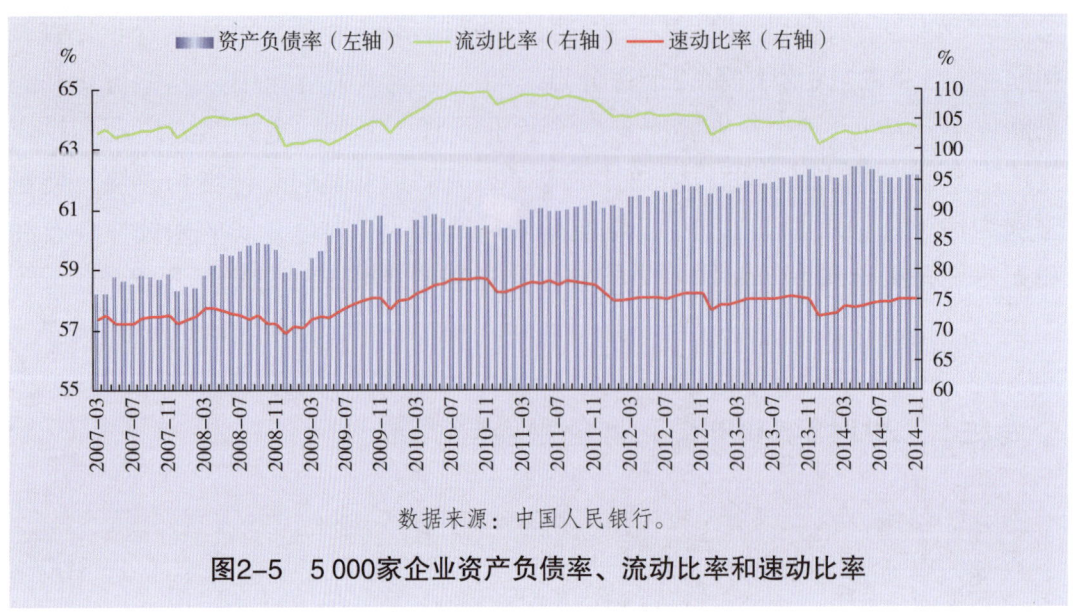

数据来源：中国人民银行。

图2-5　5 000家企业资产负债率、流动比率和速动比率

（六）就业维持整体稳定，居民存款理财化趋势明显

2014年，城镇新增就业1 322万人，比上年多增12万人，城镇登记失业率4.09%，比上年上升0.04个百分点。城镇居民人均可支配收入28 844元，扣除价格因素实际增长6.8%，增速比上年下降0.2个百分点，比GDP增速低0.6个百分点；农村居民人均可支配收入10 489元，扣除价格因素实际增长9.2%，增速比上年下降0.1个百分点，高于GDP增速1.8个百分点（见图2-6）。城乡居民收入差距进一步缩小，全年农村居民人均可支配收入实际增速快于城镇居民人均可支配收入2.4个百分点，城乡人均居民可支配收入倍差2.75，比上年缩小0.06。

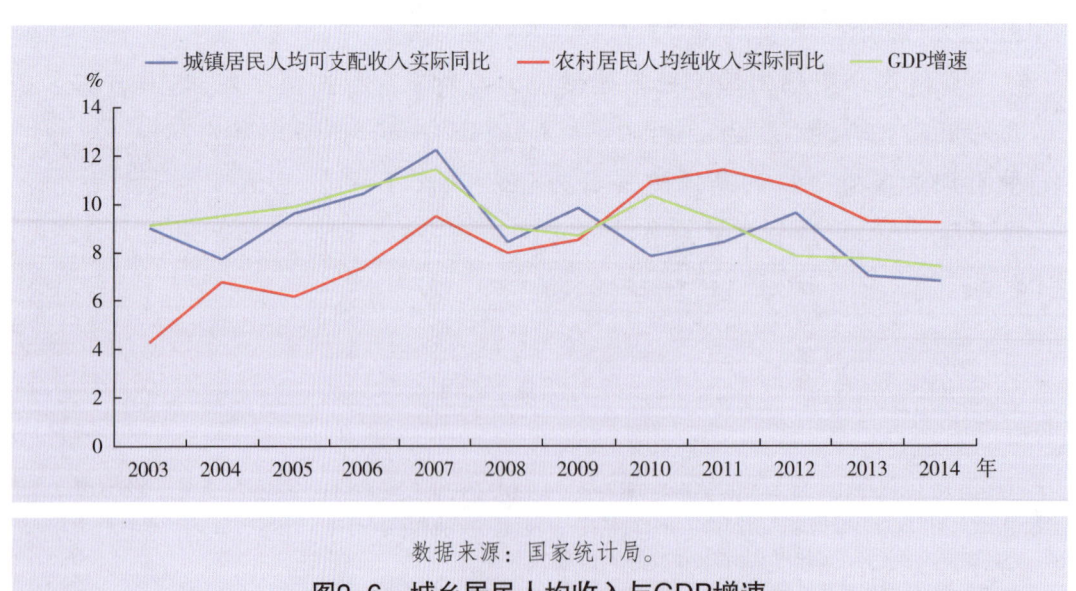

数据来源：国家统计局。

图2-6　城乡居民人均收入与GDP增速

居民存款理财化趋势明显。截至年末，住户存款余额50.7万亿元，同比增长9%，增速比上年下降4.4个百分点。银行存续理财资金余额13.8万亿元，同比增长47.7%，信托计划余额12.8万亿元，同比增长24.4%。证券公司管理受托资金规模8万亿元，同比增长53.3%，基金管理公司及其子公司公募基金和专户理财规模合计约9.5万亿元，个人投资者持有的A股已上市流通市值7.9万亿元。个人不良贷款余额和不良率都有所增加。截至年末，个人不良贷款余额（包括非经营贷款和经营性贷款）3 866.2亿元，比年初增加662.6亿元，不良率1.7%，比年初提高0.1个百分点。其中，个人住房按揭贷款、个人信用卡贷款和个人汽车贷款的不良贷款余额都有所增加，分别为300.3亿元、393.1亿元和45.6亿元，比年初分别增加68.4亿元、130.7亿元和6亿元；个人住房按揭贷款、个人信用卡贷款和个人汽车贷款的不良率分别为0.3%、1.5%和1.1%。

专栏2　2014年房地产市场和房地产信贷状况

2014年，房地产市场出现了一定调整，全国商品房销售有所下降，呈现区域分化特征，房地产开发投资增速放缓，房地产贷款平稳增长。

房地产市场销售和价格回落，区域分化较为明显。2014年，全国商品房累计销售面积12.1亿平方米，同比下降7.6%，而2013年为增长17.3%。全国商品房销售额7.6万亿元，同比下降6.3%，而2013年为增长26.3%。东部地区商品房销售额同比下降明显，中、西部地区商品房销售额小幅增长。房价下降的城市数量较年初增加。12月，全国70个大中城市中，新建商品住宅价格环比下降的城市有66个，比1月增加60个；新建商品住宅价格同比下降的城市有68个，比1月增加67个。二手住宅价格环比下降的城市有60个，比1月增加47个；二手住宅价格同比下降的城市有67个，比1月增加66个。

房地产开发投资增速放缓。全年完成房地产开发投资9.5万亿元，同比增长10.5%，增速比上年回落9.3个百分点。房屋新开工面积17.96亿平方米，同比下降10.7%，而2013年同比增长13.5%。全国城镇保障性安居工程开工740万套（其中各类棚户区改造506万套），基本建成511万套，完成投资1.29万亿元。

房地产贷款平稳增长。截至年末，主要金融机构（含外资，下同）房地产贷款余额17.4万亿元，同比增长18.9%（见图2-7），增速比2013

年末低0.2个百分点。房地产贷款余额占各项贷款余额的21.3%，比2013年末高0.3个百分点。全年新增房地产贷款2.7万亿元，同比多增4 056.5亿元，新增贷款额占各项贷款新增额的28.1%，与上年持平。房地产开发贷款增速稳步提升，年末余额5.63万亿元，同比增长22.6%，增速比2013年末高7.9个百分点。其中，全国保障性住房开发贷款余额11 410亿元，2014年新增4 119亿元，同比增长57.2%，增速比房地产开发贷款增速高34.6个百分点。个人住房贷款稳定增长，2014年末个人住房贷款余额10.6万亿元，同比增长17.6%，全年新增1.6万亿元，占各项贷款新增额的16%，高于2010—2013年13.8%的平均水平。

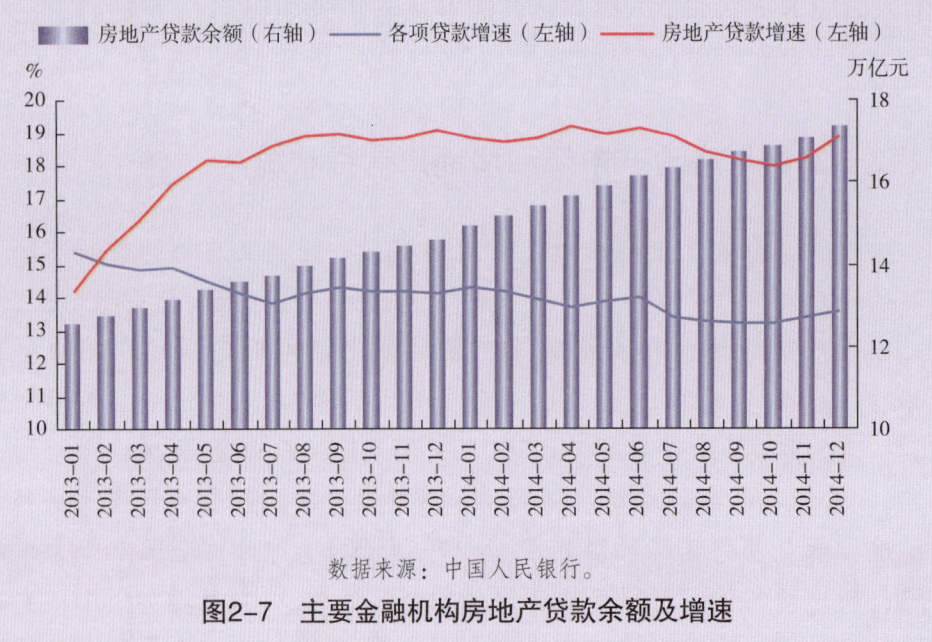

数据来源：中国人民银行。

图2-7 主要金融机构房地产贷款余额及增速

二、货币金融运行

2014年，我国继续实施稳健的货币政策，按照"总量稳定、结构优化"的总体要求，创新调控思路和方式，在稳定经济运行的同时强调支持结构调整和转型升级，引导金融更好地服务于实体经济发展。全年银行体系流动性合理充裕，货币信贷和社会融资总量平稳适度增长，企业融资成本高问题有一定程度缓解，货币金融环境基本稳定。

（一）货币信贷合理适度增长

货币总量增长平稳适度。 2014年末，广义货币（M_2）余额122.84万亿元，同比增长12.2%，增速比上年末低1.4个百分点；狭义货币（M_1）余额34.81万亿元，同比增长3.2%，增速比上年末低6.1个百分点；流通中货币（M_0）余额6.03万亿元，同比增长2.9%，增速比上年末低4.3个百分点；全年净投放现金1 688亿元，同比少投放2 227亿元。2014年下半年以来，货币增速有所放缓，总体看是经济结构调整、表外融资收缩、部分财务软约束部门扩张放缓以及对同业业务监管加强等在货币运行上的反映。

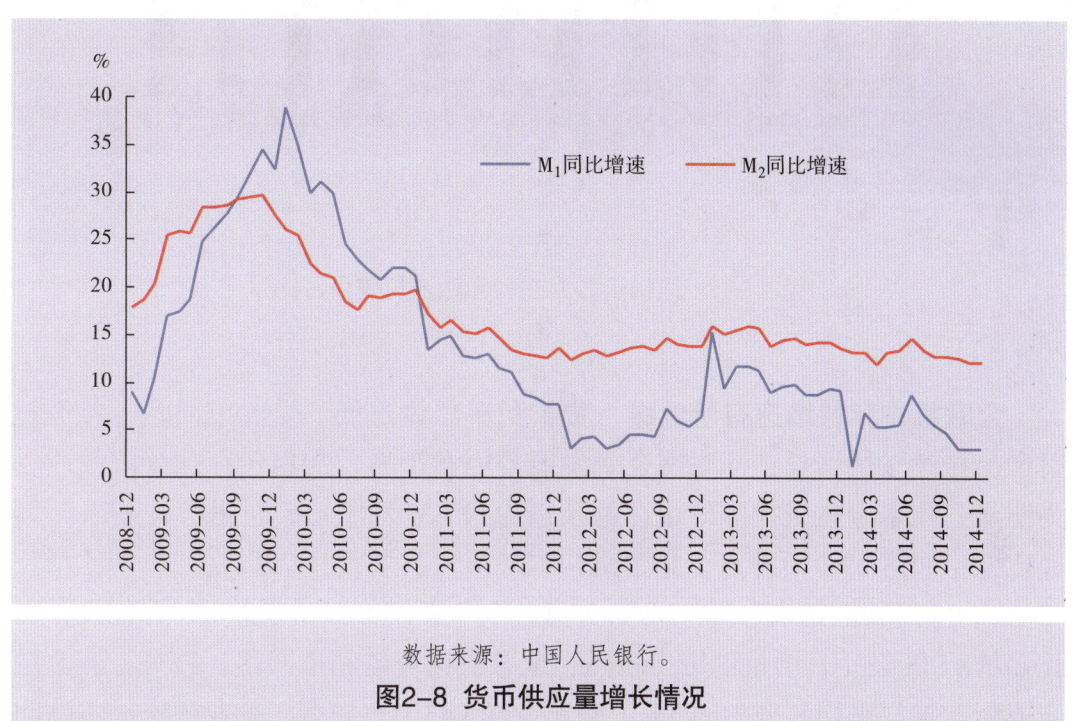

数据来源：中国人民银行。

图2-8 货币供应量增长情况

社会融资规模结构优化。 初步统计，2014年社会融资规模为16.5万亿元，比上年减少8 598亿元。从结构看，一是人民币贷款增加较多，占同期社会融资规模的59.4%，较上年高8.1个百分点。二是信托贷款和未贴现银行承兑汇票显著缩量，表外融资同比大幅少增。全年实体经济以委托贷款、信托贷款和未贴现承兑汇票方式合计融资占社会融资规模的17.5%，较上年低12.3个百分点。三是融资结构有所优化，企业债券和非金融企业境内股票融资等直接融资大幅增加，占同期社会融资规模的17.3%，比上年高5.5个百分点，创年度历史最高水平。四是外币贷款增量低于上年，占同期社会融资规模的2.2%，比上年低1.2个百分点。

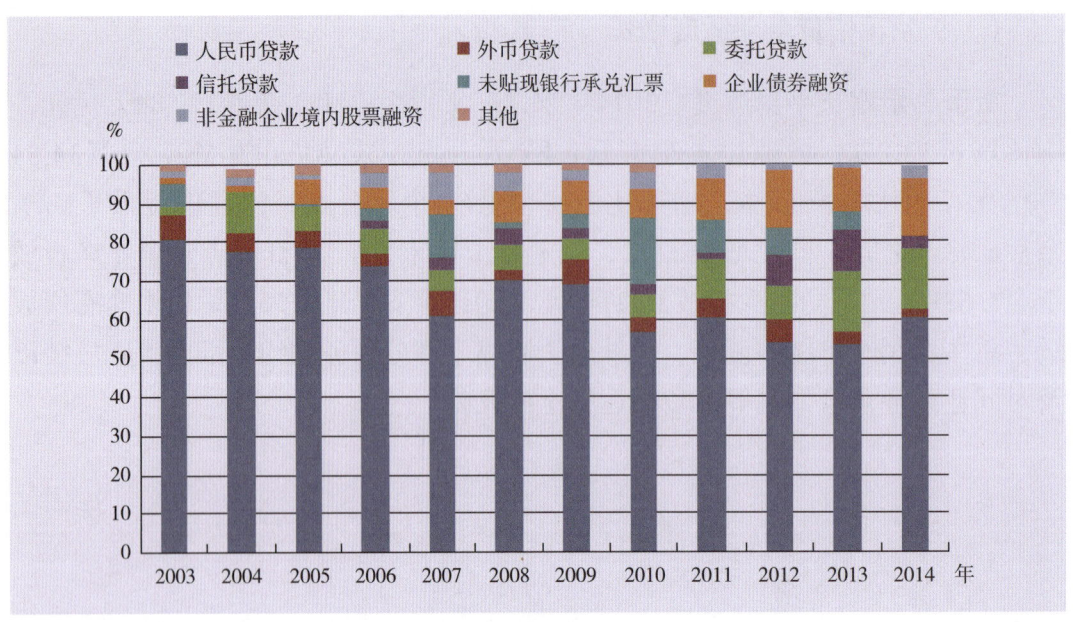

数据来源：中国人民银行、发展改革委、证监会、保监会、中央国债登记结算有限责任公司和中国银行间市场交易商协会等部门。

图2-9 不同融资方式在社会融资规模中占比

金融机构存款增速有所放缓，贷款利率总体走低。 受股市回暖、各类理财产品持续较快增长、互联网金融发展等因素影响，2014年存款分流效应较为明显，年末金融机构本外币存款余额为117.37万亿元，同比增长9.6%，增速比上年回落3.9个百分点；金融机构本外币贷款余额86.79万亿元，同比增长13.3%，增速较上年末下降0.6个百分点；全年新增人民币贷款9.78万亿元，同比多增8 900亿元，增量创历史新高。金融机构贷款利率回落，12月，非金融企业贷款加权平均利率为6.77%，同比下降0.43个百分点，企业融资成本高问题有所缓解。

（二）货币政策操作

补充完善和灵活运用各种工具组合，保持流动性合理充裕。 2014年以来，外汇占款渠道投放基础货币出现阶段性放缓，人民银行增强主动提供基础货币的能力，丰富和完善工具组合。开展分支机构常备借贷便利（SLF）试点，完善对中小金融机构提供正常流动性供给的渠道。创设中期借贷便利（MLF），向符合宏观审慎管理要求的银行提供中期基础货币。通过抵押补充贷款工具（PSL）为开发性金融支持棚户区改造提供长期稳定、成本适当的资金支持。根据短期流动性供求复杂多变的特点，适时将公开市场正回购操作期限由28天缩短至14天，搭配使用短期流动性调节工具（SLO）等弥补临时性资金缺口，有效应对多种因素引起的短期流动性波动。

适时运用价格型工具，引导利率水平适度下行。增强公开市场操作利率弹性，全年四次引导14天期正回购操作利率下降共60个基点。自9月起适度下调抵押补充贷款资金利率，并通过MLF在提供基础货币供给的同时发挥其中期政策利率的作用，疏通利率传导机制。11月22日采取非对称方式下调贷款和存款基准利率，引导融资成本下行，保持实际利率处于合理水平。

改进合意贷款管理，发挥差别准备金动态调整机制的逆周期调节和信贷结构引导功能。根据国内外经济金融形势变化、金融机构资本水平、稳健性状况和信贷政策执行情况，适时调整差别准备金动态调整机制的有关参数。合理调整宏观审慎管理指标，拓宽合意贷款空间，鼓励金融机构加大对小微企业、"三农"、中西部和欠发达地区的信贷支持。

实施"定向降准"，建立引导金融机构提高"三农"和小微企业贷款比例的正向激励机制。国际金融危机爆发以来，通过开展定向操作疏通货币政策传导机制成为主要经济体央行的新动向。2014年起，人民银行也探索发挥总量工具的结构引导功能，4月和6月两次实施定向降准，建立引导金融机构提高"三农"和小微企业贷款比例的正向激励机制。

新设信贷政策支持再贷款，构建中央银行抵押品管理框架。2014年初新设信贷政策支持再贷款，包括支农再贷款和支小再贷款，全年多次调增再贷款、再贴现额度，并完善相关管理，对涉农、小微企业票据优先办理再贴现并要求再贴现票据的贴现利率低于同档平均利率，支持金融机构扩大对"三农"和小微企业信贷投放。开展信贷资产质押方式发放信贷政策支持再贷款试点。年末支农再贷款余额、支小再贷款余额、再贴现余额均较上年同期进一步增加。

继续加快推进利率市场化改革，增强金融机构自主定价能力。11月22日，将存款利率浮动区间的上限从基准利率的1.1倍扩大为1.2倍，并对存贷款基准利率期限档次作适当简并，金融机构自主定价空间进一步扩大。放开中国（上海）自由贸易试验区小额外币存款利率上限。健全市场利率定价自律机制，逐步扩大自律机制成员范围。稳步推进同业存单发行和交易。

进一步完善市场化汇率形成机制，加大市场供求决定汇率的力度。自3月17日起，将银行间即期外汇市场人民币兑美元交易价浮动幅度由1%扩大至2%。7月1日，取消商业银行对客户美元挂牌买卖价差限制，至此银行对客户外币挂牌汇价区间限制全部取消。2014年，人民币对美元汇率中间价贬值0.36%，实际有效汇率升值6.2%。先后推出人民币对新西兰元、英镑、欧元以及新加坡元等货币直接交易。

专栏3 多措并举，缓解企业融资成本高问题

2014年，在经济面临下行压力的背景下，部分企业融资成本高的问题有所凸显。国务院对此高度重视，7月和11月相继发布《关于多措并举着力缓解企业融资成本高问题的指导意见》及《进一步缓解企业融资成本高的工作方案》。根据国务院统一部署，人民银行牵头各相关部门建立了缓解企业融资成本高问题的工作机制，同时督促主要商业银行落实好各项举措，切实承担社会责任。相关部门已采取的举措包括：

保持货币信贷总量合理适度增长，引导利率水平适度下行。 综合运用公开市场操作、SLO、SLF和MLF等多种工具灵活双向调节流动性，保持银行体系流动性合理充裕。全年四次下调14天期正回购操作利率共60个基点，引导市场利率适当下行，确保货币市场稳定。11月，非对称下调人民币贷款和存款基准利率。其中，金融机构一年期贷款基准利率下调0.4个百分点至5.6%，一年期存款基准利率下调0.25个百分点至2.75%。四次调整宏观审慎政策参数，增加金融机构信贷投放空间。

加强定向调控，做到精准发力。 全年两次实施定向降准，建立正向激励机制以引导金融机构持续优化信贷投放结构。创设支小再贷款工具，多次调增再贷款、再贴现额度，对涉农、小微企业票据优先办理再贴现并要求再贴现票据的贴现利率低于同档平均利率，支持金融机构扩大对"三农"和小微企业信贷投放。调整完善差异化的房地产金融政策，加大对棚户区改造、保障房、改善型住房需求等的金融支持，积极稳妥开展REITs试点。推动国家开发银行成立住宅金融事业部，并通过PSL为开发性金融支持棚户区改造提供长期稳定、成本适当的资金支持。

有序推进利率市场化改革。 将金融机构存款利率浮动区间上限由存款基准利率的1.1倍调整为1.2倍，并对存贷款基准利率期限档次作适当简并。健全市场利率定价自律机制，强化金融机构财务硬约束。加大力度引导同业存单市场发展。12月，3月期同业存单平均发行利率5.01%，低于同期限银行理财产品收益率21个基点。

大力发展直接融资。 积极支持符合条件的商业银行发行小微企业金融债和专项"三农"金融债，确保资金真正用于支持小微企业和"三农"融资需求。指导银行间市场交易商协会推出中小非金融企业集合票据，通过引入信用增进机制，推广区域集优模式。发展多层次资本市场，丰富中小企业股份转让系统的交易方式，发布私募股权众筹融资管

理办法。推进证券投资基金行业和证券经营机构创新发展，扩大人民币合格境外机构投资者范围，引导长期资金投资境内资本市场。

降低银行筹资成本。 引导银行通过规范同业存款业务、加大境外筹资力度等提升融资多元化程度和资金来源稳定性。大力推进信贷资产证券化，加快盘活存量。截至年末，金融机构共发行94单、3 837亿元信贷资产支持证券。

清理不必要的资金"通道"和"过桥"环节，缩短企业融资链条。 开展银行同业新规执行情况专项检查，加强基金公司从事资产管理业务的风险管理，要求银行完善理财业务组织管理，督促银行严密监测贷款资金流向。督促银行建立完善的服务价格管理制度。银行已采取的举措包括：对小微企业免收贷款承诺费、财务顾问费等；下调结算类收费标准，提供免费账户；取消下达中间业务收入计划，严查银行内部"息转费"行为等。

推动银行优化贷款管理，提高贷款审批和发放效率。 鼓励银行推行续贷、年审制贷款和循环贷款等服务，并针对小微企业创新服务模式。完善对小微企业贷款的差别化监管。银行已采取的措施包括：扩大对小微企业贷款不良率的容忍度，优先保证小微企业票据直贴融资需求，设置差别化的授信模式，扩大"免还续贷"范围等。

加快发展中小金融机构。 首批5家民营银行获准筹建；批准设立13家民营控股的金融租赁、消费金融和企业集团财务公司，以及162家民间资本占主导地位的村镇银行。

积极发挥保险、担保的功能和作用。 推广宁波城乡小额贷款保证保险的经验，推动国内贸易信用保险业务，推进农业保险保单质押贷款试点。下达30亿元财政资金支持担保机构为小微企业提供融资担保服务。大幅简化跨境担保管理，取消所有跨境担保事前审批，缩小跨境担保的数量控制范围。

企业融资成本高问题得到一定程度缓解。 12月，同业拆借和债券回购加权平均利率分别为3.49%和3.49%，同比分别回落0.67个和0.79个百分点；非金融企业贷款加权平均利率为6.77%，同比回落0.43个百分点；企业债券加权平均发行利率5.97%，同比回落1.03个百分点。12月末，银行间市场5年期、10年期国债收益率分别为3.53%和3.62%，同比下降0.93个和0.94个百分点。信托和理财产品收益率、民间借贷利率等也都有不同程度的回落。

三、展望

当前，我国发展仍处于大有作为的重要战略机遇期，新型工业化、信息化、城镇化、农业现代化协同推进，经济结构调整出现积极变化，深化改革开放取得重大进展，经济发展进入新常态，增长动力更为多元，发展前景更加稳定。同时，我国经济运行也面临不少困难和挑战，内生增长动力尚待增强，经济下行压力加大，部分经济风险显现，全社会债务水平仍在上升，供给过剩与供给不足并存，经济结构性矛盾依然突出。

2015年是全面深化改革的关键之年，是全面推进依法治国的开局之年，也是稳增长调结构的紧要之年。要全面贯彻落实党的十八大、十八届三中、四中全会和中央经济工作会议精神，主动适应经济发展新常态，继续坚持稳中求进工作总基调，保持宏观经济政策连续性和稳定性，把转方式调结构放在更加重要位置，继续实施定向调控、结构性调控，加快推进改革开放，使改革举措有效转化成发展动力，不断激发市场活力和释放发展潜能，着力提升经济发展的质量和效益，促进经济转型升级和平稳健康发展。

继续实施积极的财政政策和稳健的货币政策。 稳定和完善宏观经济政策，注重财政政策的力度和货币政策的松紧适度，更加注重定向调控，适时适度预调微调。创新和完善地方政府举债融资机制，继续实行结构性减税和普遍性降费，落实减轻企业特别是小微企业负担的税费优惠政策。加强流动性监测分析，灵活运用各种工具组合，保持流动性合理充裕，引导货币信贷和社会融资规模平稳适度增长。加强和改善宏观审慎管理，进一步完善差别准备金动态调整机制。

加大金融对实体经济的支持力度。 引导金融机构盘活存量、用好增量，增加对关键领域和薄弱环节的信贷支持。完善定向调控措施，把握优化产业发展的方向，引导金融机构进一步优化信贷结构，支持结构调整和转型升级。推动金融产品和服务创新，加大对"三农"、小微企业、棚户区改造等领域的支持，努力做好化解产能过剩矛盾的金融服务工作。积极发展普惠金融，扎实做好扶贫开发等民生领域的金融服务。落实差别化住房信贷政策，按照分类调控原则进一步做好住房金融服务工作。推动标本兼治，有针对性地缓解企业融资成本高问题。

全面深化改革，推进高水平对外开放。 加快利率市场化改革，加强金融市场基准利率体系建设，完善利率传导机制。扩大机构负债产品市场化定价范围，健全中央银行政策利率体系，完善利率调控框架。基本退出常态化的市场干预，继续完善人民币汇率市场化形成机制，加大市场决定汇率的力度，增强人民币汇率双向浮动弹性，保持人民币汇率在合理均衡水平上的基本稳定。支持人民币在跨境贸易和投资中的使用，推动人民币对其他货币直接交易，严密防范跨境资本流动风险。加强与"一带一路"沿线国家的务实金融合作，支持"一带一路"等国家战略实施。促进金融市场协调发展，大力发展直接融资，健全多层次资本市场。继续深化金融机构改革，支持加快发展民营银行等中小金融机构，促进资源优化配置。

加强和改善金融监管，完善监管协调机制。在尊重金融机构经营自主权、鼓励金融创新、继续减少行政审批的同时，切实加强金融监管。积极参与国际金融规则与标准制定，稳妥推进我国落实国际监管改革措施和稳健标准。推进监管架构改革，优化监管流程和资源配置，提高监管效力。积极发挥金融监管协调机制的作用，对跨市场、交叉性的金融创新，明确政策原则，落实监管责任，防止监管空白和监管套利。

有效防范金融风险，切实维护金融稳定。加强对产能过剩行业、房地产、地方政府融资平台等重点领域金融风险的监测分析，动态排查风险隐患，及时化解和处置各类风险。规范金融机构经营行为，严厉打击各类违法犯罪活动，优化金融生态环境。强化市场机制的约束作用，增强金融体系抗风险能力。扎实做好存款保险制度实施工作，完善金融安全网，守住不发生系统性区域性金融风险的底线。

第三章

银行业

第三章　银行业

2014年，银行业主动适应经济发展新常态，全面推进改革开放，坚守不发生系统性区域性风险的底线，不断提升服务实体经济与社会发展的能力，总体运行稳健。但一些影响银行业发展的不利因素仍然存在，部分行业、领域和地区的风险进一步显现，需全面深化改革，加大创新，切实提高风险防范和可持续发展能力。

一、运行状况

（一）资产负债规模稳步扩大，组织体系更加健全

资产负债规模稳步扩大。截至年末，银行业金融机构资产总额172.34万亿元，比上年末增加21万亿元，增长13.87%，增速同比上升0.6个百分点；负债总额160.02万亿元，比上年末增加18.84万亿元，增长13.35%，增速同比上升0.6个百分点。五家大型商业银行资产占比41.21%，比上年下降2.13个百分点，股份制商业银行、城市商业银行、农村金融机构（含农村商业银行、农村合作银行、农村信用社、村镇银行、贷款公司和农村资金互助社）资产占比分别比上年提高0.41个、0.46个和0.29个百分点（见图3-1）。

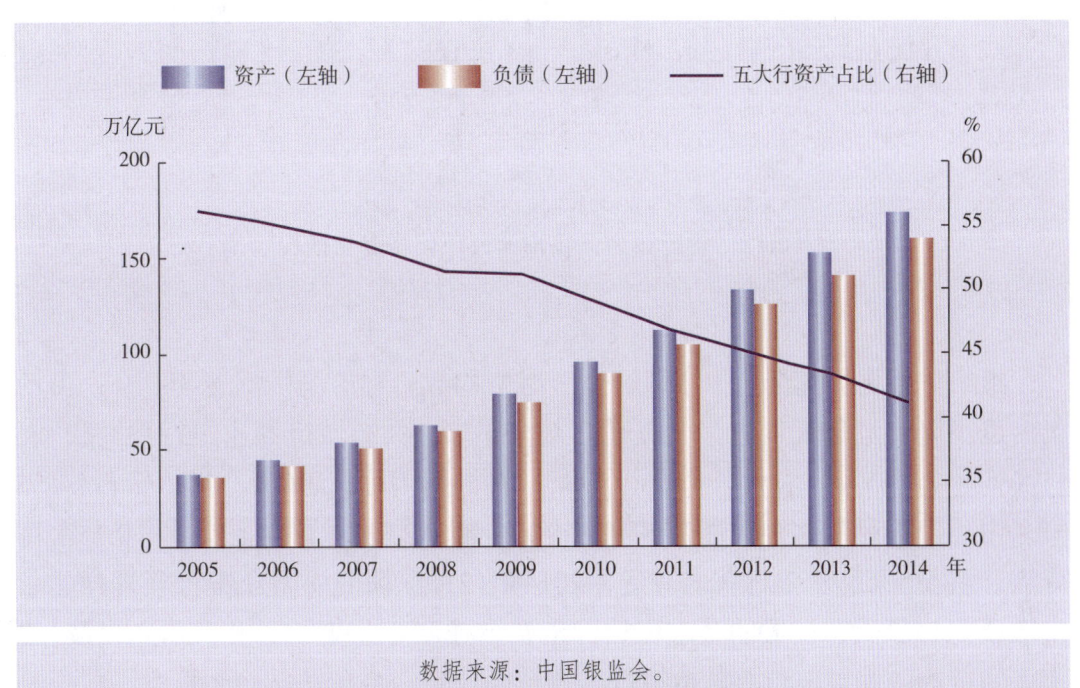

数据来源：中国银监会。

图3-1　银行业金融机构资产负债情况

存贷款增速放缓。截至年末,银行业金融机构本外币各项存款余额117.37万亿元,比上年末增加10.16万亿元,增长9.47%,增速同比下降3.92个百分点;各项贷款余额86.79万亿元,比上年末增加10.15万亿元,增长13.3%,增速同比下降0.57个百分点(见图3-2)。从期限看,人民币中长期贷款同比多增较多,比上年末增加6.7万亿元,在新增人民币贷款中占比比上年提高了13.89个百分点;短期贷款比上年末增加3.53万亿元。分机构看,股份制商业银行、城市商业银行和农村金融机构贷款同比多增较多。从用途上看,与项目投资密切相关的企业固定资产贷款比上年末增加2.62万亿元,经营性贷款比上年末增加2.49万亿元。

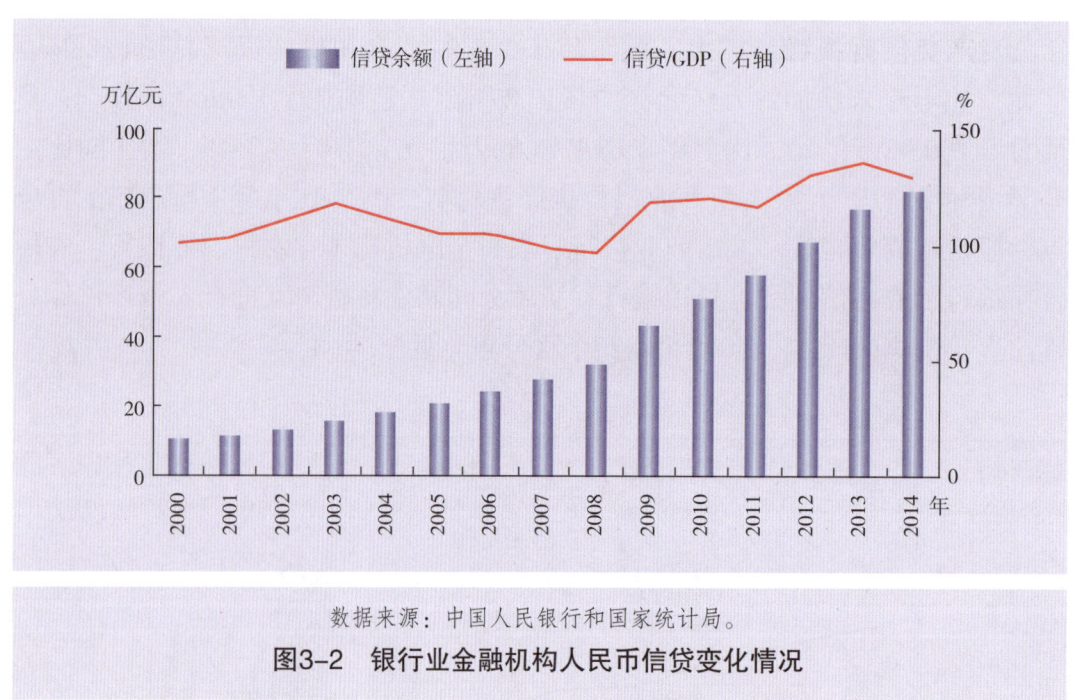

数据来源:中国人民银行和国家统计局。

图3-2 银行业金融机构人民币信贷变化情况

组织体系更加健全。中小银行业金融机构数量和市场份额继续上升,市场集中度下降,竞争程度进一步提高。截至年末,共有城市商业银行133家、农村商业银行665家、农村合作银行89家、农村信用社1 596家、村镇银行1 153家。中小银行业金融机构资产规模的市场份额达23.32%,比上年上升0.75个百分点。首批5家民营银行获准筹建,2014年12月深圳前海微众银行获批开业。批准设立13家民营控股的金融租赁、消费金融和企业集团财务公司,以及162家民间资本占主导地位的村镇银行。

（二）大力推动产业转型升级，加大对薄弱领域的信贷投入

支持实体经济发展和结构转型升级。 2014年，银行业不断改进金融服务，持续加大对实体经济的支持力度。加强信贷政策与产业政策的衔接配合，对产能过剩行业严格落实区别对待、有保有控的信贷政策，加强对战略性新兴产业和节能环保领域的支持力度，推动经济转型升级。积极推进金融创新，为企业提供多元化融资服务。大力支持新型工业化、信息化、城镇化、农业现代化，进一步扩大信贷资产证券化规模，盘活信贷资源支持实体经济融资需求。

加大"三农"金融支持力度。 截至年末，银行业金融机构涉农贷款余额（不含票据）23.6万亿元，同比增长13%，高出同期各项贷款（不含票据）增速0.7个百分点（见图3-3）。农村金融机构资本和财务实力继续加强，公司治理不断改进，支农能力持续增强。截至年末，农村金融机构贷款余额11.08亿元，同比增长16.06%。全国所有省（区、市）均实现金融服务空白乡镇全覆盖。

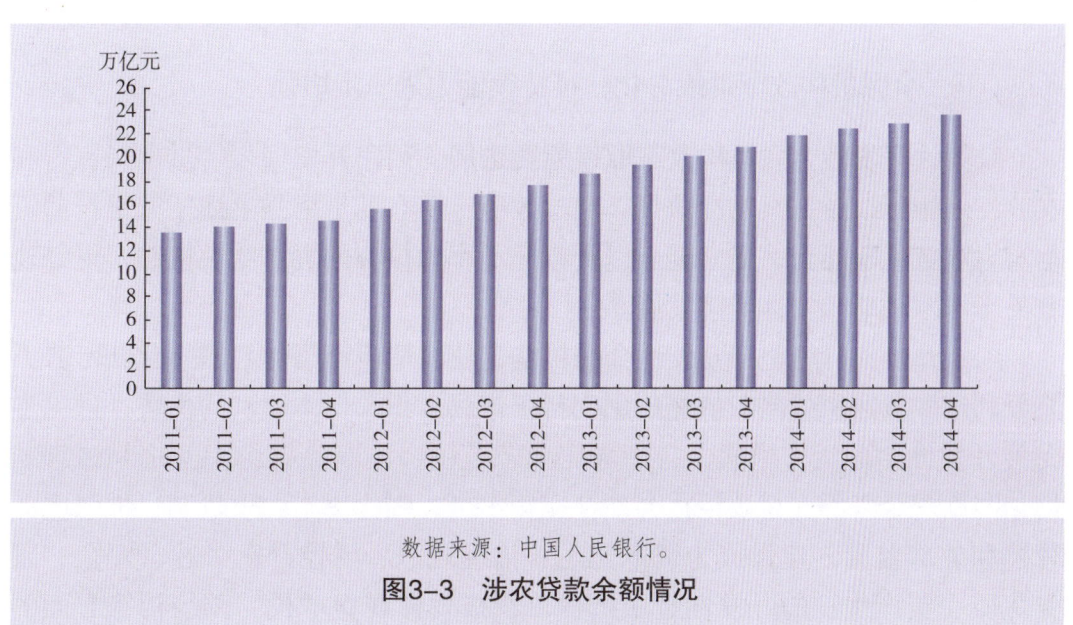

数据来源：中国人民银行。

图3-3　涉农贷款余额情况

提升小微企业金融服务水平。 截至年末，小微企业贷款余额15.3万亿元，占全部企业贷款的30.4%，比上年末增长15.5%，比同期大中型企业贷款增速分别高6.1个和4.9个百分点（见图3-4）。2014年新增小微企业贷款2.13万亿元，占企业新增贷款的41.9%。截至年末，全国共有小额贷款公司8 791家，新增952家；贷款余额9 420亿元，新增贷款1 228亿元，对缓解小微企业融资难发挥了积极作用。

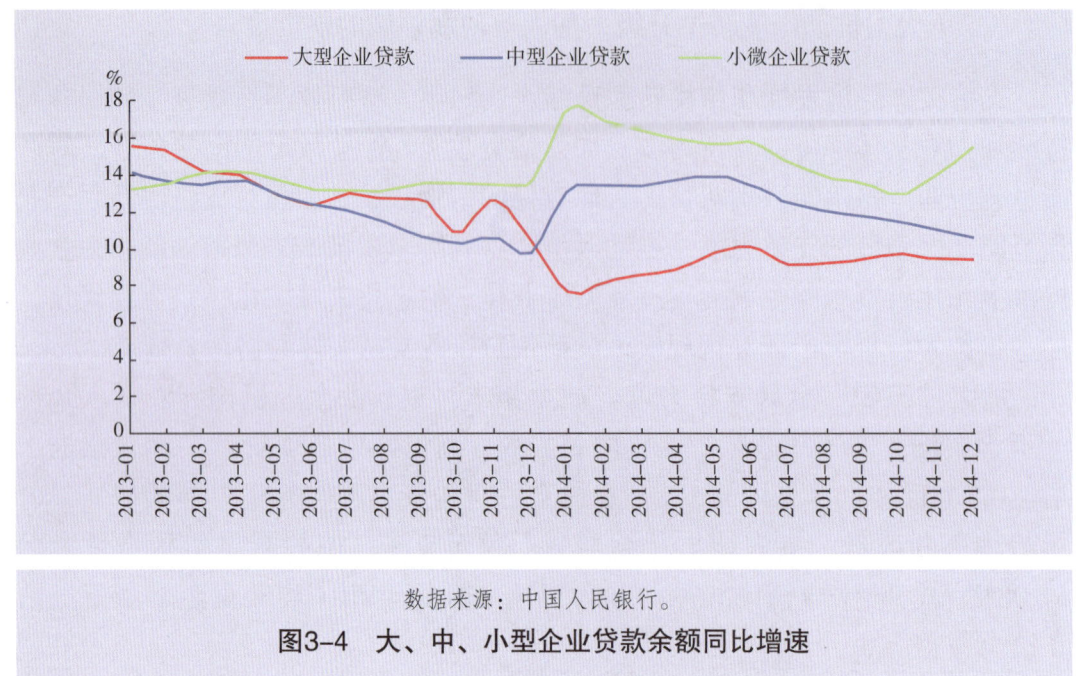

数据来源：中国人民银行。

图3-4 大、中、小型企业贷款余额同比增速

（三）金融机构改革继续深化，可持续能力进一步增强

政策性开发性金融机构改革取得重要进展。国家开发银行、进出口银行和农业发展银行改革方案均已获批。通过改革，将有助于增强上述三家银行的资本实力和抗风险能力，建立健全以资本充足率为核心的资本约束机制，更好地服务于国家战略和实体经济发展。

国家开发银行将坚持开发性金融机构定位，适应市场化、国际化新形势，充分利用服务国家战略、依托信用支持、市场运作、保本微利的优势，进一步完善开发性金融运作模式，合理界定业务范围，不断完善组织架构和治理结构，明确资金来源支持政策，合理补充资本金，强化资本约束机制，加强内部管控和外部监管，建设成为资本充足、治理规范、内控严密、运营安全、服务优质、资产优良的开发性金融机构，积极发挥在稳增长、调结构等方面的重要作用，加大对重点领域和薄弱环节的支持力度，促进国民经济持续健康发展。此外，国家开发银行住宅金融事业部于2014年7月开业，重点支持棚户区改造及城市基础设施等相关工程建设，为棚改提速提供依法合规、操作便捷、成本适当、来源稳定的融资渠道。2014年，国家开发银行共新增发放棚改贷款4 086亿元，较上年增加3 026亿元，增长286%。

农业发展银行将坚持以政策性业务为主体。通过对政策性业务和自营性业务实施分账管理、分类核算，明确责任和风险补偿机制，确立以资本充足率为核心的约束机制，建立规范的治理结构和决策机制，建设成为具备可持续发展能力的农业政策性银行。进出口银行将强化政策性职能定位。坚持以政策性业务为主体，合理界定业务范围，明确风险补偿机制，提升资本实力，建立资本充足率约束机制，强化内部管控和外部监管，建立规范的治理结构和决策机制，建设成为定位明确、业务清晰、功能突出、资本充足、治理规范、内控严密、运营安全、服务良好、具备可持续发展能力的政策性银行，充分发挥在稳增长、调结构、支持外贸发展、实施"走出去"战略中的功能和作用。

大型商业银行改革继续深化。工商银行、农业银行、中国银行、建设银行和交通银行继续深化改革，进一步完善公司治理，不断改进激励机制导向，积极加快转型发展，逐步提升经营管理效率和风险防控水平。总体来看，大型商业银行经营态势良好，服务实体经济能力和水平进一步提升。截至年末，五家大型商业银行的资本充足率分别为14.53%、12.82%、13.87%、14.87%和14.04%，不良贷款率分别为1.13%、1.54%、1.18%、1.19%和1.25%，全年实现净利润分别为2 763亿元、1 795亿元、1 772亿元、2 282亿元和659亿元，同比分别增长5.10%、8.00%、8.22%、6.10%和5.71%。农业银行"三农金融事业部"改革扎实推进，各项扶持政策得到完善落实，"三农"金融服务的广度和深度不断拓展。截至年末，农业银行19个试点省（区、市）县事业部贷款余额2.26万亿元，比年初增加2 340亿元，增长11.6%，高于试点分行各项贷款整体增幅0.96个百分点，增量存贷比达到84.6%，实现拨备和分摊后净利润432亿元，不良贷款率由年初的1.50%上升至1.88%，拨备覆盖率达到289.6%。

其他金融机构改革继续推进。中国华融资产管理股份有限公司于2014年8月与中国人寿保险（集团）公司、美国华平投资集团等八家战略投资者正式签署战略合作框架协议或谅解备忘录，中国人寿保险（集团）公司增持以及其他七家新增战略投资者投资共计145.43亿元，占华融资产管理公司增资后股份总额的20.98%。光大集团改革重组细化实施方案于2014年7月获国务院批准，中国光大（集团）总公司由国有独资企业改制为股份制公司，并更名为中国光大集团股份公司。中国中信股份有限公司于2014年9月在香港实现整体上市。

专栏4　开发性金融的国际经验

开发性金融是以特定信用支持为基础，服务于国家战略性行业和领域的投融资行为，不以盈利为优先目标，强调市场运作、保本微利和中长期财务可持续。作为金融体系的重要组成部分，开发性金融广泛存在于发达国家和发展中国家,为促进经济社会发展作出了重要贡献。近年来,开发性金融在我国取得令人瞩目的发展,为基础设施、基础产业和支柱产业等战略性领域提供了大量长期资金,对促进我国的城镇化、工业化和国际化进程发挥了独特的作用,走出了一条有中国特色的开发性金融之路。

从国际上来看,从事开发性金融业务的机构较为普遍。全球性和区域性的开发性金融机构包括国际复兴信贷银行(IBRD)、亚洲开发银行(ADB)、非洲开发银行(AfDB)等;国家层面的包括德国复兴信贷银行(KFW)、法国储蓄托管机构(CDC)、巴西国民经济和社会发展银行(BNDES)、韩国开发银行(KDB)、马来西亚开发银行(BPMB)等。2008年国际金融危机爆发后,开发性金融机构依托特定信用支持、服务实体经济、维护市场稳定的逆周期调节作用更为凸显,成为各国政府实施救助措施、助力经济复苏的重要抓手。总体来看,开发性金融机构体现出了如下特征:**一是受专门立法约束。**通过立法明确机构的性质、使命及配套政策,依法成立、依法运行。**二是给予特定信用支持。**开发性金融机构一般为国家全资所有或国有控股,政府对其负债提供信用支持,使其能够以高信用评级在资本市场获得相对低成本的资金。**三是以中长期投融资业务为主。**德国复兴信贷银行、法国储蓄托管机构、意大利储蓄信贷机构(CDP)都是长期投资者俱乐部(Long-term investors club)的创始成员,致力于以中长期投融资服务实体经济,并维护金融市场的稳定。**四是坚持市场化运作。**以整体业务财务可平衡和机构长期发展可持续为目标,按照市场原则,自主经营决策,发挥引领和撬动作用,引导社会资金共同支持经济社会发展。**五是具有完善的配套措施。**在严格内外部监管的同时,根据业务特点建立差异化的监管和评价指标,实现促发展与控风险的有机统一。给予免税、免分红等支持政策,增强服务国家战略和可持续发展的能力。**六是资本充足率普遍较高。**资本金是金融机构用以开展业务、消化损失、抵御风险的基础,也是约束过度扩张的有效手段。由于开发性金融机构担负着支持本国经济发展战略的重要使命,资本金水平普遍较高,并且可随政策需要而追加。2013年末,德国复兴信贷银行、韩国开发银行、巴西国民经济和社会发展银行、马来西亚开发银行的资本充足率分别为22.3%、14.64%、19.2%和14.4%。

（四）监管有效性不断增强，全面参与国际银行业监管改革

监管有效性不断增强。 人民银行不断丰富宏观审慎管理工具，创新调控思路与方式，补充完善货币政策工具组合，实施"定向降准"，创设中期借贷便利（MLF）和抵押补充贷款工具（PSL），兼顾货币总量调控和结构调整，引导金融支持实体经济发展。在金融监管协调机制框架下，人民银行牵头出台《关于规范金融机构同业业务的通知》等有关政策，切实采取有效措施规范同业业务发展，增强了金融体系的稳健性。银监会出台商业银行流动性管理办法、商业银行监管评级内部指引等一系列监管规则，增强银行体系应对风险的能力，监管有效性不断提升。

深度参与国际银行业监管改革。 人民银行、财政部和银监会等相关部门继续深度参与金融稳定理事会（FSB）和巴塞尔银行监管委员会（BCBS）的监管改革，稳妥推进相关标准和准则在中国的实施。稳步推进FSB成员国的同行评估工作，积极参与FSB对全球系统重要性银行（G-SIBs）监管框架的专题同行评估。按照FSB要求，推进我国G-SIBs成立危机管理小组，着手制定恢复和处置计划，加强金融机构有效处置机制建设。全面参与FSB和BCBS关于G-SIBs总损失吸收能力（TLAC）的政策制定工作，增强TLAC制定政策的有效性，为我国G-SIBs争取较有利的公平竞争环境。

专栏5　切实采取有效措施，促进同业业务健康发展

近年来，我国金融改革发展全面推进，金融机构同业业务创新活跃、发展较快，在便利流动性管理、优化金融资源配置、服务实体经济发展等方面发挥了重要作用，但也存在部分业务发展不规范、信息披露不充分、规避金融监管和宏观调控等问题。自2014年5月以来，人民银行会同有关监管部门按照"鼓励创新、防范风险、趋利避害、健康发展"的总体要求，切实采取有效措施，促进同业业务健康发展。

进一步规范金融机构同业业务经营行为。 2014年5月，人民银行、银监会、证监会、保监会、外汇局联合印发《关于规范金融机构同业业务的通知》，提出十八条规范性意见，逐项界定并规范同业拆借、同业存款、同业借款、同业代付、买入返售（卖出回购）等同业融资和同业投资业务，强化金融机构同业业务内外部管理要求，规范会计核算和资本计量要求，设置同业业务期限和风险集中度要求，将同业业务纳入统一流动性管理，支持资产证券化常规化发展和同业存单业务试点，提高金

融机构资产负债管理的主动性、标准化和透明度，促进同业业务规范发展。

提高商业银行同业业务治理水平。2014年5月，银监会发布《关于规范商业银行同业业务治理的通知》，明确商业银行同业业务治理的总体要求和专营部门制的具体要求，要求商业银行同业业务专营部门之外的其他部门和分支机构不得经营同业业务。同时，明确了商业银行法人总部的职责，要求商业银行的法人总部对同业业务专营部门进行集中统一授权、专营部门不得转授权，对表内外同业业务进行集中统一授信，对交易对手进行集中统一的名单制管理。

加强同业银行结算账户管理。2014年7月，人民银行印发《关于加强银行业金融机构人民币同业银行结算账户管理的通知》，对商业银行同业银行结算账户的开立、落实日常管理做出严格要求，并规定各银行建立同业银行结算账户专项管理制度，同时对存量同业银行结算账户进行清理核实，为加强同业业务管理奠定了坚实的基础。

调整部分同业业务的金融统计口径。2015年1月，人民银行发布《关于调整金融机构存贷款统计口径的通知》，将非存款类金融机构存放在存款类金融机构的款项纳入"各项存款"统计口径，将存款类金融机构拆放给非存款类金融机构的款项纳入"各项贷款"统计口径，以保证统计口径的科学性，准确反映存贷款总量。

上述对金融机构同业业务经营管理的规定，有利于规范市场秩序，有效防控金融风险；有利于引导资金更多流向实体经济，降低企业融资成本，提高金融体系支持实体经济的能力；有利于加快发展多层次资本市场体系，提高直接融资比重，增强经济金融体系的韧性；有利于落实信贷政策，盘活存量、用好增量，助推经济结构调整和转型升级。

二、稳健性评估

资产质量继续下降，拨备整体较为充足。当前，受经济增长放缓、外部需求萎缩、企业经营困难等多重因素影响，我国银行业资产质量下行压力较大。截至年末，银行业金融机构不良贷款余额1.43万亿元，不良贷款率1.6%。其中，商业银行不良贷款余额8 426亿元，比年初增加2 506亿元，已连续13个季度反弹；不良贷款率1.25%，比年初增加0.25个百分点。银行业金融机构关注类贷款余额为3.57万亿元，比年初增加0.66万亿元，关注类贷款率为3.98%，比上年末提高0.29个百分点。银行业金融机构拨备整体较为充足，截至年末，商业银行拨备覆盖率232.06%，比上年末下降50.64个百分点；贷款损失准备充足率281.19%，比上年末下降40.02个百分点；拨贷比2.9%，比上年末提高0.07个百分点。

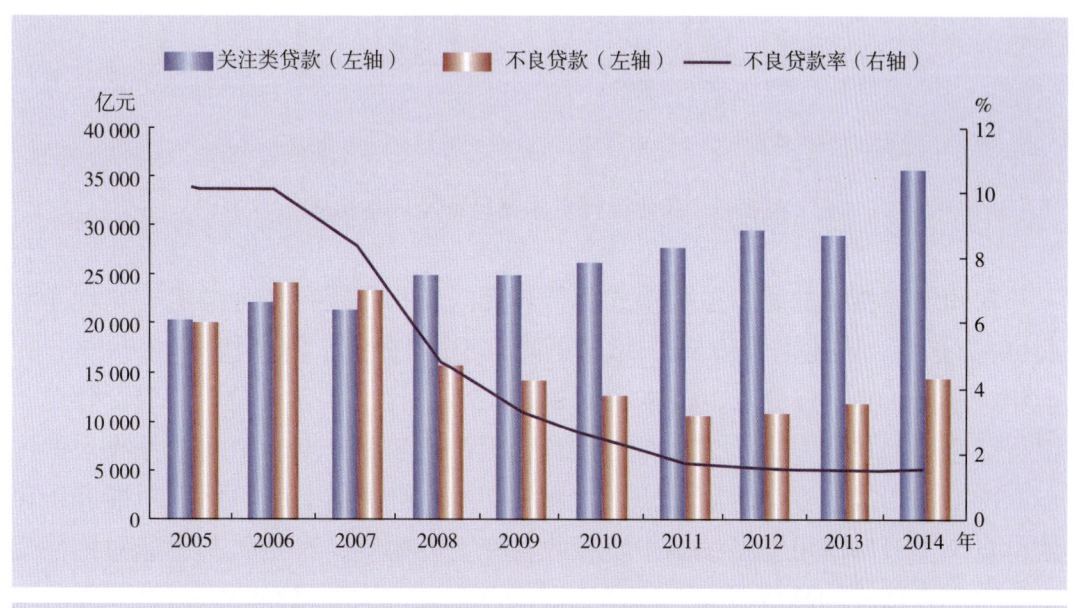

数据来源：中国银监会。

图3-5 银行业金融机构关注类贷款余额及不良贷款变化情况

运用多种方式补充资本，资本充足水平持续提高。2014年，银行业金融机构通过多种方式补充资本2.31万亿元，其中留存收益1.32万亿元，股权融资2 486亿元，混合资本债券2 158亿元。2014年，工商银行、农业银行、中国银行、浦发银行、兴业银行分别在境内外发行优先股345.5亿元、400亿元、720亿元、150亿元、130亿元。银行业金融机构内源融资占资本净增加额的比重56.84%，比上年末下降23.15个百分点。截至年末，商业银行资本充足率13.18%，比上年末上升0.99个百分点（见图3-6），核心一级资本充足率10.56%，比上年末上升0.61个百分点。商业银行核心一级资本9.07万亿元，核心一级资本净额占资本净额的80.1%，资本质量处于较高水平。

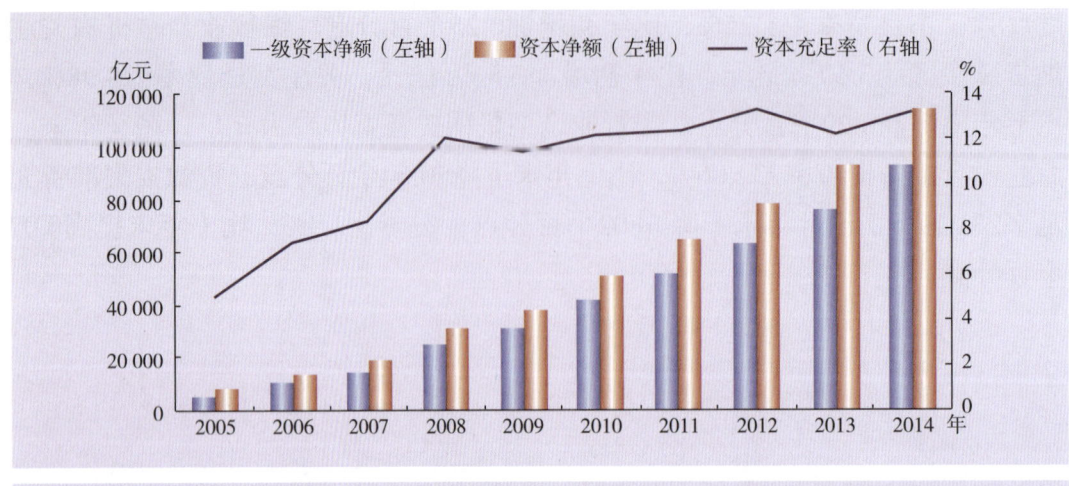

数据来源：中国银监会。

图3-6 商业银行资本充足率及资本构成[1]

利润增速持续放缓，盈利模式亟待转变。2014年银行业金融机构实现净利润1.93万亿元，同比增长10.5%，增速下降4.73个百分点，资产利润率1.19%，比上年末下降0.03个百分点，资本利润率17.15%，比上年末下降1.37个百分点。银行业金融机构净息差为2.71%，同比上升0.02个百分点。中间业务收入占比15.93%，同比上升0.06个百分点（见图3-7）。随着利率市场化不断推进，存款付息率上升幅度可能持续高于贷款收益率上升幅度，存贷款利率非对称性变化导致利差缩小的趋势明显。2014年银行业金融机构利息净收入占营业净收入的比例为57.76%，比上年上升了4.48个百分点。

数据来源：中国银监会。

图3-7 商业银行盈利水平和中间业务收入占比的变化趋势

---

[1] 2013年开始，资本充足率按照巴塞尔协议Ⅲ规则计算。

信用风险总体可控,部分行业和地区风险暴露蔓延。2014年,银行业金融机构信用风险有所上升,但总体风险可控。从行业看,新增不良贷款主要集中在批发和零售业、制造业和信用卡,三项合计占全部新增不良贷款的80%以上。钢铁、水泥、电解铝、船舶、光伏、煤炭等产能严重过剩行业债务违约现象较为突出,部分地区企业间互保联保现象较为普遍,成为银行业不良贷款的"重灾区"。随着淘汰落后产能、化解产能严重过剩进程加快,部分地区银行业不良贷款率将进一步上升。从区域看,不良贷款主要发生在部分产能过剩及资源型产业集中地区。从苗头和趋势看,受部分地区、行业景气度下降以及一些企业生产经营困难影响,信贷风险开始出现从产能过剩行业向上下游企业和其他行业、从东部沿海地区向中西部地区、从小微企业向大中型企业蔓延的迹象,银行不良贷款面临进一步反弹压力。

专栏6 银行业金融风险传染分析

银行业金融机构风险传染是指因交易对手、关联机构、金融市场等发生波动或不利变化而对机构个体及整个银行体系造成直接或间接的负面影响。风险传导渠道既可能是由特定银行业金融机构违约风险暴露导致交易对手直接损失或金融市场资产价格剧烈波动而使得其他银行业金融机构资产负债表受损,也可能是通过市场预期渠道或非理性心理恐慌渠道快速传染至整个银行体系。我们借鉴国际上常用的金融网络模型,以我国银行间同业业务信息为基础,动态模拟了银行间的传染性风险传导路径和影响。

一、金融网络模型

基于银行间同业数据信息,可以将金融网络模型作如下设定:

网络节点为不同的银行机构,连接节点的线为银行机构间的同业资金往来。假设整个体系中有n家银行机构,它们之间的资金往来构成一个$n \times n$的矩阵M,称为同业资金矩阵。某时点银行间同业资金矩阵如下:

$$M = \begin{bmatrix} M_{1,1} & \cdots & M_{1,j} & \cdots & M_{1,n} \\ \vdots & & & & \vdots \\ M_{i,1} & \cdots & M_{i,j} & \cdots & M_{i,n} \\ \vdots & & & & \vdots \\ M_{n,1} & \cdots & M_{n,j} & \cdots & M_{n,n} \end{bmatrix}$$

其中，元素 M_{ij} 代表在某时点上银行机构 i 对银行机构 j 融出资金所形成的同业资产规模。同样，可以定义同业市场整体资产规模向量 $\vec{p}=(p_1,\ldots,p_n)$ 如下：$p_i = \sum_{j=1}^{n} M_{ij}$，其中 p_i 是银行机构 i 对网络内所有银行机构融出资金所形成的同业资产规模。

假设体系中银行机构 h 突然发生同业资金违约，那么与其有同业往来的银行 i 的资产负债如下式：

$$a_i + (p_i - \theta M_{ih}) = (k_i - \theta M_{ih}) + b_i$$

其中，a_i 表示银行 j 的其他资产，k_i 表示银行 i 的资本净额，b_i 表示银行 i 的负债，θ 为违约损失率。如果 i 银行的资本金在抵补损失后低于监管规定的最低资本要求，那么可认定 i 银行受到传染且也将发生同业违约。如果银行 h 违约将导致体系中 N 家银行受到传染，接下来进一步考虑 N 家银行同时违约带来的传染效应，步骤不断重复，直至没有新的银行违约，最终可求得 h 银行因同业违约将风险传染给体系中其他银行机构的影响。

二、我国银行网络稳定性分析

按照上述思路，选取2014年12月末我国银行体系内28家资产规模在4 000亿元以上的商业银行之间的同业资产负债数据，测算同业双边风险敞口。这28家银行包括6家大型商业银行、12家股份制商业银行、6家城市商业银行和4家农村商业银行。我们设定了两类不同的冲击情景，轻度冲击下违约损失率统一设定为50%，重度冲击下违约损失率统一设定为100%，并根据《商业银行资本管理办法（试行）》规定商业银行最低资本要求为8.9%。轻度冲击下，28家银行发生传染性风险的可能性较小。重度冲击，28家银行所构成的网络稳定性情况如下：

大型商业银行。当大型商业银行分别发出同业信用违约冲击时，平均将有5家银行受到传染，风险传染将平均延续2轮，平均消耗资本占28家银行总资本比例约为9%。从同业市场交易情况看，大型商业银行属于主要的资金融出方，对比而言其融入的同业资金规模一般不大，因而发生同业信用违约时所引发的传染性风险较小。但从被传染的角度看，大型银行中的邮政储蓄银行比较容易受到其他同业信用违约风险的传染，共有20家机构发生同业信用违约冲击都会传染到邮政储蓄银行，主要原因是邮政储蓄银行融出资金的同业对手方较多且资金规模较大。

股份制商业银行。股份制商业银行分别发出同业信用违约冲击时，平均传染到的银行机构为12家，平均传染的轮数提高至3轮，平均损失的资

第三章　银行业

本比例达24%。整体而言，股份制商业银行在同业市场上属于资金净融入方，一旦发生同业信用违约则传染范围较广。从具体资金流向上看，股份制商业银行的同业融入资金主要来源于大型商业银行和其他股份制商业银行，同业融出资金主要流向其他股份制商业银行和城市商业银行。

城市商业银行。 城市商业银行同业信用违约的影响力和传染范围有限。单家城市商业银行发出同业信用违约冲击时，平均传染到的银行机构为4家，传染的延续轮数仅为1轮，平均资本损失比例约为7%。从样本银行的数据上分析，城市商业银行在同业市场上属于资金净融入方，主要同业融入资金来源于大型商业银行和股份制商业银行，融出资金的同业交易对手较分散，因此当城市商业银行发生同业违约冲击时不足以对其主要同业交易对手造成较大影响。

农村商业银行。 农村商业银行的传染性风险较小，如分别发生同业信用违约冲击均不会引发对体系内其他银行的传染效应。

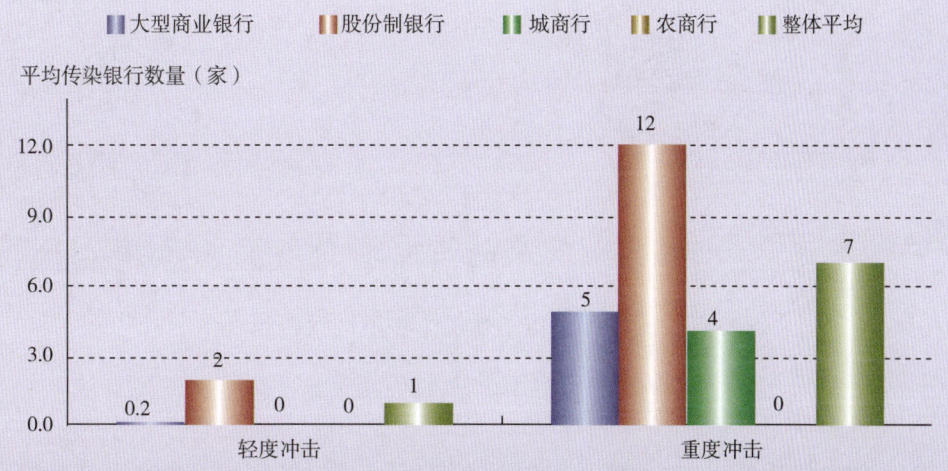

图3-8　传染性风险的分组情况

整体而言，银行业金融机构的同业业务在经过发展规范后，增速趋于放缓，降低了同业信用违约风险传染的可能性，同时大多数商业银行通过发行优先股、二级资本债等方式进一步补充资本金，使得商业银行抵御传染性风险能力增强。按机构类型来看，绝大多数大型商业银行抵御传染性风险能力较强，股份制商业银行同业信用违约风险在银行网络中的传染性较强，而城市商业银行和农村商业银行违约风险影响较小。

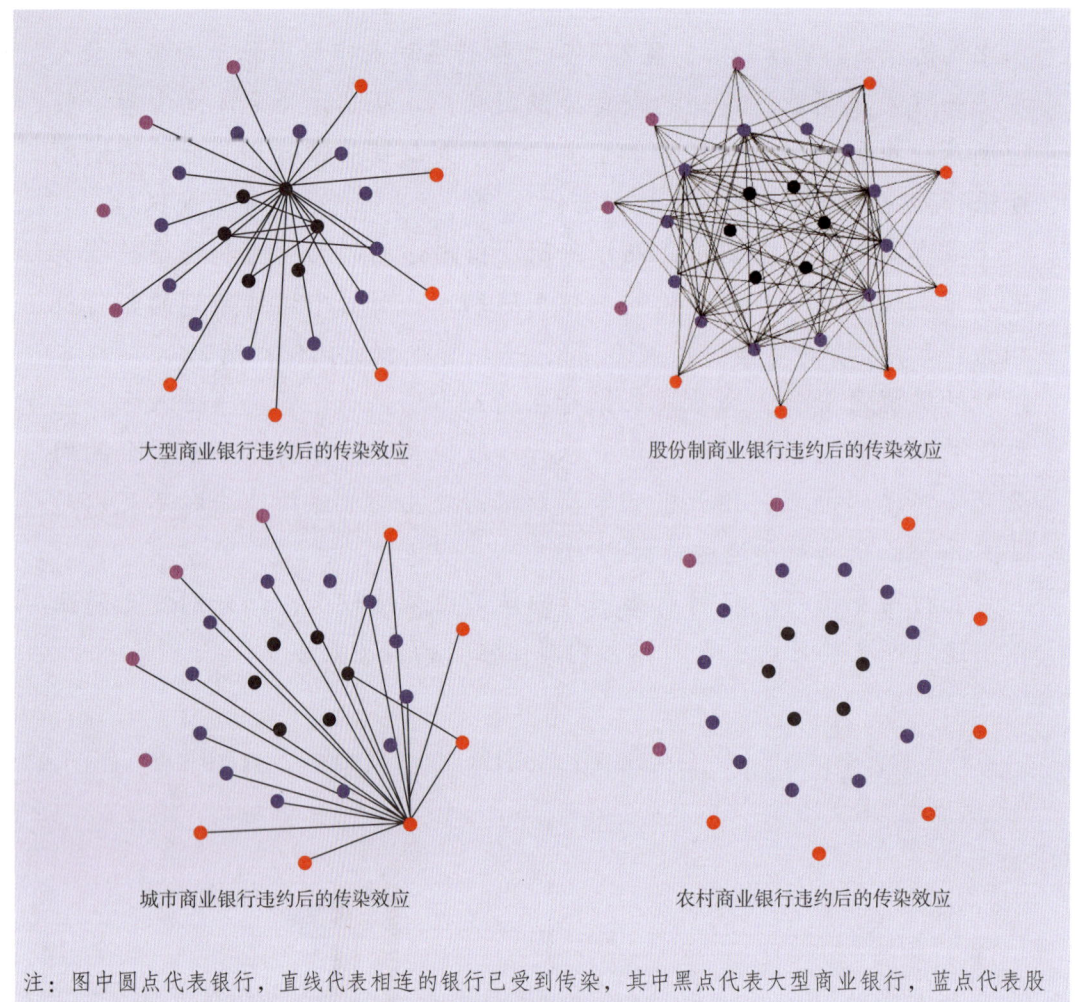

图3-9 银行网络传染情况（按不同银行组别）

房地产市场出现一定调整，潜在风险有所上升。部分城市房地产市场供求关系发生变化，库存消化周期拉长，房价下行预期增强。2014年12月，70个大中城市中，新建商品住宅和二手住宅价格环比下降的城市分别为66个和60个。部分房地产开发企业资金链较紧，高成本、多渠道融资现象普遍，存在较大风险隐患。截至年末，银行业金融机构房地产贷款余额17.37万亿元，占各项贷款余额的21.27%。房地产市场持续调整将对银行信贷资产质量产生较大影响。

流动性总体充足，但不稳定因素增多。一是截至年末，商业银行流动性比例46.44%，存贷比65.09%，流动性整体充足。二是存款大幅波动仍然明显，银行资金来源稳定性有待提高。2014年，银行业金融机构存款跨季月间波幅最高超过7万亿元（见图3-10）。商业银行各项存款占总负债的比重由2006

年末的87.20%下降到2014年末的78.61%。三是银行负债结构变化，存款增速下降趋势明显。2014年银行业金融机构存款增速各月均跌破两位数，而稳定性较差的同业负债快速增多，截至年末，银行业金融机构同业负债的比重为15.13%，比年初上升1.54个百分点。一些同业业务比重高、资产负债期限错配严重的中小银行，流动性风险管理难度加大。

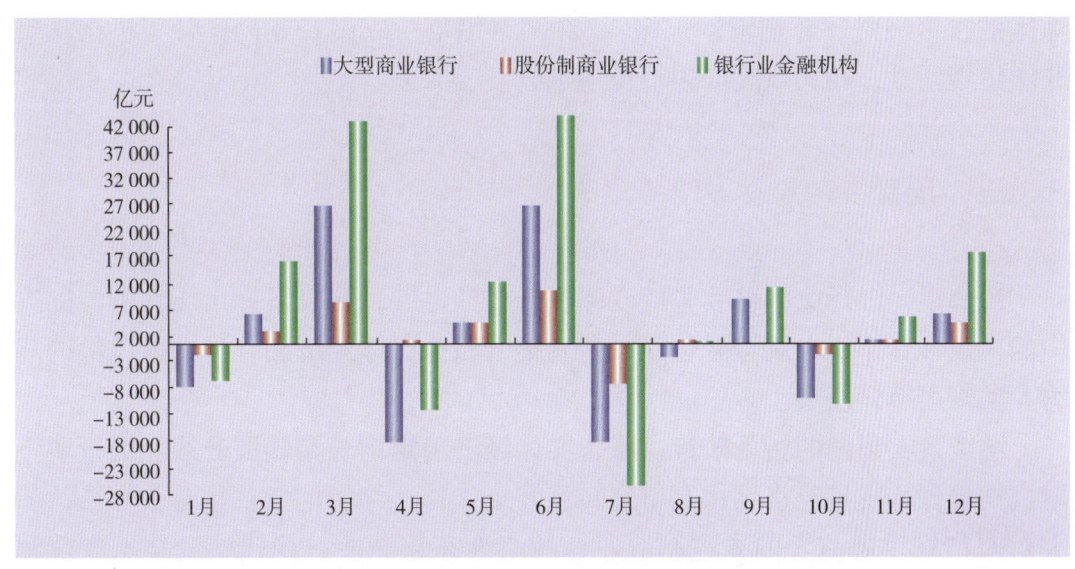

数据来源：中国人民银行、中国银监会。

图3-10 2014年银行业金融机构月度存款变化情况

表外业务继续增长，风险隐患依然存在。截至年末，银行业金融机构表外业务（含委托贷款和委托投资）余额70.44万亿元，比上年末增加12.74万亿元，增长22.07%。表外资产规模相当于表内总资产规模的40.87%，比上年末提高2.75个百分点。其中：委托贷款10.69万亿元，委托投资4.26万亿元，承兑汇票9.83万亿元。商业银行表外业务操作中的一些问题值得关注，一是对表外业务的管理较为薄弱，操作风险突出；二是通过表内资产表外化规避金融监管；三是将不良资产从表内转移至表外，延缓信用风险的暴露。

影子银行在服务经济社会的同时，潜在风险值得关注。近年来，影子银行日益活跃，在服务实体经济、丰富居民投资渠道等方面起到积极作用，但也暴露出交易链条复杂、透明度低、法律关系不清、管理不规范、监管标准不一等问题，蕴含较大风险。一是一些影子银行将资金投向地方政府融资平台、房地产、"两高一剩"等行业和领域，削弱宏观调控有效性，影响经济结构调整。二是影子银行的资金来源和运用与正规金融体系盘根错节，如果管理不善，会导致风险向正规金融体系传递。三是一些影子银行收益率高企，风险提示不足，误导客户，扰乱金融秩序，加剧不正当竞争。

案件防控工作不容忽视，非法集资和民间借贷等外部风险向银行业传染的风险可能增加。 一些银行业金融机构公司治理不完善，内部风险控制存在薄弱环节。伪造变造存单、外部骗贷、电子银行诈骗和网络攻击等类案件屡有发生。与此同时，非法集资案件数量、涉案金额上升，跨省案件数量增加，部分地区的投资理财、非融资性担保、P2P网络借贷、农民专业合作社等机构从事非法集资活动，相关风险向银行传递加剧。

三、展望

2015年，银行业将继续坚持改革、开放和发展，积极发挥市场在资源配置中的决定性作用，鼓励金融创新，切实提升服务实体经济和管理金融风险的能力，实现可持续发展。

继续落实稳健的货币政策，服务实体经济稳定增长和转型升级。 银行业金融机构要做好支持经济结构调整和转型升级工作，保持信贷总量有效增长，加大对有市场发展前景的先进制造业、战略性新兴产业、现代信息技术产业和信息消费、劳动密集型产业以及绿色环保等领域的资金支持力度。对产能过剩行业区别不同情况实施差别化政策。扶助小微企业发展，满足"三农"和民生领域的信贷需求。在风险可控和商业可持续的原则下，大力支持企业"走出去"，帮助企业更好地利用全球市场优化资源配置。

继续深化改革，增强可持续发展能力。 落实政策性开发性金融机构改革方案，科学建立资本约束机制，健全治理结构，完善财税扶持政策。继续深化大型商业银行改革，完善现代金融企业制度，加快转型发展。扩大农业银行"三农金融事业部"深化改革试点范围，进一步探索商业性金融服务"三农"的可持续模式。继续推动金融资产管理公司商业化转型。推动具备条件的民间资本依法发起设立中小型银行等金融机构。做好存款保险制度出台的各项准备和组织实施工作，健全维护金融稳定长效机制。

大力推动产品和服务创新，激发市场主体活力。 鼓励银行业金融机构不断创新产品和服务，支持金融新业态、新商业模式的发展。进一步扩大信贷资产证券化试点，盘活信贷存量。积极开展资本工具创新，鼓励符合条件的商业银行发行应急资本工具，不断完善商业银行资本补充机制。开发主动负债融资工具，引导符合条件的银行业金融机构投资银行间市场，不断提高债券融资规模和比重。继续研究探索大中型农机具、农村承包土地的经营权和宅基地使用权等抵押贷款试点。

加强风险监测分析，及时化解和处置各类风险。加强动态风险排查，做好各种情景下的应对预案，妥善处置各类风险事件。一是对产品有市场前景、有潜在竞争力但暂时出现财务困难的企业，不盲目抽贷、压贷、缓贷。对经营难以为继且产品缺乏竞争力的"僵尸企业"，通过破产清算等方式稳妥处置，依法打击各类逃废银行债务等违法行为。二是积极应对房地产市场调整，落实差别化住房信贷政策，切实防范房地产信贷风险。三是出台加强地方政府性债务管理各项配套政策措施，确保在建项目后续融资，稳妥化解地方政府融资平台债务风险，在城市基础设施建设等领域推广运用政府和社会资本合作模式（PPP）。

加强监管能力建设，提升行业稳健性水平。一是借鉴国际先进监管经验，继续优化监管分类标准和流程，改进监管方法，持续提升监管能力，不断完善与国际接轨的银行业监管框架。二是研究推动国际监管改革措施和稳健标准在我国稳步实施，提高银行业稳健性标准。三是加强对重点领域监管，进一步落实对小额贷款公司、融资性担保机构和新型农村合作金融机构的监管责任，加强对资产质量、理财业务、表外业务和同业业务等领域的监督检查，守住风险底线。

第四章

证券期货业

第四章 证券期货业

2014年，证券期货业继续保持稳健发展态势，行业创新能力持续提升，市场基础性制度建设不断完善，监管转型持续推进，对外开放取得积极进展。为适应我国经济发展的新常态，需进一步增强风险管理能力，全面深化基础制度改革，继续提升双向开放水平。

一、运行状况

（一）市场主体稳步发展

上市公司市值增长较快。 2014年末，沪、深两市共有上市公司2 613家，较上年末增加124家，其中新股发行125家，退市1家。总市值和流通市值分别为37.25万亿元和31.56万亿元，同比分别增长55.83%和58.14%（见图4-1）。流通市值占总市值的84.72%，较上年末上升1.24个百分点。

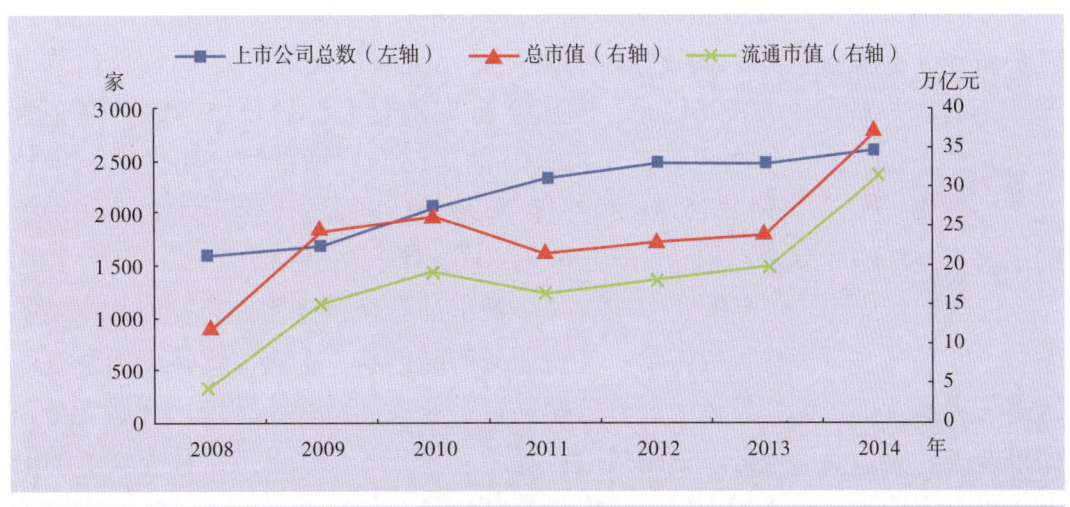

数据来源：中国证监会。

图4-1　2008—2014年上市公司数量和市值

"新三板"挂牌公司数量和融资增长迅速。 截至2014年底，全国股转系统挂牌公司总数达1 572家，较上年末增加1 216家，总股本和总市值分别为658.35亿股和4 591.42亿元，同比分别增长5.78倍和7.3倍。2014年挂牌公司共实现股票融资132亿元，同比增长12倍，"新三板"融资功能逐步显现。

证券期货经营机构稳步壮大。 2014年末，全国共有证券公司121家，较上年末新增6家；其中上市证券公司22家，较上年末新增2家。期货公司153家，较上年末减少3家。基金管理公司95家，较上年末新增6家（见图4-2）。

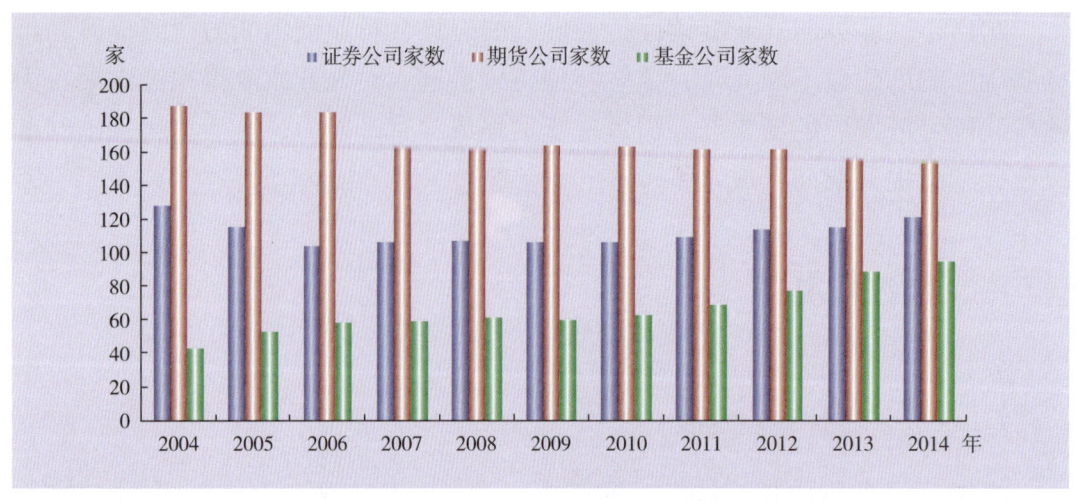

数据来源：中国证监会。

图4-2 2004—2014年证券期货经营机构数量

证券期货业资产规模整体有所增长。 2014年末，证券公司总资产（不含客户资产）2.84万亿元，同比增加1.32万亿元，增长86.57%。期货公司总资产（不含客户资产）728.76亿元，同比增加98.87亿元，增长15.70%。基金管理公司[①]总资产（不含客户资产）827.01亿元，同比增加153.46亿元，增长22.78%。基金管理公司共管理1 897只公募基金，基金总份额达4.20万亿份，同比增长34.74%，基金净值达4.54万亿元，同比增长51.05%[②]。

证券期货业稳步创新。《关于进一步推进证券经营机构创新发展的意见》发布，明确从建设现代投资银行、支持业务产品创新、推进监管转型三个方面推进证券经营机构创新发展。证券公司融资类业务创新稳步推进，开展交易和做市业务、大宗商品业务、信用风险缓释工具业务等多项试点，补充资本的渠道也更趋完善。《关于大力推进证券投资基金行业创新发展的意见》发布，进一步明确基金管理公司下阶段创新发展的总体原则、主要任务和具体措施。基金管理公司股东多元化改革稳步进行，专业人士获准参股基金管理公司。《公开募集证券投资基金运作管理办法》出台，公募基金业务范围不断扩大，产品与服务的创新力度加强，参与国企混合所有制改革的封闭式基金、参与"沪港通"的基金以及基于互联网大数据开发的指数基金等创新产品相继推出。资产证券化业务主体范围由证券公司扩展至基金管理公司子公司。《关于进一步

---

① 不包含取得公募基金管理牌照的其他资产管理机构。
② 证券公司、期货公司、基金管理公司2014年度有关财务数据未经审计，相关章节同。

推进期货经营机构创新发展的意见》发布，明确从大力提升服务实体经济的能力、努力增强期货经营机构竞争力、加强投资者保护等八个方面推进期货经营机构创新发展。期货公司新增一对多资产管理业务，业务领域有所扩展，股东范围扩大至自然人。

证券期货经营机构发展进一步规范。《证券公司全面风险管理规范》及《证券公司流动性风险管理指引》发布，证券公司逐步建立健全全面风险管理制度和流动性风险管理制度。《关于进一步规范证券公司资产管理业务有关事项的补充通知》及《关于进一步加强基金管理公司及其子公司从事特定客户资产管理业务风险管理的通知》发布，有利于促进证券公司、基金管理公司资产管理业务有序健康发展。《期货公司监督管理办法》发布，从适当降低准入门槛、完善业务范围和强化投资者保护等九个方面对期货公司进行了规范，体现了功能监管与适度监管的理念，有利于推动期货行业的创新发展，提升期货公司服务实体经济的能力和国际竞争力。

机构投资者力量稳步增强。证券公司及其资产管理子公司继续积极参与公募业务。《关于加强和改进保险资金运用比例监管的通知》发布，保险资金投资权益类资产的上限从原先的25%提高至30%，机构投资者可入市比例继续上升。截至2014年末，沪、深两市机构投资者持有的已上市流通股占A股流通市值比例达74.97%，较上年末增加2.23个百分点，连续5年保持在70%以上水平（见图4-3）。

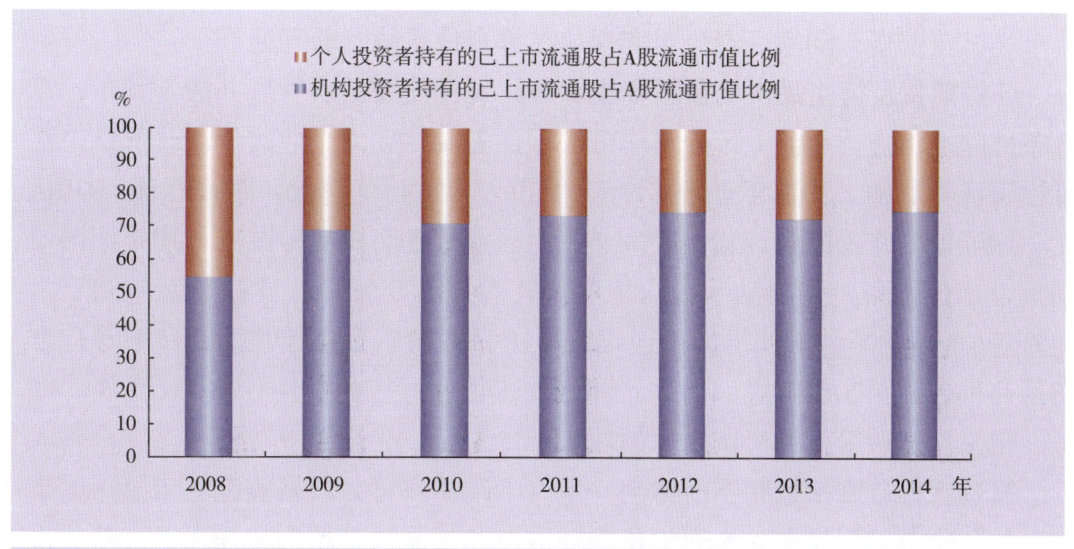

数据来源：中国证监会。

图4-3　2008—2014年机构和个人投资者持有的已上市流通股比例对比

（二）市场基础性制度建设稳步推进

股票发行改革持续深入。股票发行注册制改革方案研究工作继续进行，探索建设市场主导、责任到位、披露为本、预期明确、监管有力的股票发行制度。首次公开发行和再融资审核工作流程逐步完善，新股发行监管有所加强，发行承销常态化检查机制建立。《首次公开发行股票并在创业板上市管理暂行办法》的修订，放宽了创业板准入标准；同时，符合创业板特点的再融资制度及"小额、快速、灵活"的定向增发机制，较为有力地支持了创业板上市公司的融资需求。

上市公司并购重组环境进一步优化。《上市公司重大资产重组管理办法》和《关于修改〈上市公司收购管理办法〉的决定》发布，进一步减少和简化并购重组行政许可，在强化信息披露、加强事中事后监管、督促中介机构归位尽责、保护投资者权益等方面完善配套安排，优化了审批流程，进一步丰富了并购重组支付工具。2014年，上市公司全市场并购重组交易2 920单，交易总金额约1.45万亿元。

私募基金基础制度建立。按照行业自律、底线监管、促进发展的原则，构建私募基金监管机制和自律管理体系。《私募投资基金监督管理暂行办法》发布，私募基金合格投资者标准建立。私募基金数据统计与信息报送制度完善，私募基金统计监测工作启动。证券公司柜台市场继续发展，机构间私募产品报价与服务系统不断完善。截至2014年末，登记私募基金管理人共计4 955家，备案私募基金达7 654只，基金管理规模2.12万亿元；已有42家证券公司获得柜台市场试点资格，68家证券公司实现与私募报价系统互联互通。

证券期货及衍生品市场创新步伐加快。《优先股试点管理办法》发布，符合条件的上市公司和非上市公司均可发行优先股，助力企业股份制改革，丰富可投资证券品种。2014年全年共计5家上市公司发行优先股，融资总计1 030亿元。原油期货交易平台建设不断完善，上证50ETF期权交易试点和10年期国债期货上市的准备工作启动。聚丙烯、热轧卷板、晚籼稻、硅铁、锰硅和玉米淀粉等6个期货品种成功推出，连续交易扩大到铁矿石、螺纹钢和白糖等17个交易品种。截至2014年底，期货品种总数达46个，基本覆盖了农业、金属、能源、化工、金融等国民经济主要领域。

投资者权益维护机制不断健全。《关于改革完善并严格实施上市公司退市制度的若干意见》发布，全面细化主动退市和强制退市情形，加强退市公司投资者合法权益保护。上市公司现金分红政策的合理性、稳定性和透明度不断强化，现金分红与再融资挂钩制度继续完善。上市公司继续健全投资者投票机制，2014年采用网络投票和实施累积投票公司分别达到2 208家和1 250家，进一步保障了中小投资者参与权。"12386"热线承接投资者咨询、建议、投诉，全年办结各类诉求10万余件。

专栏7　进一步优化证券公司客户交易结算资金第三方存管制度

2002年前后，我国证券公司大范围、大规模挪用客户交易结算资金的行为最终导致兑付危机，证券业多年积累的风险集中爆发，严重侵害投资者利益，证券市场面临极大的生存和信任危机。为保护投资者权益，维护金融及社会稳定，帮助证券业走出困境，国家对证券业开展了综合治理工作。在综合治理过程中，为从根本上杜绝挪用客户交易结算资金的问题，人民银行会同有关部门推动建立证券公司客户交易结算资金第三方存管制度，截至2007年8月底，证券业已全部实现客户交易结算资金第三方存管。

一、第三方存管制度有效保障了客户证券交易结算资金的安全

客户证券交易结算资金第三方存管模式下，证券公司只负责客户证券交易、股份管理和清算交收；存管银行负责管理客户保证金明细账户和客户保证金汇总账户，向客户提供保证金存取服务，为证券公司完成与登记结算公司和场外交收主体之间的法人资金交收提供结算支持。第三方存管制度遵循"券商管证券，银行管资金"的原则，实现了证券公司自有资金和客户保证金隔离，从根本上杜绝证券公司挪用客户交易结算资金的行为。经过近8年的建设和运转，目前A股市场已经形成了由登记结算公司、证券公司、存管银行、证券投资者保护基金共同组成的完备的存管体系，各机构各司其职，通过数据的交叉比对关系及总分勾稽关系，监测客户资金余额及变动，有效保障了客户证券交易结算资金安全。

二、当前第三方存管制度存在进一步优化的空间

实践中，由于仅对A股市场客户证券交易结算资金实行第三方存管，且允许单一客户选择多家存管银行，在金融工具日益丰富的背景下，可能削弱现行第三方存管的有效性。同时，现行第三方存管制度亦存在客户交易结算资金的法律属性有待厘清、作为第三方监控主体的证券投资者保护基金面临法律授权不足、客户交易结算资金的赔付标准需进一步完善、证券公司与存管银行之间的业务协同有待加强等问题，存在进一

步优化改进的空间。

总体来看，证券公司客户交易结算资金第三方存管制度有效防范了证券公司挪用客户资金的风险。下一步，应按照《国务院关于进一步促进资本市场健康发展的若干意见》提出的"在风险可控前提下，逐步优化证券公司客户交易结算资金存管制度"要求，在坚持第三方存管基本框架的前提下，明确存管资金的法律属性，提高监控主体法律授权的层级，统筹研究存管资金偿付标准，加强银行和券商的业务沟通和协调，在确保客户交易结算资金安全的基础上，进一步优化客户交易结算资金第三方存管制度。

（三）监管转型深入落实

行政审批制度改革不断深化。落实《国务院关于进一步促进资本市场健康发展的若干意见》，简政放权取得一定成效。2014年证券监管部门共取消13项行政许可审批事项和4项的部分情形；取消了上市公司收购报告书审核等一批影响面广的审批事项，目前上市公司并购重组90%以上的交易单数已无须审批。公募基金产品实施注册制，私募基金等市场发展新领域不设前置审批，由行业协会实施自律管理。同时，彻底清理非行政许可审批事项，除1项拟新设为行政许可外，其余9项拟全部取消。

法制建设进一步推进。继续推动基础性法律制度建设，《证券法（修订草案）》已经提请全国人大常委会会议第一次审议，《期货法》草案继续完善，《上市公司监管条例》进入国务院审议程序。证券期货行政和解试点已获国务院批准。资本市场诚信数据库正式运行，证券期货违法失信信息公开查询平台推出。

稽查执法继续强化。进一步壮大稽查执法和专项检查力量，打击证券期货违法违规行为。2014年新增受理线索678件，同比增长11%；新增立案调查205件，同比增长8%；移送公安机关74件，同比增长76%。在持续严打内幕交易的同时，重点查处挪用巨额资金、重大财务造假等上市公司违法违规大案要案，强化稽查执法震慑力。

证券期货监管合作工作进一步开展。根据人民银行同证监会签订的《关于加强证券期货监管合作共同维护金融稳定的备忘录》，双方积极沟通，继续稳步推进证券期货监管合作相关工作，在共同打击证券期货违法违规活动、清理整顿各类交易场所、监测金融风险、保护投资者权益等方面有序开展合作。

（四）对外开放取得积极进展

双向开放取得突破性进展。2014年11月17日，沪港通试点正式启动，开创操作便利、风险可控的跨境证券投资新模式。截至年末，沪港通累计成交1 881亿元人民币，其中沪股通1 675亿元、港股通206亿元。《关于沪港股票市场交易互联互通机制试点有关税收政策的通知》同时发布，对沪港通试点涉及的所得税、营业税和证券（股票）交易印花税等税收政策予以明确，支持沪港通试点的顺利开展。

境内企业境外上市及合格机构投资者制度进一步优化。境内企业境外上市申请免去财务审核，全年共计49件申请被依法核准，同比增长113%，境外上市融资370亿美元，同比增长112%。B股公司以介绍方式到香港上市继续获得支持。截至年末，人民币合格境外机构投资者（RQFII）总额度增加到8 200亿元人民币。《关于QFII和RQFII取得中国境内的股票等权益性投资资产转让所得暂免征收企业所得税问题的通知》发布，消除合格境外机构投资者（QFII）、RQFII所得税政策不确定性，进一步优化开放环境。

上海自贸区成为机构重要开放平台。2014年9月，上海黄金交易所在上海自贸区内建成面向国内外投资者的贵金属交易市场，实现会员国际化、交易资金国际化、定价国际化和交割国际化的突破。上海证券交易所在上海自贸区内筹建金融资产交易平台，依托上海国际能源交易中心，积极推进国际化原油期货市场建设的相关准备工作。证券期货经营机构获准在上海自贸区内设立各类专业子公司和分支机构。

专栏8 沪港通顺利启动

经国务院批准，沪港通于2014年11月17日正式开通。沪港通是贯彻落实党的十八届三中全会决定和《国务院关于进一步促进资本市场健康发展的若干意见》的重大改革举措，是资本市场双向开放的重大突破。沪港通的推出有利于扩大两地投资者的投资渠道，优化市场结构，巩固上海和香港两个金融中心的地位，也为资本市场改革以及金融改革搭建了新平台，便利跨境资本流动和金融交易可兑换程度。

沪港通是指上海证券交易所和香港联合交易所允许两地投资者通过当地证券公司（或经纪商）买卖规定范围内的对方交易所上市的股票，其主要制度安排包括：一是规则适用的主场原则，沪港通遵循两地市场现行的交易结算法律法规，上市公司遵守上市地的监管规定，证券公司或经纪商遵守所在地监管机构的监管规定。二是采用交易所直连的模式，沪港两家交易所分别在对方设立的证券交易服务公司提供订单路由服务，接收本方投资者买卖对方交易所股票的订单。三是采用直连跨境结算模式，两地结算机构分别作为本方投资者通过沪港通买入股票的名义持有人，并互为对方结算机构的结算参与人。四是标的股票选取限制在一定范围。五是仅在沪港两地均为交易日且能够满足结算安排时开通。六是对额度实行总量管理和实时监控。其中，沪股通总额度为3 000亿元人民币，每日额度为130亿元人民币；港股通总额度为2 500亿元人民币，每日额度为105亿元人民币。七是港股通实施投资者适当性制度。

自沪港通开通以来，整体运行平稳，市场交易秩序良好，呈现以下几个特点。

一是沪港通资金流向整体呈现"北热南冷"。截至2014年末，596只沪股通标的股（含已经调出样本）中，有576只发生交易，沪股通交易金额1 675.12亿元人民币，占标的股票总交易额的0.68%。沪股通累计实际使用额度743亿元人民币，占总额度的24.77%。273只港股通标的股（含已经调出样本）中，有270只发生交易，港股通交易金额205.63亿元人民币，占标的股票总交易额的0.87%。港股通累计实际使用额度104亿元人民币，占总额度的4.16%。实际上，沪港通的实际交投活跃度要高于额度所反映的使用情况。截至年末，沪股通日均买卖交易金额55.84亿元人民币，是沪股通日均使用额度25.47亿元的2.2倍，港股通日均买卖交易金额7.34亿元人民币，是港股通日均使用额度4.38亿元的1.7倍。

二是沪股通资金偏好大盘蓝筹股，港股通资金流向较为分散。截至2014年末，交易数据显示沪股通资金主要流入以上证180指数成分股为代表的大盘蓝筹股，分别净买入上证180、上证380指数成分股642亿元人民币、43亿元人民币。从交易活跃度看，沪股通投资者对上证180指数成分股的交易占比94%，大幅高于对上证380指数成分股的交易占比6%。分行业看，沪股通资金流入相对集中于金融地产、可选消费及工业行业；港股通资金总体规模较小，行业和个股资金流入情况相对较为分散，资金流入相对居前的为金融和信息技术类行业。

三是港股通开户和交易呈现个人投资者为主的特点。截至年末，内地投资者开通港股通交易权限的账户数44.8万户，其中个人投资者44.6万户，占比99.55%；机构投资者1 998户，占比0.45%。已开展港股通交易的账户中，自然人账户交易金额累计164.92亿元人民币，占比80.20%。其中，最活跃的交易者为日交易量在100万元至1 000万元之间的资金量较大的自然人，累计交易金额达到67.2亿元人民币，占比32.68%。

四是沪港通清算交收运行平稳。 自开通以来，沪港通相关清算交收运行正常，资金的跨境划拨及有关换汇操作均在规定时间内完成。港股通方面，截至2014年末，中国证券登记结算有限公司（以下简称"中国结算"）累计划拨115.17亿元人民币到香港，从香港划回风控资金退款10.40亿元人民币，累计完成了104.78亿元人民币的换汇。沪股通方面，香港中央结算有限公司沪股通各项结算业务运行正常，已累计划入698.35亿元人民币完成沪股通交易的交收。港股通换汇业务方面，中国结算每日组织五家换汇银行的香港分支机构进行报价，并相应确定港股通结算汇率以及投资者适用的买入、卖出结算汇兑比率。总体来看，五家港股通结算银行的汇率报价优良，对投资者的结算汇率显著高于银行柜台市场汇价，离岸外汇市场也未因港股通业务出现异常波动。

二、稳健性评估

（一）部分行业上市公司持续亏损，个别公司退市风险值得关注

截至2015年4月22日，共有2 020家上市公司（不含2015年新上市）公布了年报，占全部上市公司的77.3%，亏损的上市公司147家，占已公布业绩报告公司的7.3%，其中首次亏损125家、持续亏损22家。亏损公司主要集中于"化学原料和化学制品制造业"、"计算机、通信和其他电子设备制造业"、"电器机械和器材制造业"及"房地产业"等行业，其中，前两个行业也是2013年亏损公司较为集中的领域。

2014年，受"三期"叠加的影响，上市公司整体盈利出现了一定程度的下降，部分行业经营压力较大。随着我国经济结构调整逐步深入，个别上市公司业绩可能进一步下滑，需密切关注退市风险。

（二）证券公司整体经营稳健，部分创新业务合规风险管理有待加强

截至2014年末，证券公司资产总额4.09万亿元，同比增长96.85%。净资产总额9 205.19亿元，净资本总额6 791.60亿元，同比分别增长22.11%和30.49%（见图4-4），增速在连续3年下降之后，出现较大幅度反弹。全行业平均来

看，单家证券公司净资本与各项业务风险资本准备之和的比率为637%，较上年末上升73个百分点。负债与净资本比例为303.04%，较上年末上升149.34个百分点。证券公司风险总体可控，整体经营稳健。

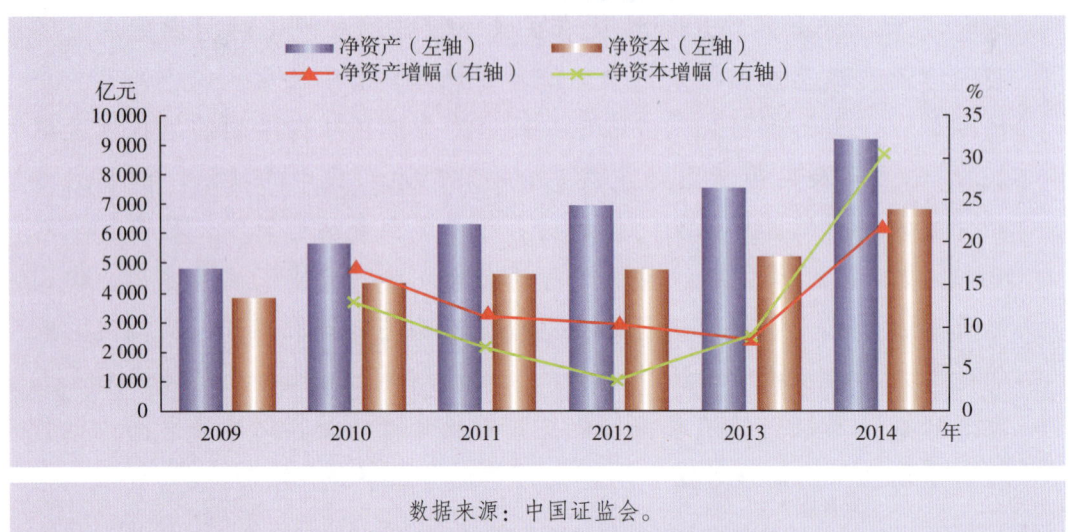

数据来源：中国证监会。

图4-4 2009—2014年证券公司净资产和净资本变化情况

盈利数据方面，2014年全行业实现营业收入2 602.84亿元，同比增长63.49%。其中，手续费及佣金净收入1 544.28亿元，同比增长46.05%，自营业务收入（含投资收益和公允价值变动收益）763.79亿元，同比增长119.80%，利息净收入283.72亿元，同比增长56.35%（见图4-5）。全年累计实现净利润965.54亿元，同比增长119.21%。从收入构成看，手续费及佣金收入仍是证券公司主要的收入来源，但比重由上年62.00%小幅下降至59.33%，证券公司盈利模式有所改善。

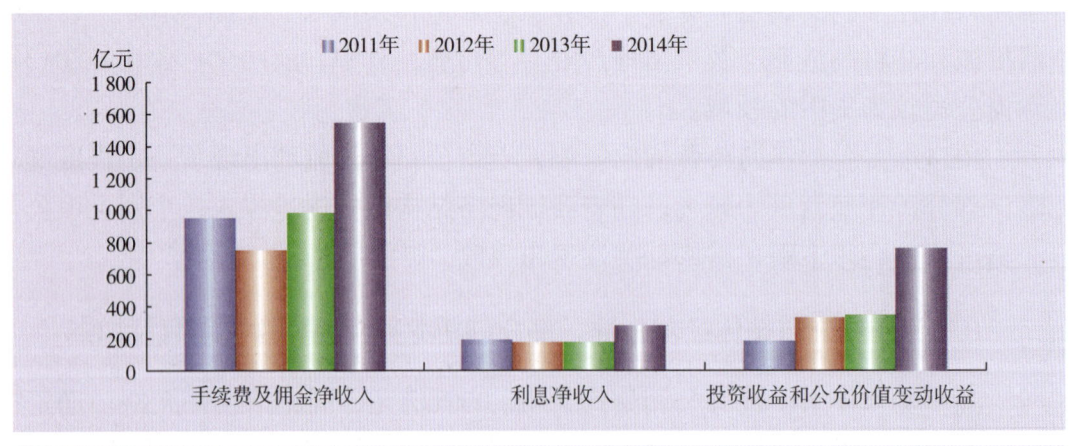

数据来源：中国证监会。

图4-5 2011—2014年证券公司各项收入变化情况

2014年，以融资融券业务为代表的证券公司创新业务增长较快，在优化证券公司盈利结构、促进其业务转型等方面发挥积极作用的同时，也存在不合规操作等问题，蕴藏风险隐患。同时，部分证券公司创新业务在资金来源、资金投向等方面具有跨行业、跨机构和跨市场特征，在资本市场出现较大波动时，需防范其风险向其他行业和市场传染。

专栏9　证券公司融资融券业务快速发展及对市场的影响

融资融券是指投资者向证券公司提供担保物，借入资金买入证券或借入证券卖出的行为。2014年以来，融资融券业务跨越式增长，截至年末，融资融券余额突破万亿元，达10 254亿元，是上年末的2.96倍。其中，融资余额10 172亿元，融券余额81.8亿元，分别较上年末增长196%和169%。其业务发展呈现如下特征：一是融资余额向高净值个人客户集中。截至年末，有融资余额的客户接近百万，其中，机构客户2 375名，融资余额仅占全部融资余额的7.3%；信用账户资产超过500万元的个人客户融资余额超过6 000亿元，占全部融资余额的比重超过60%。二是担保物以大盘蓝筹股为主。截至年末，担保物总价值约2.7万亿元，其中沪深主板股票占担保物总价值的73.8%。三是融资融券总体杠杆水平不高。截至12月末，证券公司资产负债率[①]69%，杠杆水平3.26倍；客户信用账户资产总额2.72万亿元，负债总额1.03万亿元，整体负债率为38%。

融资融券业务快速增长，对市场产生一定积极影响。一是为市场增加了流动性。2014年融资融券为证券市场注入了超过7 000亿元增量资金和超过50亿元证券。12月，融资买入额占A股成交额的比重达19%，月计14只次股票的单日融资买入额超过其A股交易额的50%，1 388只次股票超过30%。二是为投资者提供了对冲套利和风险管理工具。全年日均融券卖出额44亿元，较上年增长超过60%。12月，融券卖出额占A股成交额的比重达3%，ETF融券卖出452亿元，与融资买入额基本相当。三是提高了证券公司的盈利能力，有利于其进一步优化业务模式。2014年证券公司融资融券业务利息收入占营业收入的比重达17.1%，较上年提高5.5个百分点，成为证券公司的一项重要收入来源。

---

① 此处资产负债均剔除交易结算资金。

融资融券业务在总体运行稳健的同时，也存在一定风险隐患。2014年证券监管部门对45家证券公司的融资融券业务现场检查显示，部分公司存在违规为到期融资融券合约展期、向不符合条件的客户融资融券、未按规定及时处分客户担保物、违规为客户与客户之间融资提供便利等问题。下一步，应进一步完善融资融券业务风险防控基础制度，确保融资融券业务平稳健康发展。

（三）期货公司净资本增长缓慢，业务构成仍较为单一

截至2014年末，期货公司总资产（不含客户权益）、净资产和净资本分别为728.76亿元、619.98亿元和481.25亿元，同比分别增长14.65%、17.8%和9.13%。代理的客户保证金总额2 714.65亿元，同比增长38.74%。净资本与客户权益总额的比率为17.73%，较上年末下降4.8个百分点。全年实现营业收入190.20亿元，同比增长3.91%，净利润41.52亿元，同比增长16.86%（见图4-6）。

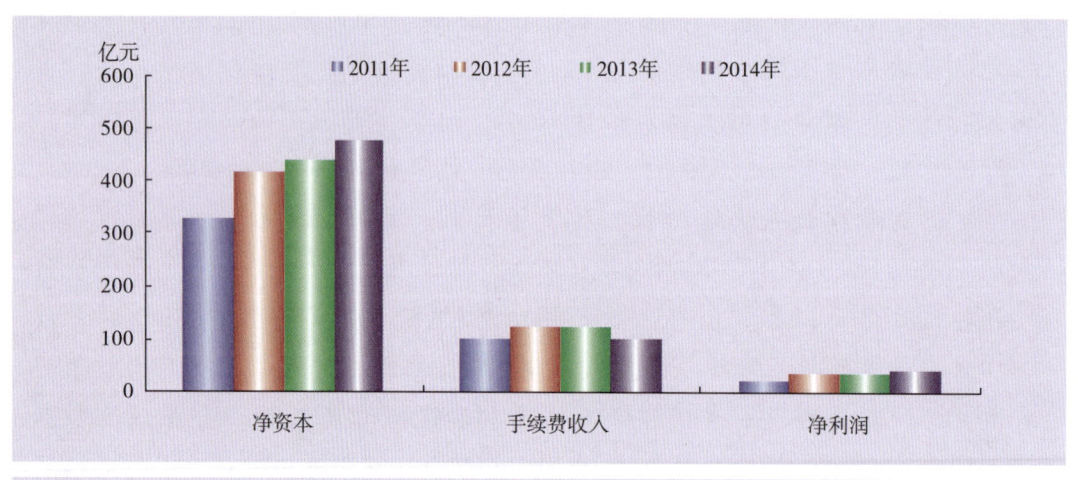

数据来源：中国证监会。

图4-6　2011—2014年期货公司主要指标变化情况

期货公司综合实力较其他证券业金融机构仍相对较弱，其业务收入主要来源为手续费收入和客户保证金利息收入，全年手续费收入103.55亿元，利息净收入69.41亿元，在营业收入中占比为54.52%和36.55%，业务多元化仍有待进一步发展。

(四)基金业管理规模增长较快,个别基金子公司出现风险事件

截至2014年末,公募基金净值4.54万亿元,同比增长51.19%。开放式基金中,股票型基金占比28.96%,较上年末下降7.78个百分点,混合型基金占比13.28%,较上年末下降5.46个百分点,债券型基金占比7.67%,较上年末下降3.35个百分点,货币市场基金占比45.99%,较上年末上升21.07个百分点。

基金子公司专户资产管理规模增长迅速,截至年末达3.74万亿元,较上年末增加2.81万亿元,增长302%。部分基金子公司业务模式以通道为主,资金部分投向房地产和地方政府融资平台,蕴含潜在风险,其内控管理不够严密,还可能增加业务流程的操作风险隐患。2014年即有个别基金子公司因合规性问题受监管部门处罚,甚至出现产品资金被挪用等风险事件。下一步,应以风险事件为鉴,在《关于进一步加强基金管理公司及其子公司从事特定客户资产管理业务风险管理的通知》等相关规定的基础上,进一步完善基础制度建设,切实加强基金子公司风险防控。

三、展望

2015年,证券期货业将深入贯彻落实《国务院关于进一步促进资本市场健康发展的若干意见》,紧密围绕服务实体经济,在监管转型全面深化的基础上,加快改革开放,加强市场化、法制化建设,保持平稳健康发展。

(一)积极稳妥推进股票发行注册制改革,不断深化行政审批制度改革

推进股票发行注册制改革,完善相关监管制度和投资者保护制度,建立和完善以信息披露为中心的制度安排,促进发行人、中介机构和投资者等各市场主体归位尽责。研究制定证券监管部门权利清单、责任清单,探索制定负面清单。加强行政审批事项规范管理,逐步探索建立事中事后监管新机制。

(二)丰富证券期货市场品种体系,促进证券期货经营机构发展壮大

平稳推出原油、上证50ETF期权、10年期国债期货、上证50和中证500股指期货等新产品、新工具,推动场外衍生品市场发展,健全市场价格形成机制,支持实体经济风险管理需求。积极发展私募市场,健全私募发行制度,推动私募基金规范发展,调动民间投资积极性,促进资本与创业创新对接。稳步放宽证券期货服务业准入限制,支持民营资本、专业人士发起设立或者参股证券期货经营机构。稳步推动证券期货经营机构交叉持牌,推进证券公司申请公

募基金管理、基金托管等业务牌照，支持符合条件的保险机构、私募基金管理机构等申请公募基金业务牌照。

（三）进一步完善证券期货业法律法规，健全投资者权益保护机制

继续做好《证券法》修订、《期货法》立法工作，推动出台《上市公司监管条例》，推动出台认定利用未公开信息交易、操纵市场行为的司法解释。以投资者需求为导向，进一步健全多层次资本市场信息披露规则体系。发布证券期货市场投资者适当性管理办法，实施行政和解试点，完善投资者保护基金赔付、行政和解基金赔付和专项补偿基金赔付的多层次投资者赔付体系。全面强化稽查执法，坚决遏制欺诈发行、市场操纵等违法犯罪行为。完善投资者投诉处理机制，落实市场主体投诉处理的首要责任。建立多元化纠纷解决机制，开展证券期货调解和仲裁服务，建立调解与仲裁、诉讼对接机制。启动持股行权试点工作，引导和支持中小投资者依法行权。推广建设投资者教育基地，以基地建设促进开发推广有影响力的投教产品，带动投资者教育纳入国民教育体系。

（四）继续创新对外开放模式，稳步提升双向开放水平

充分认识经济发展新常态对我国资本市场双向开放的新要求，以开放促改革。优化沪港通机制，研究推出深港通。推动A股纳入国际基准指数工作，进一步加速A股国际化。便利境内企业境外发行上市，完善QFII和RQFII制度。推动实现内地与香港基金产品互认，推进港澳地区先行先试"准入前国民待遇加负面清单"的开放模式，出台上海自贸区资本市场开放的配套政策。

第五章

保险业

第五章 保险业

2014年，保险业呈现较快发展态势，改革不断推进，业务快速增长，经营效益显著提升，服务经济社会能力不断增强。当前保险业改革正处于关键时期，潜在行业风险需要关注。下一步将主动适应经济新常态，继续推进转型升级，加快改革创新，实现可持续发展。

一、运行状况

（一）机构数量增加，资产规模大幅增长

截至2014年末，全国保险机构比上年新增6家，达到180家。其中，保险集团和控股公司10家，财产险公司65家，人身险公司74家，再保险公司9家，资产管理公司18家，出口信用保险公司1家，其他机构3家。保险业总资产达到10.2万亿元，同比增长22.6%（见图5-1）。其中，财产险公司总资产1.4万亿元，同比增长28.5%；人身险公司总资产8.2万亿元，同比增长20.9%；再保险公司总资产3 514亿元，同比增长67%；资产管理公司总资产241亿元，同比增长26.1%。

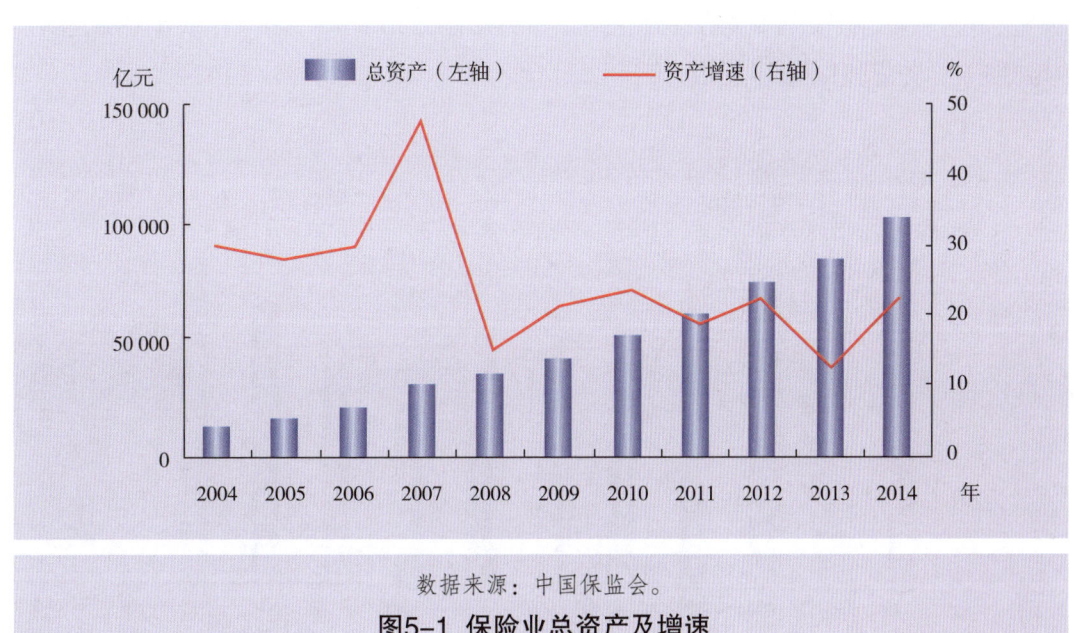

数据来源：中国保监会。

图5-1 保险业总资产及增速

（二）保费收入快速增长，结构调整有所深化

2014年，全国保险业实现保费收入2.0万亿元，同比增长17.5%。其中，财

产险保费收入7 203亿元，同比增长16%；寿险保费收入1.1万亿元，同比增长15.7%；健康险保费收入1 587亿元，同比增长41.3%；意外险保费收入543亿元，同比增长17.6%。财产险中，与实体经济联系紧密的保证保险保费收入同比增长66%，信用保险保费收入同比增长29%。寿险中，普通寿险保费收入占比上升，分红险占比下降，与民生保障关系密切的年金保险保费收入同比增长77%，10年期以上新单期交占比同比提高5.9个百分点。

（三）风险保障能力提高，服务经济社会功能显著增强

2014年，保险业为全社会提供风险保障1 114万亿元，同比增长25.5%，赔款和给付7 216亿元，同比增长16.2%（见图5-2）。农业保险保费收入326亿元，同比增长6.2%，承保金额1.66万亿元，同比增长19.6%，向3 500万受灾农户共支付赔款215亿元，同比增长2.9%，承保主要农作物突破15亿亩，占全国主要农作物播种面积的61.6%，承保森林面积24.7亿亩，覆盖率超过85%。大病保险在27个省开展了392个统筹项目，覆盖人口7亿人，参保人保障水平普遍提高10~15个百分点。企业年金受托服务覆盖4.3万个企业的877万职工，受托管理资产3 174亿元，投资管理资产余额3 754亿元。责任保险保费收入253亿元，提供风险保障66.5万亿元，在环境污染、医疗、食品安全等领域获得新发展。发起基础设施投资计划1.1万亿元，同比增长56.8%，其中投资1 073亿元参与棚户区改造和保障房建设。

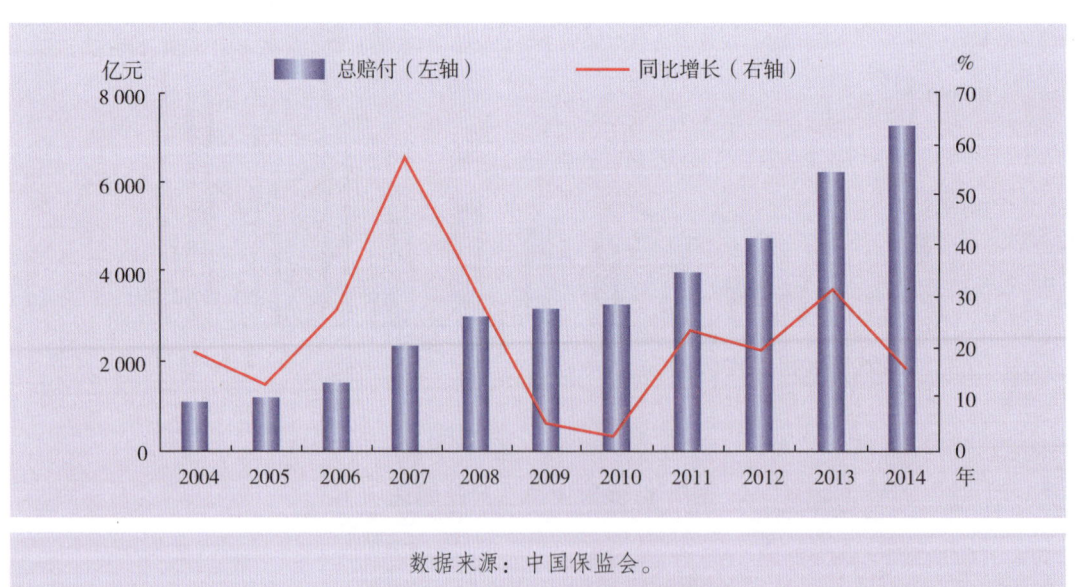

数据来源：中国保监会。

图5-2　保险业总赔付及增速

（四）保险业发展指导意见发布，多项改革稳步推进

2014年8月，国务院发布《关于加快发展现代保险服务业的若干意见》（以下简称《若干意见》），明确了保险业发展总体要求、重点任务和政策措施，为保险业改革发展指明了方向。10月，国务院发布《关于加快发展商业健康保险的若干意见》，提出到2020年基本建立市场体系完备、产品形态丰富、经营诚信规范的现代商业健康保险服务业。不断完善市场准入退出机制，出台《保险公司收购合并管理办法》，推动4家商业保险公司试点经营短期出口信用保险业务。不断深化保险资金运用市场化改革，系统整合、简化监管比例，建立以大类资产分类为基础，多层次的比例监管新体系，稳步拓宽保险投资范围，逐步放开保险资金投资创业板、优先股、创业投资基金等，试点保险资金设立私募股权投资基金，进一步推进基础设施债权投资计划等产品注册制改革。成立中国保险资产管理业协会。研究巨灾保险制度方案，深圳、宁波等地开展巨灾保险试点。

专栏10 《国务院关于加快发展现代保险服务业的若干意见》发布

《若干意见》立足于服务国家治理体系和治理能力现代化，把发展保险业放在经济社会工作整体布局中统筹考虑。要求坚持市场主导、政策引导、改革创新、扩大开放，以完善保险经济补偿机制、强化风险管理核心功能和提高保险资金配置效率为方向，建设有市场竞争力、富有创新力和充满活力的现代保险服务业。提出到2020年，保险深度（保费收入/GDP）达到5%，保险密度（保费收入/总人口）达到3 500元/人。

《若干意见》主要内容包括：积极发展商业养老、健康保险，将商业保险建成社会保障体系的重要支柱；通过政府向保险公司购买服务方式创新公共服务；将保险纳入灾害事故防范救助体系，建立巨灾保险制度；积极发展服务"三农"的保险产品；充分发挥保险资金长期投资的独特优势，创新资金运用方式，支持国家重大工程和民生工程，为战略性新兴产业发展提供资金支持；深化保险费率市场化改革，推进市场准入退出机制改革，增加再保险市场主体，发展区域再保险中心；加快建设第二代偿付能力监管制度体系（以下简称偿二代），加强保险消费者合法权益保护。

> 《若干意见》对新时期保险业改革、发展和监管进行了全面部署，有利于保险业在健全现代金融体系、促进经济提质增效升级、创新社会治理方式、保障社会稳定运行中发挥积极作用。

（五）监管制度与能力继续改进，消费者权益保护取得新进展

实施公司治理现场检查、农业保险专项检查、大病保险合规性检查，全面开展保险中介市场清理整顿工作，妥善处置个别问题保险公司风险。加强偿付能力监管，完成偿二代研制工作，建立保险公司资本分级制度。完善保险资金投后管理，明确高现金价值产品销售规模、费用上限和资本监管等规定。继续治理车险理赔难和寿险销售误导，车险万元以下赔案从客户报案至赔款支付完成的平均时间，由2012年的90天缩短至2014年的21天。规范商业银行代理保险业务销售行为，制定保险机构及保险销售（经纪）从业人员销售非保险金融产品的资格和业务规范，督促寿险公司加大对销售误导行为的责任追究力度。推进保险消费者权益保护的制度建设，发布《关于加强保险消费者权益保护工作的意见》，全国有139个设区的市建立了保险纠纷诉调对接机制。

二、稳健性评估

（一）资金运用收益大幅提高，投资风险值得关注

2014年，保险业另类投资[①]快速增长，截至年末，其他投资（主要是另类投资）规模同比大幅增长69.9%至2.2万亿元，占资金运用余额的23.7%，比上年提高6.8个百分点。随着第三季度以来股市上涨，保险业加大了权益类投资力度，股票和证券投资基金1.03万亿元，占比11%，比上年上升0.8个百分点。权益类投资和另类投资拉升了保险资金运用收益率，全年资金运用收益5 359亿元，同比增长46.5%，投资收益率6.3%，比上年提升1.3个百分点，创五年来最好水平。但目前经济下行压力较大，房地产市场调整，低等级信用债以及部分另类投资项目风险隐患增加，地方政府融资平台潜在风险较大，股市波动明显，保险资金运用风险上升。

---

① 保险业把对基础设施和不动产投资计划、股权投资计划、银行理财产品、集合资金信托计划和其他金融产品等非标资产的投资归为另类投资。

第五章 保险业

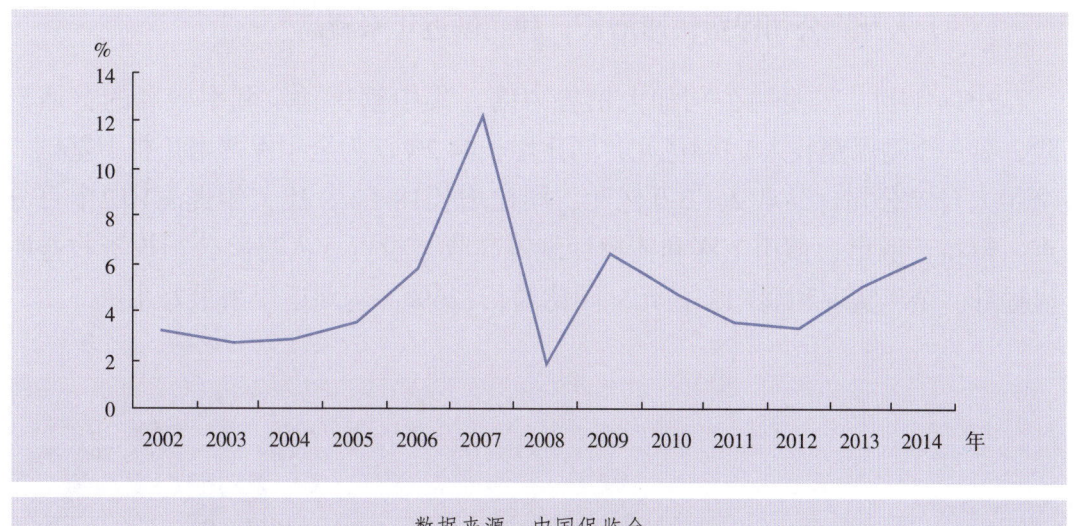

数据来源：中国保监会。

图5-3 保险资金运用平均收益率

（二）财产险公司保费收入增速放缓，利润大幅增长

2014年，财产险公司保费收入7 544亿元，受宏观经济下行压力加大和结构调整等因素影响，增速比上年下降0.8个百分点，车险、企业财产险、农业保险增速分别比上年下降1个、2.8个和21.2个百分点，家庭财产险和货运险保费同比下降11.1%和7.3%。全年综合成本率99.2%，比上年下降0.3个百分点。由于投资收益大幅增加，预计全年财产险公司实现利润716亿元，同比增长104.6%。

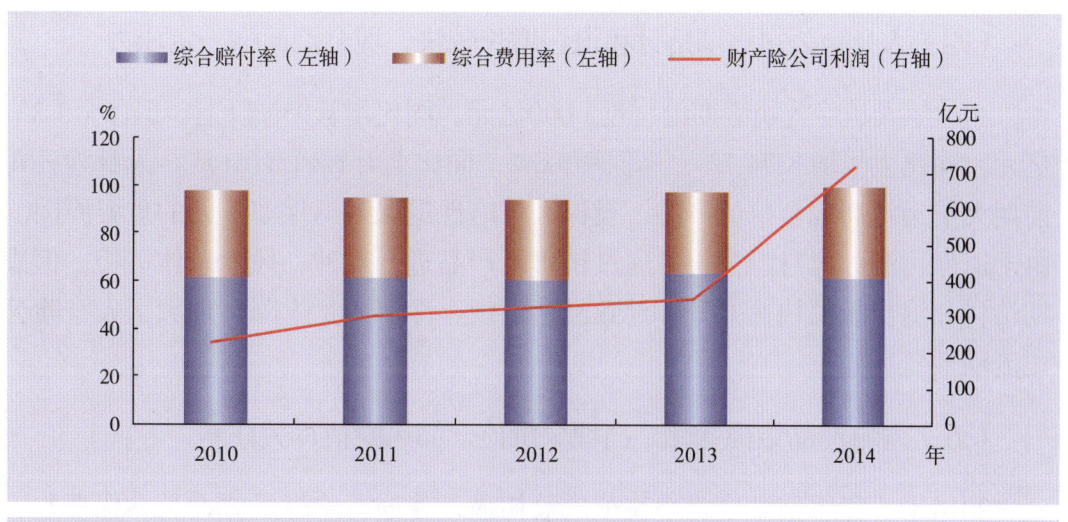

数据来源：中国保监会。

图5-4 近年来财产险公司综合成本率及税前利润情况

（三）人身险公司保费快速增长，利润创近年来新高

2014年初，人身险公司加大销售力度，集中销售预定利率较高的普通寿险，第一季度保费收入5 144亿元，同比增长44.2%，为全年保费增长打下基础。全年人身险公司保费收入1.3万亿元，同比增长18.1%，比上年提高10.2个百分点。得益于股市、债市上涨和债权计划等高收益投资，人身险公司投资收益明显提升。全年实现利润1 125亿元，同比增长126%，达到近年来最好水平。

数据来源：中国保监会。

图5-5 近年来人身险公司税前利润及保费增速情况

（四）人身险公司满期给付和退保增长较快，现金流面临一定压力

2014年人身险公司满期给付近2 000亿元，同比增长25%以上。退保金3 331亿元，同比大幅增长74.7%；退保率5.6%，同比上升1.8个百分点。人身险公司前期大量销售高现金价值产品，投保人策略性退保是退保率上升的重要原因。由于退保可测，人身险公司可通过销售新产品进行对冲，风险总体可控。但满期给付和退保规模快速上升，导致经营性现金净流入量下降，加大了人身险公司流动性压力。

（五）寿险产品结构变化，高现金价值产品风险值得关注

2014年，普通型寿险费率改革成效初显，普通寿险爆发式增长，保费收入达到4 296亿元，同比增长258%，占寿险保费收入的39.4%，同比提升26.7个百分点，扭转了普通寿险产品长期低迷的态势。同时，分红险占寿险保费收入的

比重大幅下降,从上年的86.3%降至2014年的59.7%。但普通寿险产品中有一部分是高现金价值产品,这些产品期限短,保障性低,对客户承诺的收益高,而保险公司获取的收益少,存在高退保率、高准备金占用、高资本投入等问题,隐含的风险需要关注。

(六)市场集中度总体下降,外资保险机构市场份额扩大

2014年,财产险与人身险的赫芬达尔指数[①]分别为0.171和0.114,比上年分别下降0.003和0.027。最大财产险公司和人身险公司的保费市场份额分别为33.4%和26.1%,比上年下降1个和4.3个百分点。外资保险公司业务增长迅速,外资财产险公司和人身险公司保费收入分别增长102.1%和22.9%,市场份额达到2.2%和5.8%,比上年增加0.9个和0.2个百分点。

(七)保险投诉量持续增长,消费者保护需进一步加强

2014年,保险监管部门接到有效投诉27 902件,同比上升30.6%。财产险公司平均每亿元保费投诉1.68件,比上年增加0.28件;人身险公司平均每亿元保费投诉1.19件,比上年增加0.05件。财产险投诉中,理赔/给付纠纷占比75.1%,与上年基本持平;承保纠纷占比19.4%,比上年上升6.9个百分点。人身险投诉中,销售违规占29.1%,比上年下降4.5个百分点;退保纠纷占28.6%,比上年上升2.5个百分点;承保纠纷占19.5%,比上年上升4个百分点。

三、展望

我国新型工业化、信息化、城镇化、农业现代化的推进,以及国家治理体系和治理能力现代化建设,为保险业发展提供了广阔的空间。下一步,将积极贯彻落实保险业发展指导意见,转变发展方式,深化改革,满足社会日益增加和多元化的保险需求,平衡好加快发展与防范风险的关系,促进保险行业长期可持续健康发展。

(一)主动适应经济新常态,加快转变行业发展方式

保险业需要主动适应经济新常态,尽快从规模速度型粗放发展转向质量效率型集约经营,充分发挥保险经济补偿和风险管理优势,巩固传统业务领域,

---

[①] 赫芬达尔指数(HHI)是行业内所有机构市场份额的平方和。HHI的值越高,说明市场集中度越高。

拓展新业务领域，实施差异化战略，积极培育新的业务增长点，充分挖掘客户潜在需求，减少同质低效竞争，重视产品长期价值和保障功能，运用网络、大数据等新技术，促进产品、服务、渠道和管理等方面的创新。同时，创新资金运用方式，支持重大基础设施、棚户区改造、城镇化建设等民生工程和国家重大工程，投资战略性新兴产业，推进保险资产国际化配置，提高保险资产管理水平。

（二）拓展保险覆盖面，支持实体经济发展

完善农业保险制度，推动农业保险产品升级提质，大力发展地方特色农产品保险。推进巨灾保险立法，研究建立巨灾保险基金，构建多层次巨灾风险分担机制，实施住房地震保险制度，继续开展巨灾保险试点。启动个人税收递延型商业养老保险试点，推进商业健康保险税收优惠政策尽快出台。修订大病保险业务管理制度，不断提高大病保险保障面，争取全国各省份及各地市全覆盖。大力拓展企业年金业务，有序推进住房反向抵押养老保险试点。扩大出口信用保险规模，对大型成套设备出口融资应保尽保。推动信用保证保险发展，支持缓解小微企业融资难、融资贵问题。

（三）围绕重点领域，稳步推进市场化改革

深化寿险费率市场化改革，着手启动万能险费率和分红险费率改革。稳步开展商业车险费率改革，先在部分地区进行试点，条件成熟时在全国范围内推开。研究意外险定价机制改革，探索建立意外险赔付率调节机制和定价回溯机制。完善保险资金运用市场化改革，组建全行业的保险资产交易平台和资产托管中心。健全保险市场准入退出改革，加快区域性市场退出实践，依法对问题公司的分支机构实施退出，加大对互联网保险、相互保险、自保等新型市场主体的扶持力度，支持设立区域性再保险中心。促进新型销售模式的发展，探索社区专属个人代理门店改革试点。逐步取消农业保险、交强险经营资格等许可事项，建立保险产品电子化管理系统。

（四）规范市场秩序，切实保护消费者权益

加大保险产品监管和违法违规行为查处力度，加强市场热点重点问题和责任保险等业务的监测，深入治理销售误导，统一人身险产品犹豫期制度，继续推进保险中介市场清理整顿工作。开展财产险理赔服务质量监测，畅通投诉渠道，强化责任追究，对严重扰乱正常市场秩序的公司，采取市场退出等严厉处罚措施。强化信息披露，探索建立"黑名单"制度，定期公布保险公司被投诉

情况、满意度测评结果和损害消费者合法权益的典型案例。完善投诉处理和纠纷调处机制，妥善解决消费争议纠纷，发挥好相关部门、新闻媒体和社会工作的协同监督作用，切实保护保险消费者权益。

（五）提升监管水平，守住不发生系统性区域性风险底线

推动实施偿二代，根据过渡期运行情况和行业准备情况，开展新旧体系的正式切换。提升公司治理监管，出台保险公司治理结构评价办法，改进独立董事制度，强化关联交易比例监管，加强集团并表监管。防范满期给付和退保风险，及时对退保风险较大的公司进行窗口指导，完善退保风险应急预案，妥善处置可能出现的群体性事件。防范资金运用风险，做好重点公司现金流排查监测，关注高现金价值业务的资产负债匹配管理和保险资金在信托、不动产等领域的投资风险。防范外部风险向保险业传递，建立重大风险重大案件稽查制度，督促保险机构全面开展关于非法集资案件等的风险排查，强化内部管控。防范网络与信息安全风险，启动实施保险业网络安全规划。研究探索保险行业风险处置机制，丰富风险处置工具，完善应急预案，守住不发生系统性区域性风险底线。

专栏11　保险业建成中国风险导向的偿付能力体系

我国于2003年起实施的保险业第一代偿付能力监管制度体系（以下简称偿一代）在促进行业建立资本约束理念、防范行业风险方面发挥了重要作用。随着保险业不断发展，风险日益多样化和复杂化，偿一代也暴露出风险覆盖不全面、资产负债评估过于保守、对风险不敏感等问题，难以满足保险业发展和市场化改革的需要。2012年3月，保监会启动偿二代建设工作，先后发布《中国第二代偿付能力监管制度体系建设规划》和《中国第二代偿付能力监管制度体系整体框架》，在此基础上研究起草了监管规则，进行了多轮技术标准测试。2015年2月，保监会正式发布偿二代主干技术标准共17项监管规则，标志着我国保险业以风险为导向的新偿付能力监管制度体系基本建成。同时，保险业进入偿二代过渡期，在过渡期内，保险公司同时报送偿一代和偿二代的报告，以偿一代作为监管依据。保监会将根据过渡期运行情况，采取灵活、务实的切换方式，确保新旧体系平稳过渡。

偿二代在我国保险业风险分层模型基础上，构建了三支柱框架。第一支柱"定量监管要求"，主要防范能够用资本量化的保险风险、市场风险和信用风险三大类可量化风险，通过科学地识别和量化上述风险，要求保险公司具备与其风险暴露相适应的资本，具体监管工具包括：最低资本要求、实际资本评估标准、资本分级、压力测试和监管措施等。第二支柱"定性监管要求"防范难以用资本量化的操作风险、战略风险、声誉风险和流动性风险，具体监管工具包括：风险综合评级、风险管理要求与评估、流动性风险监管、监管检查和分析以及监管措施。第三支柱"市场约束机制"，通过公开信息披露、提高透明度等手段，发挥市场的监督约束作用，防范依靠常规监管工具难以防范的风险，具体监管工具包括：加强保险公司偿付能力信息公开披露，监管部门与市场相关方建立持续、双向的沟通机制，规范和引导评级机构。相比偿一代，偿二代风险覆盖更全面，计量更科学，对风险更灵敏。2014年6月为基准日的测试结果显示，偿二代下行业总体偿付能力充足率保持稳定，人身险公司偿付能力充足率由215%升至219%，财产险公司从251%降至242%。同时，不同保险公司间分化明显，经营稳健、风控良好的公司偿付能力水平提升，策略激进、风控能力较弱的公司偿付能力水平下降。

偿二代将保险公司风险管理能力直接反映到资本要求中，建立了风险管理的经济激励机制，督促保险公司在追求规模、速度和收益等发展指标的同时，平衡考虑风险和资本成本，有利于推动保险业转型升级和提质增效，引导公司持续提升风险管理能力，推进行业健康发展。

第六章

金融市场

2014年，我国金融市场稳健运行，各项改革和发展措施稳步推进，交易保持活跃，产品创新不断深化，市场制度逐步完善，金融市场服务实体经济的作用进一步发挥。

一、市场运行情况

（一）货币市场

成交量同比大幅增加，期限以短期为主。 2014年，货币市场成交总量262.1万亿元，同比增长35.3%。其中，同业拆借累计成交37.7万亿元，同比增长6.0%；债券回购累计成交224.4万亿元，同比增长41.9%。7天以内同业拆借成交35.6万亿元，占拆借成交总量的94%，与上年持平；7天以内质押式回购成交196.9万亿元，占质押式回购成交总量的93%，较上年上升1个百分点。

利率中枢明显下行，利率波动幅度减小。 2014年12月，质押式回购加权平均利率为3.49%，较上年同期下降79个基点；同业拆借加权平均利率为3.49%，较上年同期下降67个基点。年内货币市场利率共发生两次较大波动：1月20日，7天质押式回购加权平均利率上升至6.59%，达到年内最高点；12月22日，7天质押式回购加权平均利率上升至6.38%，创下半年利率新高。但与2013年相比，波动幅度明显减小（见图6-1）。

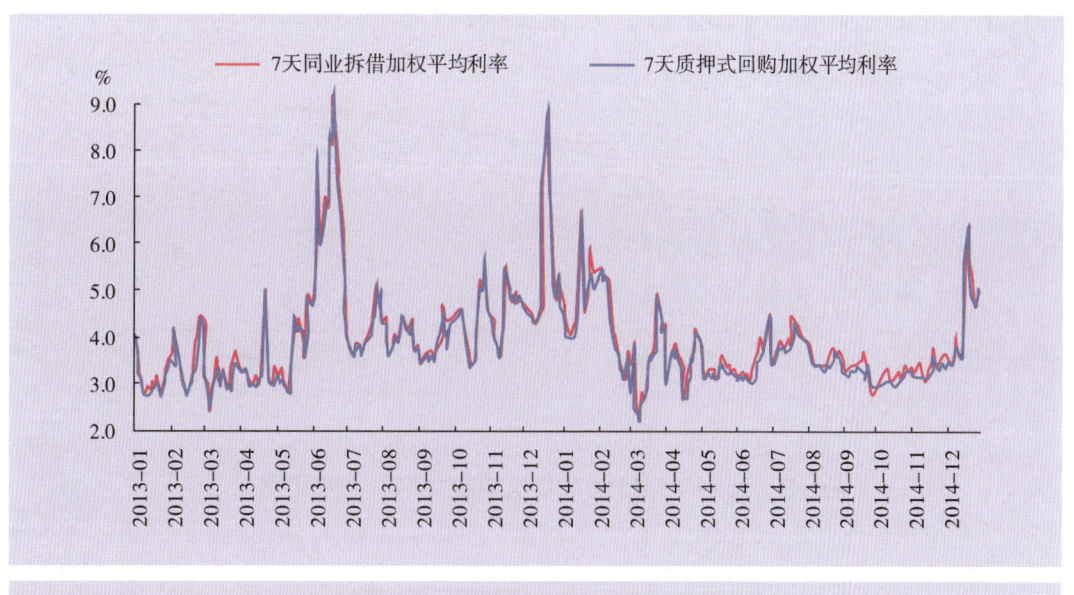

数据来源：全国银行间同业拆借中心。

图6-1　2014年货币市场利率走势

(二) 外汇市场交易活跃

2014年，外汇市场成交活跃，衍生品首次超过即期交易量。 银行间外汇市场全年成交8.9万亿美元，同比增长16.7%，其中人民币外汇市场成交8.8万亿美元，同比增长16.9%；外币对市场成交605.6亿美元，同比下降5.7%。从产品结构看，外汇衍生品交易量首次超过即期交易量，外汇即期成交4.2万亿美元，同比增长1.4%；外汇衍生品成交4.7万亿美元，同比增长7.1%。从币种结构看，2014年先后推出了人民币对新西兰元、英镑、欧元和新加坡元等币种直接交易，币种结构持续改善。

(三) 债券市场

现券成交量同比略减，收益率曲线大幅下移。 2014年，银行间市场现券成交40.4万亿元，同比下降3.0%。交易所市场全部债券成交2.82万亿元，同比增加65.03%。银行间市场债券指数由年初的143.93点上升至年末的158.69点，上升14.76点，升幅10.25%；交易所市场国债指数由年初的139.52点上升至年末的145.68点，上升6.16点，升幅4.42%。全年银行间市场国债收益率曲线整体大幅下移（见图6-2），12月末，国债收益率曲线1年、3年、5年、7年、10年的收益率较上年末分别下降96个、105个、95个、98个、93个基点。

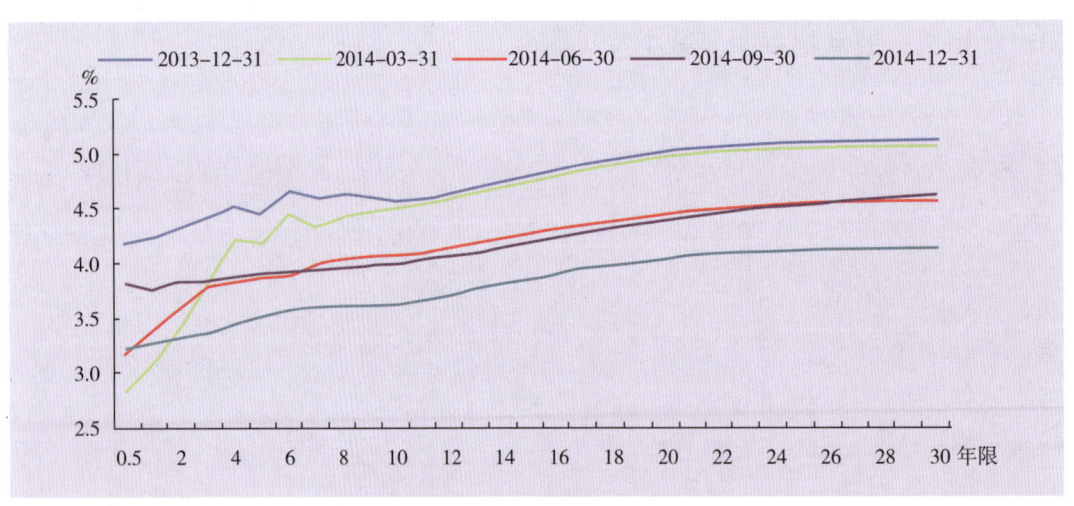

数据来源：中央国债登记结算有限责任公司。

图6-2 2014年银行间市场国债收益率曲线变化情况

投资者数量继续增加，类型进一步丰富。 截至2014年末，银行间市场各类参与者共计6 462家，较上年末增加1 579家，同比增长32.34%。其中，境内法人类参与机构为1 848家，境内非法人机构投资者为4 434家。在符合合格投资者标准的前提下，农村金融机构以及信托产品、证券公司资产管理计划、基金管理公司及子公司特定客户资产管理计划、保险资产管理公司资产管理产品等四类非法人机构投资者获准开户。截至年末，共有211家包括境外中央银行或货币当局、国际金融机构、主权财富基金、人民币业务清算行、跨境贸易人民币结算境外参加行、境外保险机构、RQFII和QFII等在内的境外机构获准进入银行间债券市场，较上年末增加73家，其中已有180家境外机构入市交易。

（四）股票市场

股票指数震荡上行。 2014年，沪、深股市整体呈现震荡转上行格局（见图6-3）。上证综指1月至7月间始终在约2 000点至2 100点区间范围内小幅震荡，7月底至11月有所上行，涨幅不大，11月下旬至年末快速拉升，年末收于3 234.68点全年最高点，较上年末上涨1 118.70点，涨幅52.9%。深证成指收于11 014.62点，较上年末上涨2 892.83点，涨幅35.6%。沪、深两市境内总市值37.3万亿元，流通市值31.6万亿元，较上年末分别增长55.8%和58.1%。

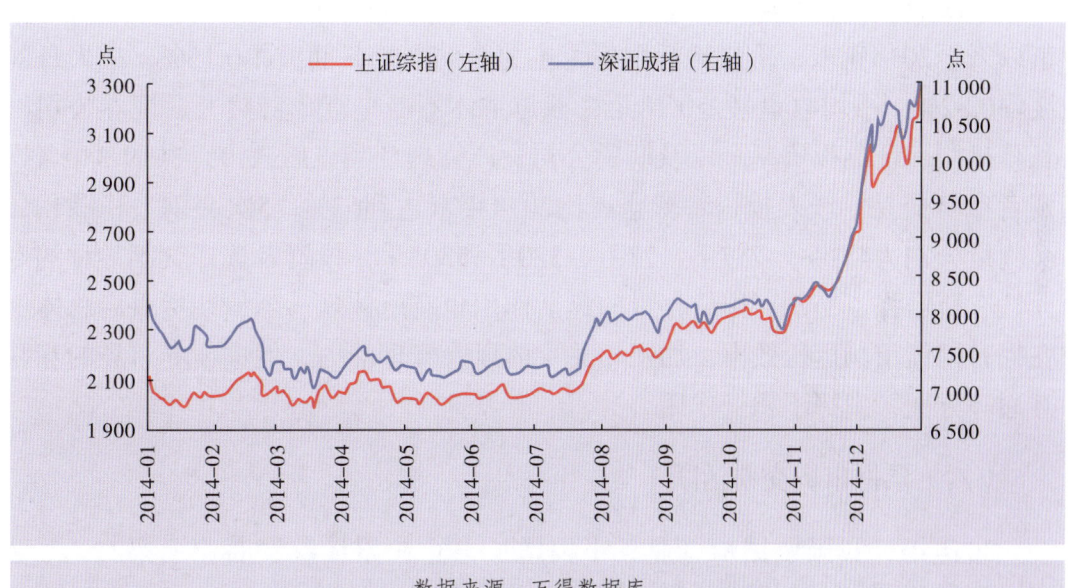

数据来源：万得数据库。

图6-3 2014年上证综指和深证成指走势

成交活跃度提升。 2014年，沪、深两市日均成交金额为3 036.4亿元，较上年增加1 066.9亿元，增幅达到54.2%。沪市和深市股票换手率较上年分别提高50.2个和88.8个百分点，市场活跃度较2013年上升。

（五）期货市场

成交量有所增长。截至2014年末，境内期货市场共有品种46个。其中，商品期货44个，金融期货2个。全年境内期货市场成交量达25.1亿手，同比增长21.5%；成交金额292.0万亿元，同比增长9.2%。其中，商品期货成交22.9亿手，成交金额128.0万亿元；金融期货成交2.2亿手，成交金额164.0万亿元。与上年相比，铁矿石、鸡蛋、胶合板、铅、纤维板、棉花、铝、锌、甲醇、国债和黄大豆1号期货合约的成交量增幅较为明显。

商品期货价格整体下跌，金融期货走强。2014年，经济下行压力较大，大宗商品需求下降，国内商品期货价格整体呈下跌趋势。截至年末，中国商品期货指数收于71.35点，较上年末下跌16.4%；农产品期货指数收于868.9点，较上年末下跌10.0%；工业品期货指数收于744.05点，较上年末下跌15.9%。受改革预期良好、沪港通顺利启动以及利率下行等因素影响，股指和国债期货双双走强。沪深300股指期货主力合约第四季度跟随股票现货市场上行，年末收报3 593.2点，较上年末上涨1 248.2点。国债期货主力合约年末收报96.772元，较上年末上涨4.970元。

国债期货重启后运行平稳。2013年9月6日，国债期货时隔18年后重启。上市以来至2014年末，价格运行平稳，主力合约平均日间波幅0.15%，最大日间波幅0.82%，平均收盘基差0.18元；参与主体不断丰富，自然人、证券公司、私募机构、证券投资基金以及期货公司资产管理产品先后入市，共19 340名投资者参与交易，法人投资者持仓占比2014年末达到62%；5次交割平稳顺畅，交割量分别为451手、277手、77手、320手和305手，投资者选择交割券种的专业性有所增强，交割对国债存量的盘活作用也有所体现。国债期货重启总体上在提升国债市场运行效率，加强相关主体风险管理能力，促进债券市场的互联互通等方面，发挥了积极作用。

（六）票据市场交易活跃

2014年，我国票据承兑业务小幅增长，企业累计签发商业汇票22.1万亿元，同比增长8.9%，增幅同比回落4.4个百分点（见图6-4）；年末商业汇票未到期余额9.9万亿元，同比增长9.3%，增幅同比上升1.0个百分点。票据融资余额快速增长，全年金融机构累计贴现60.7万亿元，同比增长33.0%（见图6-5）；年末贴现余额2.9万亿元，同比增长48.9%。

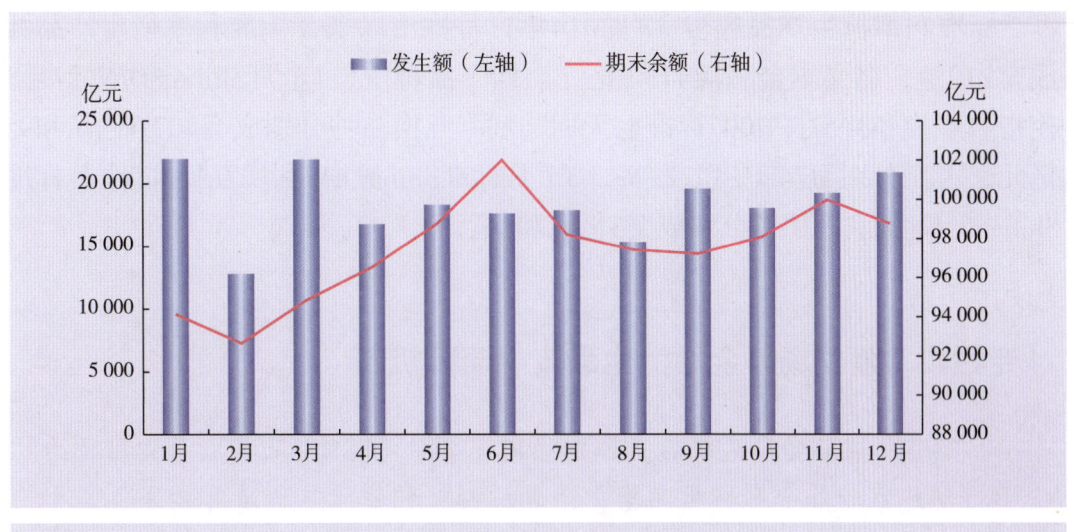

数据来源：中国人民银行。

图6-4　2014年商业汇票签发情况

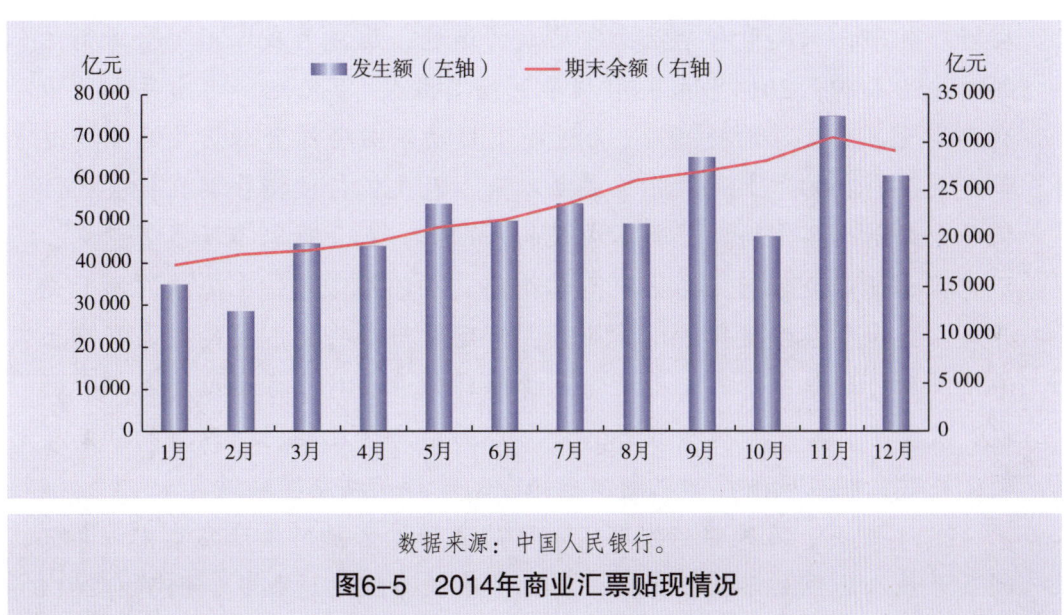

数据来源：中国人民银行。

图6-5　2014年商业汇票贴现情况

（七）人民币利率衍生品市场

交易活跃度明显上升。 2014年，人民币利率互换市场发生交易43 019笔，名义本金总额4.0万亿元，同比增长47.9%。从期限结构看，1年及1年期以下交易最为活跃，其名义本金总额3.2万亿元，占总量的78.9%。从参考利率看，人民币利率互换交易的浮动端参考利率主要包括7天回购定盘利率和上海银行间同业拆放利率（Shibor），与之挂钩的利率互换交易名义本金占比分别为81.1%和18.2%。

标准利率衍生产品起步。自2014年11月推出以来,标准利率衍生产品共成交212笔,名义本金总额413.5亿元。四个品种中,1个月Shibor O/N标准隔夜指数互换和3个月FR007标准七天回购利率互换品种分别成交307.5亿元和95亿元,占比分别为74.4%和22.9%,3个月标准Shibor 1W利率互换和3个月标准Shibor 3M远期利率协议分别成交3亿元和8亿元。

专栏12 建立场外金融衍生品集中清算机制

2008年国际金融危机后,金融稳定理事会(FSB)及其成员积极致力于推动建立场外金融衍生品集中清算机制。相较于双边清算模式,集中清算机制可通过合约替代有效释放授信、活跃交易,并通过多边净额清算提高清算效率和资金使用效率。

从我国的情况看,虽然场外金融衍生品市场起步较晚,但发展势头良好。其中,人民币利率互换发展最为迅速,已成为我国场外金融衍生品的主力品种。2014年人民币利率互换共成交4万亿元,占当年人民币利率衍生品成交总额的99%。为进一步推动我国场外金融衍生品市场改革发展,自2009年上海清算所成立以来,人民银行便指导其在借鉴国际场外金融衍生品市场监管改革成果的基础上,充分听取市场成员意见,研究推出场外金融衍生品集中清算业务。2013年12月,上海清算所开始开展人民币利率互换集中清算业务,市场参与者将其达成的交易提交上海清算所进行集中清算,由上海清算所作为中央对手方承继交易双方的权利及义务,按照多边净额方式计算市场参与者在相同结算日的利息净额,并建立相应风险控制机制以确保合约履行及利息净额结算。

2014年1月,人民银行发布《关于建立场外金融衍生产品集中清算机制及开展人民币利率互换集中清算业务有关事宜的通知》,明确自2014年7月1日起实施对人民币利率互换交易的强制集中清算要求,并要求上海清算所等市场基础设施建立完善相关的风险防控措施。该通知的发布标志着我国正式建立场外金融衍生品集中清算机制,对促进我国场外金融衍生品市场安全高效运行和健康发展具有重要的意义。

人民币利率互换集中清算业务推出以来运行平稳,市场反应良好。截至2014年末,共有72家机构参与人民币利率互换集中清算业务,累计清算金额2.31万亿元。其中,强制集中清算政策要求生效后,下半年累计清算金额达2.28万亿元,是上半年清算量的93倍。

（八）黄金市场价格波动较大

2014年，国内金价与国际金价走势总体保持一致，国内外价差不断缩小。国际伦敦黄金市场定盘价最高1 385.00美元/盎司，最低1 142.00美元/盎司，年末收于1 199.25美元/盎司，较上年末下跌2.25美元/盎司，跌幅为0.2%。上海黄金交易所AU9999最高价为273.60元/克，最低价为223.00元/克，年末收于240.59元/克，较上年末微涨4.13元/克，涨幅为1.8%。上海黄金交易所2014年交易规模增幅明显，黄金累计成交1.9万吨，同比增长59.2%；成交金额4.6万亿元，同比增长42.8%。

二、市场融资情况

债券市场发行和托管规模持续增加。 2014年，债券市场共发行人民币债券11.0万亿元，同比增长22.3%。其中，银行间债券市场累计发行人民币债券10.7万亿元，同比增长24.0%。截至年末，债券市场债券托管余额达35.0万亿元，同比增长18.0%。其中，银行间市场债券托管余额为32.4万亿元，同比增长16.9%。目前银行间债券市场的债券发行机构范围包括财政部、国家开发银行、政策性银行、中国铁路总公司、商业银行、非银行金融机构、国际开发机构和非金融企业等各类市场参与主体，债券种类日趋多样化，信用层次进一步丰富（见图6-6）。

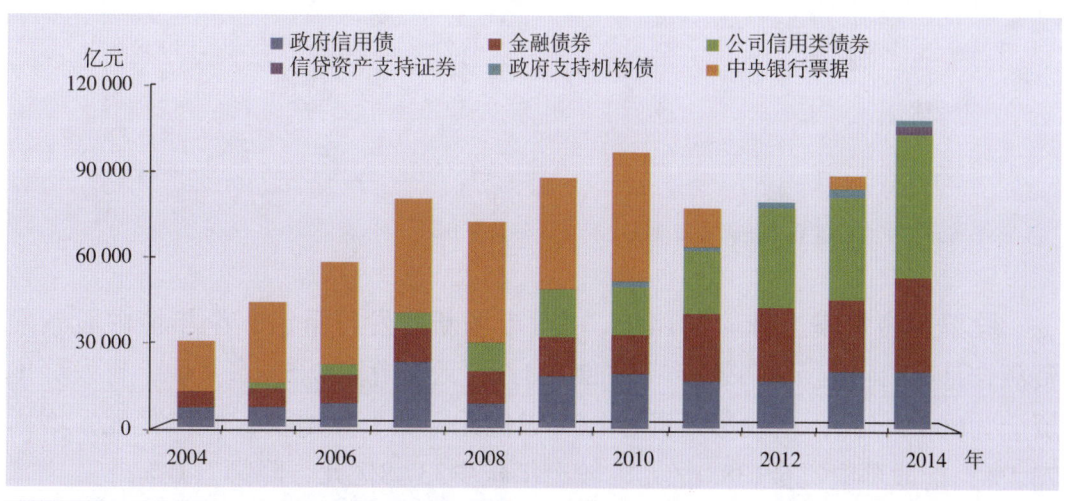

注：1. 政府信用债包括国债和地方政府债券。
2. 金融债券包括国开行及政策性银行债、证券公司短期融资券和其他金融债。
3. 公司信用类债券包括短期融资券、超短期融资券、中期票据、中小企业区域集优票据、非公开定向债务融资工具、资产支持票据、企业债券和公司债券等。

资料来源：中央国债登记结算有限责任公司、上海清算所。

图6-6　近年来银行间债券市场各类品种发行量变化情况

公司信用类债券发行增速明显提高。2014年，公司信用类债券发行5.2万亿元，同比增长38.9%，增速较上年提高34.9个百分点。其中，非金融企业债务融资工具[①]发行4.1万亿元，同比增长45.4%，企业债券发行6 952亿元，同比增长46.3%，公司债券发行3 484亿元，同比下降14.6%（见表6-1）。

表6-1　　　　　　　　　　　2014年主要债券品种发行情况

债券品种	发行额（亿元）	同比增长
国债	17 047.3	0.60%
地方政府债券	4 000.0	14.29%
国开行及政策性银行债	20 760.3	10.31%
证券公司短期融资券	4 246.9	41.76%
其他金融债	5 459.5	313.29%
公司信用类债券	51 653.4	38.89%
其中：短期融资券	10 521.5	26.39%
超短期融资券	10 996.0	45.93%
中期票据	9 368.4	39.49%
中小企业区域集优票据	4.3	-92.94%
非公开定向债务融资工具	10 230.2	80.49%
资产支持票据	89.2	85.83%
企业债券	6 952.0	46.29%
公司债券	3 483.8	-14.64%

数据来源：中央国债登记结算有限责任公司、上海清算所。

股票融资规模上升。2014年，A股市场新股发行重启，全年境内股票融资额合计4 834.0亿元，较上年增加2 031.3亿元，增幅72.5%。其中，首发募集资金为668.9亿元；增发募集资金4 027.2亿元，较上年增长1 700.2亿元，增幅73.1%；配股募集资金138.0亿元，较上年减少337.8亿元，降幅71.0%。

[①] 非金融企业债务融资工具包括短期融资券、超短期融资券、中期票据、中小企业区域集优票据、非公开定向债务融资工具、资产支持票据等六类。

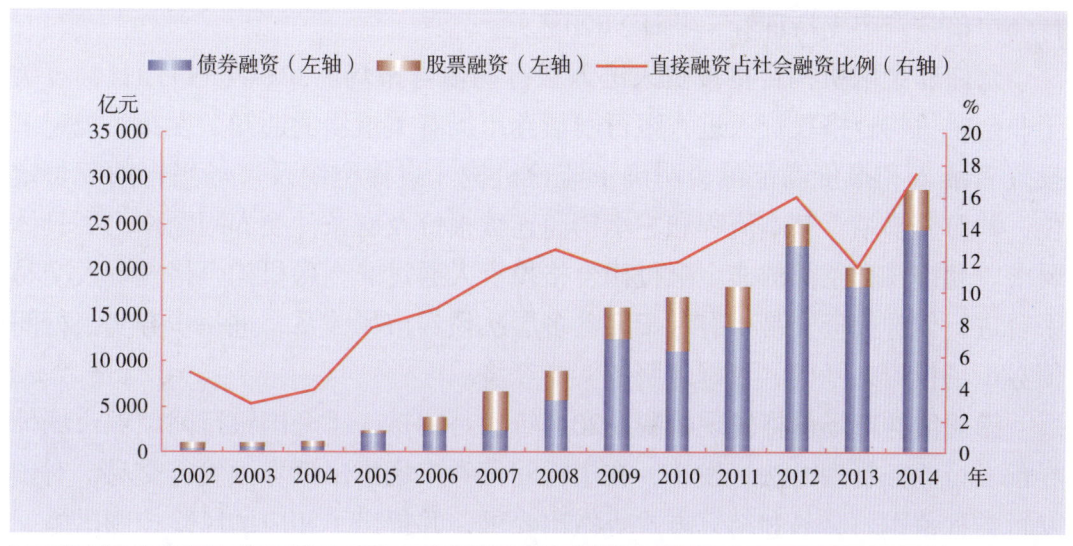

图6-7 2002—2014年非金融企业直接融资规模及占社会融资规模比例

三、市场基础制度建设取得积极进展

推动产品创新。围绕稳增长、调结构需要，以产品创新为着力点，充分发挥债券市场在支持实体经济方面的作用。2014年，研究推出项目收益票据、并购票据、碳债券、供应链票据等创新品种，满足企业多元化的融资需求。配合扩大人民币境外使用和金融市场对外开放总体部署，继续推动境内金融机构赴境外发行人民币债券，支持境外非金融企业在境内发行熊猫债。交易所债券市场完成首只国开行政策性金融债的发行试点，推进上市公司股东发行可交换公司债试点以及证券公司短期公司债、并购重组债试点。

拓宽消费金融公司融资渠道，降低金融租赁公司、汽车金融公司金融债券的发行条件。2014年5月8日，人民银行、银监会发布公告，首次将消费金融公司作为新的金融债券发行主体引入银行间市场，同时降低了金融租赁公司、汽车金融公司申请金融债券发行的条件，鼓励符合条件的金融租赁公司、汽车金融公司、消费金融公司发行金融债券。

加快发展信贷资产证券化。2013年8月国务院常务会议决定由人民银行牵头进一步扩大信贷资产证券化试点工作以来，信贷资产证券化总体发展势头良好，制度框架基本建立，市场运行稳健，发行规模不断扩大，证券化盘活信贷存量、优化金融资源配置等作用开始显现。2013年8月至2014年末，金融机构共发行71单信贷资产支持证券，共计2 942亿元，其中，2014年金融机构共发行66单信贷资产支持证券，共计2 820亿元。

允许非金融机构合格投资人进入银行间债券市场。 2014年11月3日，《关于非金融机构合格投资人进入银行间债券市场有关事项的通知》发布，规定了投资者准入和报价商范围，明确了监管机构、自律组织及市场平台的职责定位，并对交易结算基本流程和主承销商连续报价及有条件换券问题作出了具体要求。允许符合条件的非金融机构合格投资人通过非金融机构合格投资人交易平台进行债券投资交易，有利于完善多层次债券市场体系，进一步夯实银行间债券市场投资人基础，更好地服务实体经济。

完善债券市场价格发现机制。 2014年12月18日，《全国银行间债券市场债券预发行业务管理办法》发布，在银行间债券市场推出债券预发行交易，对预发行券种范围、交易和结算方式等做出要求，并提出了相应的风险控制措施。预发行交易的推出有利于提高债券发行定价的透明度和竞争性，完善债券收益率曲线，活跃二级市场交易。

规范债券招标发行。 2014年4月9日，《关于银行间债券市场招标发行债券有关事宜的通知》发布，规范非金融企业债券招标发行，放宽了对发行人主体信用等级、发行规模和投标参与人数量的要求，并对发行人和中介机构在招标结束后需公开披露和上报的相关信息作出具体要求。调整非金融企业使用招标系统发行债券的门槛要求，为鼓励非金融企业招标发行债券提供了制度支持。

规范并改进尝试做市业务。 尝试做市业务在为选拔做市商发挥积极作用的同时，也呈现出机构数量较多、类型丰富、做市规模逐步上升等特点，已经成为做市商制度的重要组成部分。2014年6月12日，《银行间债券市场尝试做市业务规程》发布，进一步完善银行间债券市场做市商制度，有利于更充分地发挥尝试做市商的积极作用，提高市场流动性。

稳步推进"新三板"建设。 全国中小企业股份转让系统（"新三板"）试点扩大到全国，各类企业不分规模、行业、地域均可申请挂牌。2014年6月5日，《全国中小企业股份转让系统做市商做市业务管理规定（试行）》发布，8月25日，"新三板"做市转让制度正式实施，有利于丰富市场交易方式，提高市场运行效率，提升"新三板"市场的整体投资价值。实施做市制度以来，截至2014年末，共有61家做市商为122家挂牌公司提供做市服务，做市股票累计成交2.5亿股，累计成交金额21.2亿元，市场流动性明显改善。

四、稳健性评估

2014年，金融市场总体运行平稳，金融市场总体承压低于上年。

第六章 金融市场

货币市场利率总体下行，市场压力有所下降。 除因春节、季末、年末以及新股大量发行带来的资金面压力而出现利率波动以外，2014年货币市场利率总体呈下移趋势。截至年末，隔夜信用拆借和7天质押式回购年加权平均利率分别为2.71%和3.62%，较上年分别下降30个和70个基点。Shibor除隔夜利率以外全线下行，其中，隔夜Shibor较上年末上行38个基点至3.53%，7天Shibor下行61个基点至4.64%，3个月Shibor下行42个基点至5.14%。年末由于时点因素及新股密集发行，货币市场利率翘尾现象明显，12月31日，1天、7天质押式回购加权利率和3个月Shibor利率分别为3.76%、5.07%和5.14%，分别较全年平均水平上升97个、144个和17个基点。从市场压力水平看，2014年货币市场压力水平呈下降趋势，低于2013年的水平，虽然年底压力水平有较大幅度上升但随后回落，全年货币市场压力整体处于较温和水平。

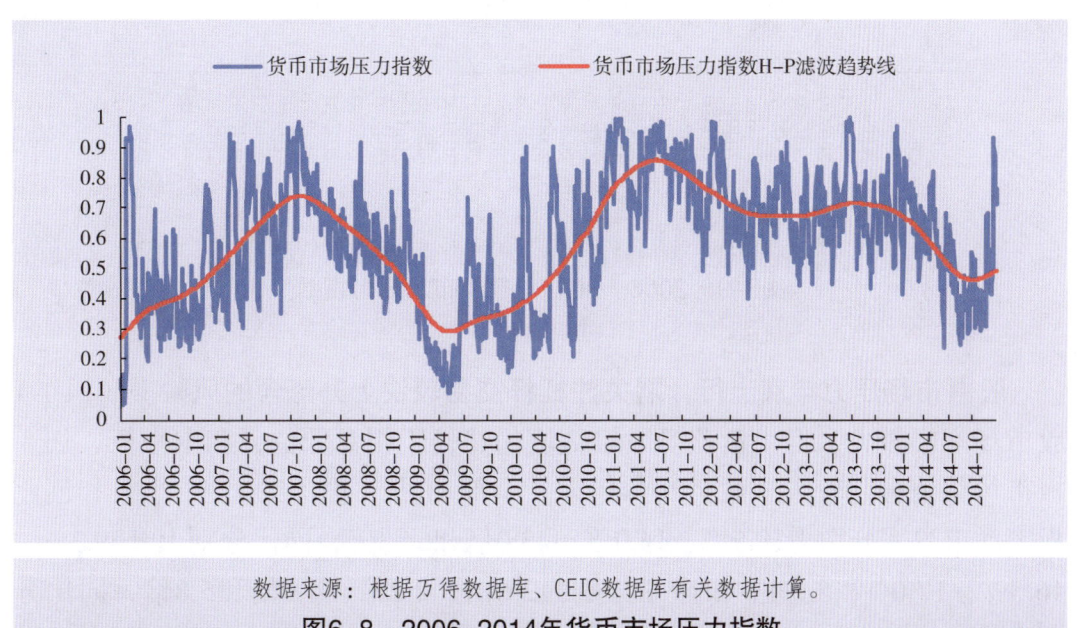

数据来源：根据万得数据库、CEIC数据库有关数据计算。

图6-8　2006-2014年货币市场压力指数

债券市场收益率下行，压力处于温和偏高水平。 在债券市场压力指数三方面构成要素中，虽然利率风险有所降低，但信用风险出现一定上升，期限结构利差有所收窄，导致2014年整体压力水平与2013年大致持平，处于温和偏高水平。具体而言，关键期限国债债券收益率除在4月和7月前后出现小幅调整外全面下行，波动率较上年显著下降，以国债到期收益率为代表的利率风险有所降低。年末1年、5年和10年期国债到期收益率分别下行96个、95个和93个基点；2014年1年、5年和10年期国债到期收益率年波动率下降至27%、27%和31%，分别比上年下降23个、18个和7个百分点。AA级中期票据与同期限国债利差显著扩大，信用风险上升，2014年1年期和5年期AA级中期票据与同期限国债的日均利差分别为209个和259个基点，较上年上行16个和28个基点。国债到期收益率曲线呈现扁平化趋势，1年期和10年期国债期限利差从年初的46个基点一度扩大至4月的最高值139个基点，此后逐步缩小，截至年末，利差已收窄至36个基点。

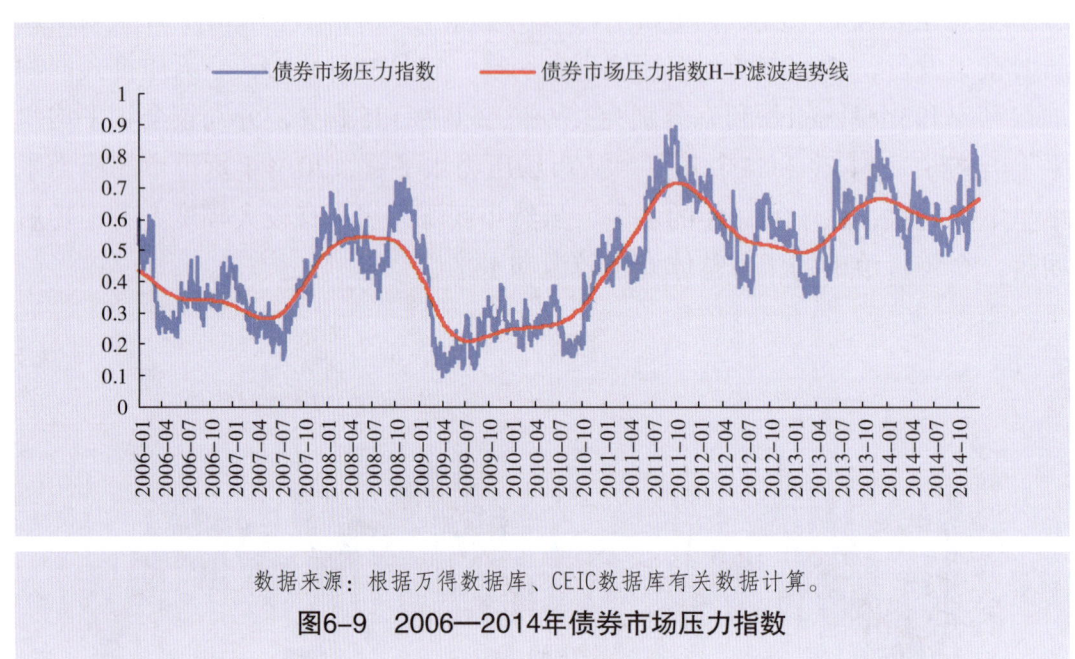

数据来源：根据万得数据库、CEIC数据库有关数据计算。

图6-9　2006—2014年债券市场压力指数

股票市场压力年底上行，需关注杠杆交易较快上升蕴含的风险。2014年A股市场涨幅较大，但大盘蓝筹股票估值仍然处于相对低位，和中小板、创业板市场估值分化较大。截至2014年末，全部AB股、沪深300、中小板和创业板滚动市盈率分别为19.5倍、14.0倍、43.0倍和64.3倍，同比分别上升39.3%、46.5%、17.0%和6.6%；市净率分别为2.6倍、2.2倍、4.0倍和5.8倍，同比分别上升39.7%、49.3%、20.3%和26.6%。2014年下半年以来，A股市场通过融资买入的交易上升较快，2014年全年，融资买入额占A股成交金额的比例为12.9%，同比上升5.9个百分点；年末A股市场融资余额为10 172.1亿元，同比上升196.1%；2014年下半年，A股市场波动性显著上升，2014年12月31日上证综指向前滚动20个交易日波动率为36.1%，同比上升21.5个百分点；深证成指向前滚动20个交易日波动率为35.1%，同比上升16.2个百分点。从股票市场压力指数看，2014年前11个月上证综指市场压力均处于较为温和的水平，进入12月后压力水平上升较快，年末处于较高水平；创业板市场压力指数年初有所下行，年中再度上升至高位后年底有所回落。沪港通试点于2014年11月17日推出，对股票市场压力指数影响整体平稳。

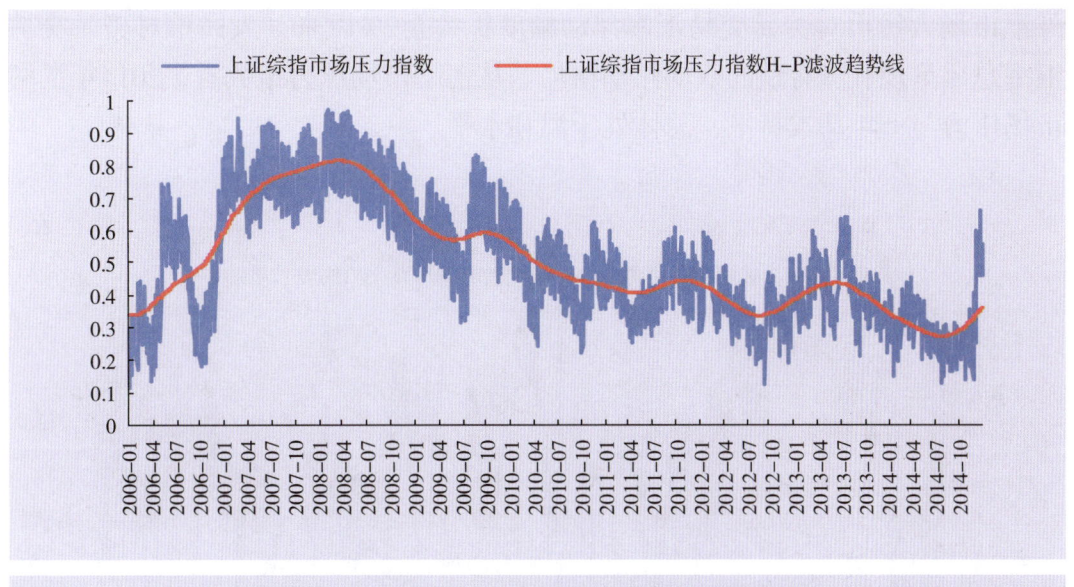

数据来源：根据万得数据库、CEIC数据库有关数据计算。

图6-10　2006—2014年上证综指市场压力指数

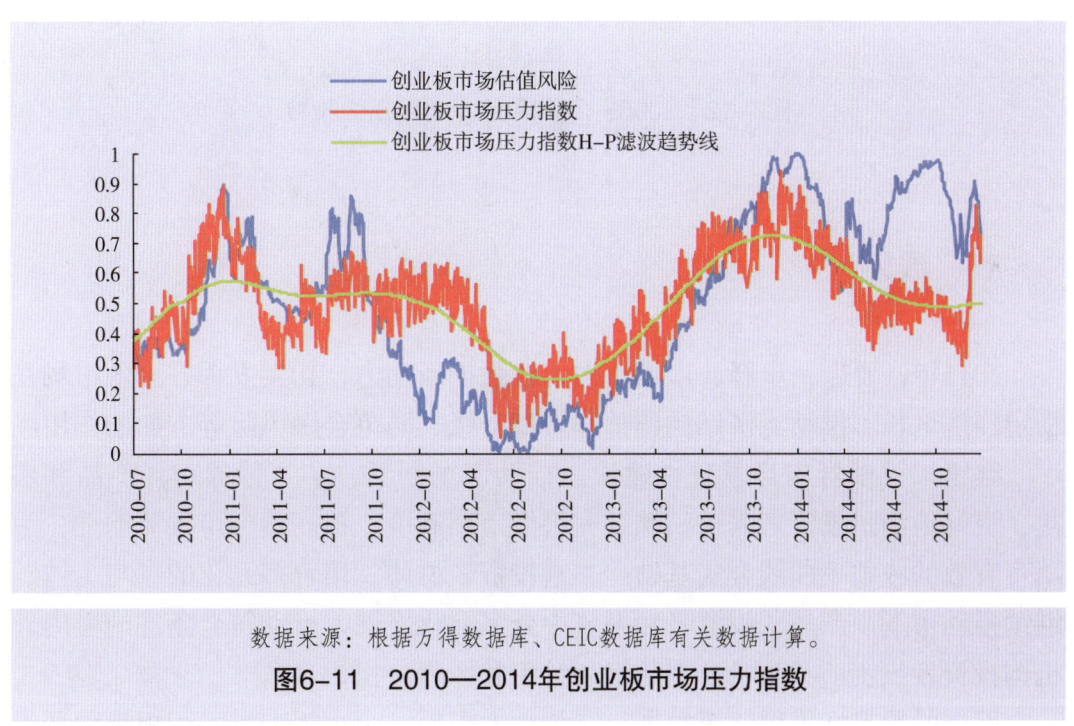

数据来源：根据万得数据库、CEIC数据库有关数据计算。

图6-11　2010—2014年创业板市场压力指数

人民币对美元小幅贬值，汇率市场压力处于温和水平。 2014年末，美元对人民币汇率在岸市场报价1美元兑6.2040元人民币，较上年末贬值1 501个基点，贬值幅度2.4%；美元对人民币汇率香港市场报价1美元兑6.2185元人民币，较上年末贬值1 623个基点，贬值幅度2.6%。自2014年3月17日银行间即期外汇市场人民币对美元交易汇率浮动幅度扩大至2%以来，人民币对美元交易汇率总体呈现有涨有跌的双向浮动格局。从汇率市场压力指数看，2014年汇率市场压力与上年基本持平，总体处于温和水平。

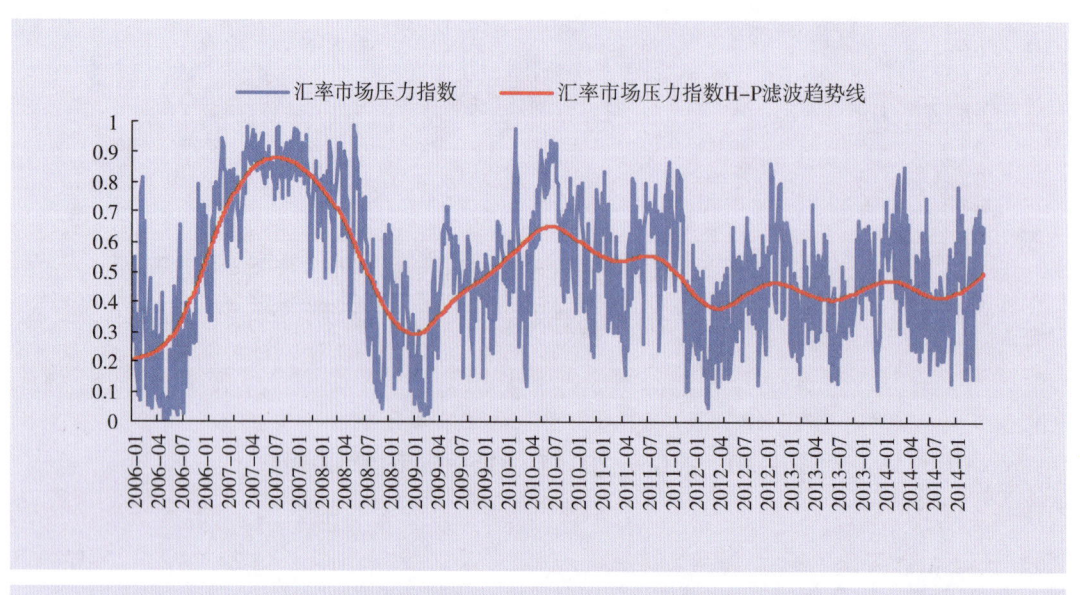

数据来源：根据万得数据库、CEIC数据库有关数据计算。

图6-12　2006—2014年汇率市场压力指数

五、展望

2015年，要进一步释放市场活力，增强创新动力，切实发挥好金融市场在稳定经济增长、推动经济结构调整和转型升级、防范金融风险等方面的作用。

继续加强债券市场基础性建设。 推动市场创新，丰富债券市场产品和层次，更好地满足投资者需求。继续完善做市商制度，提高债券市场流动性，为培育有效的收益率曲线夯实基础。丰富投资者群体，培育多元化的参与主体，继续推动市场、产品、投资者和融资中介多元化发展，推动符合条件的境内外机构投资者投资债券市场，强化市场约束和风险分担机制。

促进股票市场平稳健康发展。 继续壮大主板、中小板市场，积极推动证券交易所市场内部分层，在上海证券交易所推出战略新兴板，全面推进创业板改革，提高服务实体经济能力。研究"新三板"的内部分层，丰富挂牌公司融资方式，完善交易机制。规范发展服务小微企业的区域性股权市场，继续发展证券公司柜台市场和机构间私募产品报价与服务系统。探索建立不同层次市场间的转板机制。

进一步发展外汇和黄金等市场。加快发展外汇市场，进一步优化人民币汇率形成机制，持续加强外汇市场制度和基础设施建设，推动汇率风险管理工具创新。逐步建设开放高效的多层次黄金市场体系，完善制度规则，加快产品创新，丰富参与主体，优化基础设施，稳步推进对外开放。

积极发展期货及衍生品市场。持续发展商品期货市场，发挥商品期货的价格发现、套期保值、分散风险等功能。加强国债期货市场建设，丰富国债期货上市品种，扩大金融机构参与范围。探索发展外汇期货市场，推出非主要货币外汇期货产品，丰富外汇风险管理工具，降低企业和机构外汇风险管理成本。

稳步推进信贷资产证券化扩大试点工作。继续推动利率市场化改革，完善调控机制，为信贷资产证券化发展创造良好环境。强化信息披露、信用评级等市场约束机制的作用，加强事中事后管理，提高产品透明度。进一步明确信贷资产证券化各参与主体职责，督促各参与主体切实履职尽责。简化发行管理程序，提高发行管理工作透明度。加大产品创新力度，提高产品标准化、规范化程度，提升产品流动性。进一步加强市场投资者培育，丰富多元化投资者群体。

专栏13　进一步推进信贷资产证券化需正确处理三大关系

信贷资产支持证券是一种结构复杂、具有一定衍生产品性质的债券类产品。当前，受利率市场化改革尚未完成等宏观因素制约，我国仍处于推进信贷资产证券化常规化发展的初期，信贷资产证券化产品尚未成熟和定型。在推进信贷资产证券化常规化发展过程中，需要正确处理好以下关系。

一是正确把握信贷资产证券化与利率市场化的关系。信贷资产证券化连接信贷市场和债券市场，其基础资产收益率和证券化产品收益率分别对应着贷款利率和债券市场利率。这一产品特征决定了信贷资产证券化既受利率市场化改革尚未完成因素制约，又能促进利率市场化改革。从扩大试点情况看，2014年3月之前，由于基础资产收益率与债券市场利率倒挂，金融机构开展证券化业务积极性不高，仅发行10单，共计357亿元；2014年3月之后，随着债券市场利率逐步走低，金融机构提交发行申请数量大幅增加，2014年3~12月发行61单，共计2 585亿元。从国际上看，信贷资产证券化也是推进利率市场化的重要途径。随着商业银行信贷资产证券化业务持续开展，银行贷款价格要以能够在市场上打包卖出作为定价条件之一，这样就会"倒逼"商业银行进行贷款的市场化定价，增强自主定价能力，逐渐形成由债券利率带动信贷利率的价格传导机制。

二是正确处理信贷资产证券化与宏观调控的关系。我国信贷资产证券化以信托法律关系为基础，由信托公司担任受托人，实现证券化入池资产的"真实出售、破产隔离"。商业银行通过信贷资产证券化，将一部分存量信贷资产打包出售，可以使存量资产"出表"，释放信贷资源，减少资本消耗，降低授信集中度，增强对实体经济的信贷支持能力。当前，我国信贷资产证券化仍处于试点阶段，总体规模和影响较小，商业银行通过证券化方式释放信贷资源、增加有效信贷，对宏观调控产生的影响还很有限。但随着信贷资产证券化业务的持续推进，未来市场规模将不断扩大，当总规模达到一定量级时，信贷资产证券化对货币信贷总量调控、货币政策实施及宏观审慎管理的影响将发生质的变化。因此，在推进信贷资产证券化常规化发展过程中，需要着重处理好信贷资产证券化与宏观调控的关系。在坚持市场化发展的前提下，积极发挥金融监管协调机制作用，总体把握信贷资产证券化市场规模、发展方向和产品发行节奏，深入分析和跟踪监测信贷资产证券化对宏观调控的影响，探索完善宏观审慎管理机制和手段，为支持实体经济发展创造稳定的货币金融环境。

三是正确处理信贷资产证券化创新发展与风险防范的关系。美国次贷危机表明，资产证券化作为一种金融产品，本身是中性的，既可以在分散风险、提高流动性、盘活信贷存量、降低融资成本、推进利率市场化等方面发挥积极作用，也可能因监管不力、被市场滥用而演变为投机和套利工具，引发系统性风险。发挥资产证券化积极作用的关键在于恰当的监管和风险防范。危机之后，不少国家针对资产证券化监管领域暴露的问题进行了改革，主要包括强制要求风险自留、提高信息披露要求、改革信用评级监管等方面。我国信贷资产证券化试点以来，按照试点和立法并行推进的战略，相关管理制度框架不断完善，建立了有利于风险防范的管理机制。特别是借鉴国际市场改革的经验和教训，强调交易结构简单明晰，建立了风险自留、双评级等监管制度，进一步强化风险防控。随着资产证券化市场规模、参与主体的不断扩大，还需要着重处理好创新发展与风险防范的关系，坚持创新与监管相协调的发展理念，按照投资者适当性原则，进一步完善管理制度，加强监管协调，形成政策合力，强化证券化业务各环节的监管，及时消除各类风险隐患。

第七章

金融基础设施

第七章 金融基础设施

2014年，我国金融基础设施建设继续稳步推进，支付体系建设不断完善，金融法律法规不断健全，会计标准建设稳步推进，征信和社会信用体系建设规范发展，反洗钱工作深入推进，金融服务和管理水平全面提高，有力保障了金融体系的稳健运行。

一、支付、清算和结算体系

（一）体系建设不断完善

制度建设持续推进。一是完成《人民币银行账户管理条例》及实施细则起草工作；发布《关于加强银行业金融机构人民币同业银行结算账户管理的通知》，有效规范银行同业业务；组织研究制定进一步推进自由贸易账户业务等规范性文件。二是加强银行卡业务和票据印制管理，组织制定了《关于加强银行卡业务管理的通知》、《关于加强银行票据凭证印制管理的通知》。三是组织研究起草了《支付机构网络支付业务管理办法》、《手机支付业务指导意见》、《国内信用证结算办法（修订稿）》等。四是《关于实施银行卡清算机构准入管理的决定》已经国务院常务会议审议通过，银行卡清算市场准入工作取得实质性进展。五是拟定《中国人民银行支付系统参与者监督管理办法》，强化支付系统参与者的监督管理，维护支付系统安全稳定运行。

基础设施不断完善。2014年，支付系统、证券结算系统、中央对手和交易数据库等金融市场基础设施不断完善，业务处理规模持续扩大。一是持续完善支付基础设施。完成中央银行会计核算数据集中系统（ACS）全国推广，实现中央银行会计账务数据全国集中，对畅通货币政策传导机制、提升金融机构资金管理水平发挥积极作用。稳步推进第二代支付系统，302家法人机构完成切换，逐步实现"一点清算"。人民币跨境支付系统（CIPS）一期建设取得重要进展，完成CIPS业务需求分析确认及参与机构的遴选工作。二是全国各类支付系统安全稳定运行，业务量快速增长。各类支付系统共处理支付业务305.35亿笔，金额3 388.85万亿元，同比增长29.51%和15.29%。人民银行支付系统处理支付业务41.84亿笔、金额2 455.79万亿元，同比增长50.24%和13.49%。其中，网上支付跨行清算系统处理业务16.39亿笔、金额17.79万亿元，同比分别增长128.27%和87.88%。中国银联、城市商业银行资金清算中心和农信银资金清算中心等清算机构业务规模不断扩大。其中，中国银联银行卡跨行交易清算系统共成功处理交易186.74亿笔和41.11万亿元，同比分别增长23.34%和27.29%。

三是中央国债登记结算有限责任公司、银行间市场清算所股份有限公司和中国证券登记结算公司（中国结算）的债券登记、托管和结算业务继续保持增长。全年债券托管总量达到35.64万亿元，同比增长20.90%。全年办理债券现券和回购交易结算352.55万亿元，同比增长30.03%。此外，中国结算承担证券市场中央证券存管、证券结算系统和中央对手职能，推出"一码通"证券账户、与香港结算建立跨境连接，全年托管和结算总量分别达40.57万亿元和541.36万亿元，同比增长54.82%和52.37%。四是银行间市场清算所股份有限公司中央对手业务全面拓展至债券现券、外汇即期、人民币利率互换和大宗商品金融衍生品等领域，处理规模达19.59万亿元。作为商品和金融期货市场中央对手，郑州商品交易所、上海期货交易所、大连商品交易所、中国金融期货交易所发挥了重要作用。五是外汇交易中心交易数据库完成了外汇、货币、债券现货和衍生品的数据采集和发布，本外币市场的信息覆盖面趋于完备。

非现金支付方式稳步发展。零售支付不断创新，提高了支付和结算效率，降低了成本，改变了金融服务方式。2014年，全国共办理非现金支付业务627.52亿笔，金额1 817.38万亿元，同比分别增长25.11%和13.05%，金额增速同比放缓11.92个百分点。截至年末，全国累计发行银行卡49.36亿张，同比增长17.13%，其中金融IC卡12.26亿张，受理环境持续改善，全年银行卡渗透率达47.70%。信用卡信贷规模适度增长，授信总额5.6万亿元，期末应偿信贷总额2.34万亿元，同比增长26.75%。电子支付保持增长态势，移动支付业务快速增长。银行机构共处理网上支付业务285.74亿笔，金额1 376.02万亿元，同比分别增长20.70%和29.72%。支付机构处理的网上支付218.16亿笔，金额16.21万亿元，同比分别增长41.63%和75.50%。移动支付业务154.66笔，金额8.41万亿元，同比分别增长299.53%和655.51%。

监督管理进一步强化。一是持续推进支付机构客户备付金信息核对校验机制，启动客户备付金监管系统建设，落实完善分类监管、属地监管、年度监管报告、重大事项报告等制度。二是进一步加强商业银行银行卡业务管理，统一规范单位结算卡、商业银行阶段性预付卡发行、商业银行与支付机构的合作等业务。规范新兴支付业务发展，暂停线下二维码支付、"虚拟信用卡"业务。三是针对预付卡行业风险事件，紧密依靠地方政府开展风险处置工作。通报银行卡预授权风险事件，严肃处理涉案支付机构。建立人民银行与公安部支付结算重大风险案件通报和协查机制，定期发布重大风险案件汇总与风险提示。四是研究支付体系风险评估指标体系，推动支付体系风险评估工作。五是总结存量个人银行账户真实性核实工作，完善人民币银行结算账户管理系统查询功能，推动研究远程开户相关工作。六是推动城市商业银行资金清算中心改制和农信银资金清算中心增资扩股。

组织落实《金融市场基础设施原则》（以下简称《原则》）。 完善组织协调机制，人民银行与证监会联合设立金融市场基础设施领导小组及办公室，负责确定中国金融市场基础设施发展和改革的指导思想、原则和目标，共同推动落实《原则》。完成国内金融市场基础设施自评估工作，积极推动落实国际标准，提升风险管理能力，不断优化和完善国内金融基础设施。根据支付与市场基础设施委员会（CPMI）和国际证监会组织（IOSCO）对我国实施《原则》情况的外部评估结果，人民银行和中国证监会具有相应法律授权、职责和能力推动国内实施工作。

农村地区支付服务环境不断改善。 将农村支付服务环境建设纳入国务院有关金融支持"三农"工作部署，发布《关于进一步深化农村支付服务环境的指导意见》，推进综合性惠农支付服务建设全面深化开展。截至2014年末，农村地区金融机构开立的银行和个人银行结算账户达27.45亿户，各类银行卡17.37亿张，人均持卡1.95张。银行机构网点11.26万个，接入人民银行跨行支付系统的网点8.53万个，覆盖率近75.82%。接入行（社）内系统的网点10.71万个，覆盖率95.17%，银行卡助农取款服务点达92万个，覆盖行政村近50万个，行政村覆盖率超过85%。2014年财政涉农补贴非现金发放45.09亿笔，金额3 271.69亿元。助农取款业务达到1.57亿笔，494亿元，同比分别增长69.3%和73.9%。

深化支付体系境内外交流与合作。 通过CPMI、东亚及太平洋地区中央银行行长会议组织（EMEAP）、东南亚中央银行组织（SEACEN）、东盟10+3等国际组织的交流平台，保持与成员单位在支付清算结算领域的良好沟通，提高支付结算国际话语权。一是签订《比利时国民银行与中国人民银行在SWIFT监督论坛合作监督SWIFT的谅解备忘录》。二是顺利履行EMEAP支付结算工作组主席两轮四年的任期职责，完成《EMEAP区域金融普惠报告》。三是完善支付领域双边对话机制，开展中欧央行支付结算双边会议，推动内地、香港签订非金融机构支付业务合作监管谅解备忘录。

（二）发展展望

下一步，推动形成《关于中国支付体系发展的指导意见（2016–2020）》，统筹协调支付、清算、结算体系发展，不断提升金融市场基础设施和零售支付服务市场的安全和效率。主要工作包括：健全支付业务的法规体系；维护金融市场基础设施稳定运行；鼓励支付工具与服务创新，加强支付服务市场监管；规范支付服务市场主体行为；加快实施《金融市场基础设施原则》，完成金融市场基础设施监管部门评估工作，发布合格金融市场基础设施名单；引导和推进支付普惠服务发展；继续深化支付体系境内外交流与合作。

二、法律环境

（一）金融法律法规不断健全

出台法律法规。 修订通过《中华人民共和国预算法》，加强预算法治化管理，完善全面规范、公开透明的预算制度；规范政府收支行为，深化预算监督，改进预算控制方式，建立预算跨年度平衡机制；坚持和完善人民银行经理国库体制；规范地方政府债务管理，有利于降低财政风险和金融风险。修订《中华人民共和国行政诉讼法》，对推进金融监管部门依法行政提出更高要求。以决定形式对《中华人民共和国外资企业法》等有关企业设立、变更、经营等方面的行政审批制度在广东自贸区、天津自贸区、福建自贸区和上海自贸区扩展区域内的适用问题作出规定，有利于发挥试验田作用，为进一步深化金融体制改革积累经验。修订通过《中华人民共和国外资银行管理条例》，放宽外资银行准入和经营人民币业务的条件，有利于更好发挥外资银行的积极作用，提高金融资源配置效率。通过《不动产登记暂行条例》，建立不动产统一登记平台，有利于金融部门加强与其他不动产登记部门有关信息互通共享。

发布司法解释。 最高人民法院发布《关于刑事裁判涉财产部分执行的若干规定》，明确规定了不同司法机关对同一案件的查封、扣押、冻结，续行查封、扣押、冻结的效力前后衔接，有利于金融机构更好地履行协助义务。发布《关于审理融资租赁合同纠纷案件适用法律问题的解释》，明确融资租赁合同性质按照实际构成的法律关系认定，严格限定合同解除条件，规范融资租赁市场健康发展，引导金融资本更好地为实体经济服务。

制定规章办法。 人民银行发布部门规章，规范银行办理结售汇业务，要求金融机构、特定非金融机构更好履行涉及恐怖活动资产冻结义务。发布规范性文件，就加强银行卡业务管理、场外金融衍生品集中清算、信贷资产证券化、金融市场基础设施建设、跨境人民币结算、信用体系建设、反洗钱等方面作出规定。监管部门进一步规范和促进相关行业发展，制定了一系列规章和规范性文件，强化了对金融租赁公司、私募投资基金、期货公司以及商业银行保理业务、商业银行流动性风险、优先股试点、上市公司收购、保险资金运用等的监督管理。监管部门规范行政许可行为，银监会规定了外资银行、农村中小金融机构行政许可事项，保监会发布行政许可实施办法，有利于监管部门职能转变和金融市场发展。

(二) 立法展望

2015年，要进一步落实中央全面推进依法治国精神，深化金融体制改革，完善金融法制体系建设，加快推进《中国人民银行法》、《证券法》、《保险法》、《现金管理暂行条例》、《外汇管理条例》的修订工作，积极推动期货法、非存款类放贷组织条例、人民币银行账户管理条例、金融统计条例、融资担保公司管理条例、上市公司监督管理条例等的制定出台。

专栏14 制定《非存款类放贷组织条例》

按是否吸收存款和业务性质，我国信贷市场可以划分为三个层次，即存款类贷款人、非存款类贷款人和一般民间借贷。目前，商业银行、汽车金融公司、消费金融公司等机构的放贷行为已有规范并受到相应的监管。但是以小额贷款公司为代表的多数非存款类贷款人，面临法律规范缺位、法律地位不明的问题。对该类以放贷为业的非存款类放贷组织，应在行政法规层面制定专门的《非存款类放贷组织条例》（以下简称《条例》）加以规范，同时明确地方政府的监督管理职责。

2013年和2014年，《条例》连续两年被列入国务院立法计划。根据国务院部署，人民银行成立了立法工作小组，牵头相关部门就非存款类放贷组织的发展与监管问题进行了多次调研和立法研讨，针对《条例》拟规范的重点问题和业界、专家、小微企业以及地方政府进行了交流探讨，广泛征求并充分吸收了多方意见。

《条例》拟规范非存款类放贷组织的设立、终止和业务经营，明确省级人民政府的监管职责和风险处置责任，并对违反《条例》相关规定的违法违规行为规定了相应的法律责任。《条例》出台后，非存款类放贷组织将根据《条例》规定依法合规开展经营。这将有效解决该领域法律缺失和监管空白的问题，有利于促进非存款类放贷市场的健康有序发展。

三、会计标准

(一) 会计标准建设取得显著进展

2014年，会计标准制定和修订稳步推进。**一是进一步健全完善企业会计准则体系，发布《公允价值计量》、《合营安排》、《在其他主体中权益的披露》等企业会计准则，修订《财务报表列报》、《职工薪酬》、《合并财务报表》、《长期股权投资》和《金融工具列报》等，继续保持与国际财务报告准则的趋同。**二是**开展政府会计准则体系的研究，由国务院批转发布了《权责发生制政府综合财务报告制度改革方案》。**三是**做好新《行政单位会计制度》等的宣传、培训和贯彻工作。**四是**修订企业会计准则通用分类标准，持续推进通用分类标准的贯彻实施，组织研究企业会计准则通用分类标准在企业内部管理中的应用，发布《2015版企业会计准则通用分类标准元素清单》、《会计软件数据接口标准元素清单》等会计信息化标准的征求意见稿，稳步提升会计信息化标准建设水平。

（二）发展展望

继续推进我国企业会计准则与国际财务报告准则（IFRS）的持续趋同，重点关注已发布的《国际财务报告准则第9号——金融工具》（IFRS9）、《国际财务报告准则第15号——与客户之间的合同产生的收入》（IFRS15）准则，以及即将发布的"租赁"等准则，加快金融领域的企业会计准则改革与发展。大力推进政府会计改革，积极推动修订财政总预算会计制度，制定发布政府会计基本准则，研究制定政府财务会计制度、政府财务报告编制办法和操作指南。进一步扩大可扩展商业报告语言（XBRL）技术的运用，制定XBRL技术的会计软件数据接口标准等，持续推进通用分类标准在各类企业的实施，推动账户和交易层面会计数据标准化。积极参与国际会计准则的制定与修订，大力开展对外交流与合作工作。

四、信用环境

（一）征信业和社会信用体系建设规范发展

社会信用体系建设规划出台。《社会信用体系建设规划纲要（2014—2020年）》（以下简称《纲要》）颁布实施，明确了社会信用体系建设的指导思想、建设原则和目标任务，形成了较为完善的社会信用体系建设框架，对推进社会信用体系建设、构筑诚实守信经济社会信用环境起着重要的指导作用。

专栏15 《社会信用体系建设规划纲要（2014—2020年）》发布

加快社会信用体系建设是完善社会主义市场经济体制、加强和创新社会治理的重要手段，对增强社会成员诚信意识，营造优良信用环境，提升国家整体竞争力具有重要意义。2014年6月14日，《社会信用体系建设规划纲要（2014—2020年）》发布，成为我国首部国家级社会信用体系建设专项规划。

《纲要》明确了社会信用体系建设的原则与目标。按照"政府推动，社会共建；健全法制，规范发展；统筹规划，分步实施；重点突破，强化应用"的原则有序推进。到2020年，实现信用基础性法律法规和标准体系基本建立，以信用信息资源共享为基础的覆盖全社会的征信系统基本建成，信用监管体制基本健全，信用服务市场体系比较完善，守信激励和失信惩戒机制全面发挥作用。

《纲要》围绕政务诚信、商务诚信、社会诚信和司法公信等四大重点领域，明确了与人民群众切身利益和经济社会健康发展密切相关的34个方面的具体任务，并提出了三大基础性措施：一是加强诚信教育与诚信文化建设，弘扬诚信文化、树立诚信典型、开展诚信主题活动和重点行业领域诚信问题专项治理，在全社会形成"诚信光荣、失信可耻"的良好风尚；二是加快推进信用信息系统建设和应用，建立自然人、法人和其他组织统一社会信用代码制度，推进行业间信用信息互联互通和地区内信用信息整合应用，形成全国范围内的信用信息交换共享机制；三是完善以奖惩制度为重点的社会信用体系运行机制，健全守信激励和失信惩戒机制，对守信主体实行优先办理、简化程序、"绿色通道"等激励政策，对失信主体采取行政监管性、市场性、行业性、社会性约束和惩戒，建立健全信用法律法规和标准体系，培育和规范信用服务市场，保护信用信息主体权益，强化信用信息安全管理。

为加快推进社会信用体系建设，确保完成各项目标任务，《纲要》强调要做好五个方面的支撑保障工作：一是强化责任落实；二是加大政策支持；三是实施政务信息公开工程、农村信用体系建设工程和小微企业信用体系建设工程；四是推动地方信用建设综合示范、区域信用建设合作示范、重点领域和行业信用信息应用示范；五是健全组织保障，完善组织协调机制。

下一步，将认真贯彻落实《纲要》，做好加强信用法律法规制度和

> 信用标准体系建设、推进信用记录建设和信用信息征集共享、建立健全信用联合奖惩机制、保护信用信息主体权益和保障信用信息安全等工作，加快社会信用体系建设。

征信行业标准化持续推进。《金融信用信息基础数据库用户管理规范》、《征信机构信息安全规范》相继颁布，分别就金融信用信息基础数据库用户行为和征信机构的信息安全制定了详细的行业标准，有利于防范征信信息泄露风险、保护信息主体合法权益，促进征信业健康快速发展。

征信机构管理依法加强。 依据《征信业管理条例》和《征信机构管理办法》，个人征信机构许可和企业征信机构备案管理工作有序开展。2014年10月，人民银行各分支机构开始在互联网站上公告辖区内已完成备案程序的企业征信机构名单，并加强管理。截至年末，已有13个省市的46家企业征信机构完成备案工作，并在互联网站进行了公告。

金融机构征信业务管理不断强化。 逐步形成金融机构征信业务现场检查工作长效机制，完善常规、动态非现场检查机制，实现一定周期内对金融机构征信业务检查的全覆盖。《征信业管理条例》贯彻落实情况全国性专项检查完成，检查覆盖全国性金融机构20家、外资银行5家、地方性金融机构405家，共检查机构网点2 791个，发现违规使用信用信息、征信异议处理操作不规范、未履行不良信息报送告知义务等违规行为，并进行严肃处理。

信用评级管理进一步完善。 继续推进信贷市场信用评级管理方式改革工作，明确备案管理流程、管理方式，健全备案制度，加强对信用评级的事中事后监测。截至年末，在人民银行备案法人信用评级机构97家、非法人信用评级机构74家。全年债券市场完成信用评级业务3 819笔，信贷市场完成信用评级业务37 281笔。小额贷款公司和融资性担保公司信用评级试点稳步扩大，范围由6个省（市、区）扩大至16个省（市、区），截至年末，共完成969家小额贷款公司和1 367家融资性担保公司信用评级。

征信市场继续扩大。 金融信用信息基础数据库信息采集更加全面。启动金融机构委托贷款和信托贷款等信息采集，实现小额贷款公司和融资性担保公司互联网接入。截至年末，金融信用信息基础数据库分别收录有8.57亿自然人和1 969万户企业及其他组织的信用信息，全年累计查询4.05亿次和1亿次。人民银行应收账款融资服务平台和动产融资统一登记平台业务稳步增长。截至年末，应收账款融资服务平台累计注册机构近3.2万家，融资成交额突破920亿元；动产融资统一登记平台累计注册用户9 427家，累计发生登记近157万笔，查询277万笔。

小微企业和农村信用体系建设稳步推进。发布《关于加快小微企业和农村信用体系建设的意见》，明确工作机制，在全国选择63个地市、县分别开展小微企业和农村信用体系试验区建设。各地以试验区为重点加快推进小微企业和农村信用体系建设，助力信用良好的小微企业、农户等经济主体融资。截至年末，累计补充完善小微企业信息近250.6万户，累计40.5万户小微企业获得银行贷款，贷款余额8.9万亿元。共为1.6亿农户建立了信用档案，评定了1亿信用农户，9 012万农户获得信贷支持，贷款余额2.2万亿元。

征信宣传教育深入开展。在全国范围内开展以"加快社会信用体系建设，促进征信市场健康发展"为主题的专题宣传。据不完全统计，专题宣传累计开展活动4.6万余场，150多家征信机构和信用评级机构、近15万个金融机构网点、30多万名工作人员参与了各类宣传活动，受众近2 300万人次。

（二）发展展望

下一步，继续依法加强征信管理，促进征信市场规范发展，维护信用信息主体合法权益。加强信用评级事中事后管理，培育和规范信用评级市场，在全国推广小额贷款公司和融资性担保公司信用评级工作。贯彻落实《纲要》，有序推进社会信用体系建设。大力开展小微企业和农村信用体系建设，助力小微企业和农户融资。继续开展征信宣传教育活动，提升国民信用意识和水平。

五、反洗钱

（一）反洗钱工作改革创新稳步推进

2014年，进一步深化反洗钱管理改革，加快推进试点成果的制度化、普及化，强化对重点领域、重点风险的监管与监测力度，切实提高反洗钱工作有效性。

启动国家洗钱风险评估工作。按照金融行动特别工作组（FATF）新一轮评估要求，启动了国家洗钱风险评估体系建设工作，研究起草了我国洗钱和恐怖融资风险评估框架体系和总体方案，并在部分地区试点开展了洗钱风险评估及统计数据的收集整理工作。

健全反洗钱和反恐怖融资制度体系。2014年1月，人民银行会同有关部门正式发布了《涉及恐怖活动资产冻结管理办法》，为金融机构依法处置相关资产提供了依据。制定《金融机构反洗钱监督管理办法》，从法人治理层面加强对金融机构的反洗钱监督管理，提高金融机构主动履行反洗钱义务的意识。开展了对《金融机构大额交易和可疑交易报告管理办法》的修订完善工作，要求金融机构建立以合理怀疑为依据的可疑交易报告制度。

提高对高风险行业、业务的反洗钱监管力度。 针对反洗钱领域出现的新风险点，加强了对基金、信托和支付机构的反洗钱监管力度，组织开展了反洗钱现场检查，提高反洗钱监管针对性和有效性。针对高发的外籍人员假护照诈骗、保险业大额分红险洗钱、电信诈骗等违法犯罪活动，进行了风险提示，要求义务主体强化内控制度，采取积极有效措施防范洗钱风险。

重点加强对恐怖融资交易的监测分析。 根据历年来相关案例的分析总结，研究形成了涉恐资金交易监测模型，向金融机构提示风险，指导金融机构根据模型进一步完善对涉恐融资交易的监测识别，协助相关部门查办涉恐案件。

反洗钱国际合作迈上新台阶。 与阿根廷中央银行签署了反洗钱监管谅解备忘录，并与美国、法国、俄罗斯、新加坡等国家和香港、澳门地区的金融监管部门就双边反洗钱监管合作初步达成意向，建立了内地与港澳反洗钱工作交流机制。

（二）发展展望

下一步，积极参与金融行动特别工作组新一轮国际互评估，尽快完成国家洗钱风险评估，梳理反洗钱体系薄弱环节，有针对性地补足制度短板，落实风险为本和法人监管原则，突出金融机构的主体责任，优化金融体系反洗钱资源配置，着重加强对金融创新产品、跨境资金流动等高风险领域的监督，提升反洗钱与反恐怖融资工作成效。

第八章

宏观审慎管理

第八章　宏观审慎管理

2014年，国际社会继续完善宏观审慎政策，持续推动宏观审慎管理框架的运用。中国不断强化宏观审慎管理，进一步健全金融监管协调机制，有效实施逆周期宏观调控，加强系统性风险监测评估和系统重要性金融机构监管，切实维护金融体系的稳健运行。

一、国际组织加强宏观审慎管理的进展

（一）构建稳健的金融机构

继续完善政策框架。巴塞尔银行监管委员会（BCBS）制定的巴塞尔协议Ⅲ框架是构建稳健银行体系的核心内容。目前巴塞尔协议Ⅲ政策框架已基本制定完成。一是发布杠杆率、流动性覆盖比率、净稳定资金比例和大额风险暴露政策框架；二是修订信用风险标准法、操作风险资本要求、资本下限要求等；三是着力提高银行计算风险加权资产（RWA）的可比性并降低复杂性。国际保险监督官协会（IAIS）于2014年12月发布全球保险资本标准（ICS）征求意见稿，该标准将纳入国际保险监督官协会的国际活跃保险集团监管共同框架（ComFrame）。

推动执行巴塞尔协议Ⅲ。为促进各成员经济体及时、全面、一致地落实巴塞尔协议Ⅲ，BCBS对成员经济体的实施情况进行全面评估。评估结果显示，成员经济体在执行巴塞尔协议Ⅲ框架方面取得巨大进展。从实施的及时性来看，所有成员经济体都已实施巴塞尔协议Ⅲ资本框架，大多数经济体已发布流动性覆盖比率、杠杆率及系统重要性银行的监管框架。从实施的一致性来看，在11个已接受一致性评估的成员经济体中，包括中国在内的9个经济体的资本框架被评估为符合。

加强风险管理。风险管理是构建稳健金融机构的第一道防线。金融稳定理事会（FSB）通过提高监管强度及发布公司风险文化及治理指引来加强金融机构风险管理。2014年，FSB发布《有效风险偏好框架原则》、《洗钱及恐怖融资风险稳健管理》和《证券监管者风险识别及评估方法》等一系列指导性文本。

改善薪酬实践。按照G20峰会要求，各成员经济体需要执行稳健薪酬实践原则和执行标准（P&S）。FSB的监测结果显示，2013年8月以来所有成员经济体都执行了P&S，几乎所有监管当局都认为辖内大型银行的执行水平为中等或偏高；各经济体在确认重大风险承担者方面差别很大；所有监管当局均认为大

型金融机构在事前风险调整方面取得较大进步；在事后调整方面，罚金的执行情况要好于薪酬追回（Clawbacks）。

（二）推动有效处置机制建设

推进G-SIFIs有效处置机制建设。 按照FSB要求，全球系统重要性金融机构（G-SIFIs）的母国应会同东道国建立危机管理小组（CMGs），制定恢复和处置计划（RRP）并开展可处置性评估（RAP）。2014年，G-SIBs的CMGs继续完善恢复和处置计划，并开始制定跨境合作协议（COAG）。同时，10家全球系统重要性银行（G-SIBs）进行了首次RAP评估，结果显示，G-SIBs在可处置性方面面临的主要制约因素包括：各国处置机制的法律和监管框架仍不完善，银行的财务、法律和运营结构过于复杂，跨境合作和协调不够有效等。自2013年7月FSB公布首批9家全球系统重要性保险机构（G-SIIs）名单以来，各国当局加快G-SIIs有效处置机制建设，大多数G-SIIs已成立CMG，研究制定RRP。2014年1月，FSB成立保险业跨境危机管理小组（iCBCM），于2014年10月发布《保险业关键功能和关键共享服务识别指引（征求意见稿）》，通过影响性评估、可替代性评估和特定保险机构分析来识别G-SIIs的关键功能和关键共享服务，以利于制定RRP和开展可处置性评估。此外，iCBCM已启动《保险业有效处置策略指引》制定工作。

制定总损失吸收能力（TLAC）充足性要求。 按照G20峰会要求，FSB和BCBS共同研究针对全球系统重要性银行的TLAC要求，在不削弱巴塞尔协议Ⅲ最低资本要求和缓冲资本要求前提下，提高G-SIBs损失吸收能力，避免处理过程中由纳税人承担损失。TLAC与巴塞尔协议Ⅲ框架下的持续经营（going concern）资本要求互为补充，共同确保G-SIBs损失吸收能力。2014年11月，FSB公布了《全球系统重要性银行总损失吸收能力充足性要求（征求意见稿）》。同时，FSB会同BCBS和BIS，将进行微观和宏观影响分析、市场调研、历史损失和资本补充情况调查、缺口分析等，以确定TLAC的最终标准。

专栏16　全球系统重要性银行总损失吸收能力要求

为进一步解决G-SIBs"大而不能倒"问题，FSB提出了TLAC要求。TLAC是G-SIBs以其资本或特定形式的债务承担损失的能力，旨在避免处置过程中由纳税人承担损失，同时维持银行关键功能的连续性和金融系统稳定性。TLAC不同于监管资本，是在不削弱巴塞尔协议Ⅲ最低资本要求和缓冲资本要求前提下的一种额外损失吸收能力要求。

2013年9月，G20圣彼得堡会议要求FSB会同各标准制定机构在2014年年底前提交具体的TLAC建议，包括TLAC水平、构成工具以及在集团内的分布等内容。2014年11月，FSB发布了《全球系统重要性银行总损失吸收能力充足性要求（征求意见稿）》（以下简称《征求意见稿》），拟对G-SIBs提出16%~20%之间的最低TLAC要求。该要求已包含巴塞尔协议Ⅲ框架下的最低资本要求，但不包含缓冲资本要求（即储备资本、G-SIBs附加资本及逆周期资本）。对G-SIBs而言，如加上巴塞尔协议Ⅲ框架下2.5%储备资本要求和1%~2.5%的G-SIBs附加资本要求，G-SIBs的全部损失吸收能力要求合计将达到19.5%~25%。同时，《征求意见稿》还要求G-SIBs杠杆率应在巴塞尔协议Ⅲ要求基础上提高一倍，达到6%。可以预计TLAC要求实施后，G-SIBs将面临较大的融资压力。考虑到新兴市场金融市场有待发展、G-SIBs的负债以存款为主以及国际活跃度有限，《征求意见稿》明确提出了"总部设立在新兴市场的G-SIBs暂不执行统一的第一支柱最低TLAC要求"。

目前，FSB和BCBS等国际标准制定机构正对TLAC要求进行校准，以确定最终的TLAC标准值，预计最终方案将于2015年年内发布，执行时间将不早于2019年。

推动《核心要素》的实施。 2014年，《金融机构有效处置机制核心要素》（以下简称《核心要素》）在银行业的实施进展最为显著，部分国家已对照《核心要素》要求，从立法层面进行了改革。法国明确银行和保险业监管局（ACPR）为银行的处置当局，赋予其必要的危机管理和处置权力。德国于2014年1月开始实施《信用机构和金融集团隔离及恢复和处置计划法案》，确保机构的有序处置。日本修订了《存款保险法》，进一步明确了提高机构可处置性的措施。欧盟《银行业恢复和处置计划指令》于2014年4月实施，按规定，成员经济体需在2014年底完成国内立法的相应调整，并于2015年1月1日起正式实施。《核心要素》在非银行部门的实施进展较为缓慢，2014年10月，FSB公布了《核心要素》适用于金融市场基础设施（FMIs）、保险公司和持有客户资产的金融机构的指引文件，以协助各国更快实施《核心要素》。此外，FSB会同支付和市场基础设施委员会（CPMI）、国际存款保险协会（IADI）、国际证监会组织（IOSCO）、IMF和世界银行在进行第一轮试点评估的基础上，继续修改完善《核心要素》评估方法，该评估方法拟于2016年纳入"金融部门评估规划"（FSAP）及相应的标准和准则评估之中。

发布《有效存款保险制度核心原则》修订版。2014年11月，IADI正式公布《有效存款保险制度核心原则》修订版，进一步强化市场筹资理念，完善存款保险基金使用规则，突出存款保险在危机应对与管理机制中的重要作用，明确存款保险应单独制定有效应急计划和危机管理政策，确保其能够有效应对银行破产等风险。

（三）强化对系统重要性金融机构的监管

更新G-SIBs名单。2014年11月，FSB公布了基于2013年数据测算的G-SIBs名单，30家银行入选（见表8-1），比2013年增加1家。其中，中国农业银行首次入选G-SIBs名单，与中国银行、工商银行均列系统重要性程度最低的第1组，附加资本要求为1%。这些G-SIBs将于2016年1月1日起正式实施更高的资本要求。此外，还要根据自身实际情况强化公司治理，提高风险管理和数据汇总能力，建立有效的恢复和处置机制。同时，按照披露要求，FSB公布了全球系统重要性评估指标的样本银行加总值[1]，以及划分系统重要性的临界点和不同组别的分组界限。

表8-1　　　　　　　　　全球系统重要性银行[2]

组别（附加资本要求）	全球系统重要性银行
5（3.5%）	—
4（2.5%）	英国汇丰银行
	美国摩根大通集团
3（2.0%）	英国巴克莱银行
	法国巴黎银行
	美国花旗银行
	德意志银行
2（1.5%）	美国银行
	瑞士信贷
	美国高盛集团

---

[1] 系统重要性指标主要包括全球活跃性、规模、关联性、可替代性和复杂性五大类共计12项，各指标权重不同。单个银行每项指标的得分（单位：基点）=单个银行该项指标值/所有样本银行该项指标的加总值×10 000，单个银行的系统重要性得分为各项指标的加权合计。

[2] 组内银行按英文名称首字母顺序排列。

续表

组别（附加资本要求）	全球系统重要性银行
2 （1.5%）	三菱日联金融集团
	美国摩根士丹利集团
	苏格兰皇家银行
1 （1.0%）	中国农业银行
	中国银行
	纽约梅隆银行
	西班牙对外银行
	法国大众储蓄银行集团
	法国农业信贷银行
	中国工商银行
	荷兰商业银行
	日本瑞穗实业银行
	北欧联合银行
	西班牙桑坦德银行
	法国兴业银行
	渣打银行
	美国道富银行
	日本三井住友金融集团
	瑞士联合银行
	意大利联合银行
	美国富国银行

资料来源：金融稳定理事会《2014年全球系统重要性银行名单更新》，2014年11月。

表8–2　　　　　　　　　　划分组别的分界点与分组界限[①]

组别及附加资本要求	系统重要性分值区间
5（+3.5%）	530~629
4（+2.5%）	430~529
3（+2.0%）	330~429
2（+1.5%）	230~329
1（+1.0%）	130~229

资料来源：金融稳定理事会《2014年全球系统重要性银行名单更新》，2014年11月。

---

① 系统重要性银行分组的临界点（cut-off point）为130个基点，每上升100个基点为一组。

制定G-SIIs基础资本要求（BCR）。 2014年10月，IAIS发布《系统重要性保险机构基础资本要求》，通过BCR比率（BCR合格资本/BCR要求资本）衡量系统重要性保险机构（G-SIIs）的资本水平。其中，BCR要求资本是保险公司根据风险计算的所需资本，覆盖保险公司经营中主要面临的五大类业务风险：传统寿险、传统非寿险、非传统保险、投资和非保险。BCR合格资本是保险公司实际拥有的被认可资本，分为核心资本和附属资本。核心资本指能够增强保险机构财务实力，在持续经营和破产清算时吸收损失的金融工具和资本项目；附属资本指未计入核心资本，但在破产清算时能够保护保单持有人的金融工具和资本项目。制定BCR是IAIS建立全球统一保险集团资本标准的第一步，IAIS还将继续研究和推动更高的资本损失吸收能力和保险资本标准的制定和实施。

公布非银行非保险G-SIFIs识别方法。 2014年，FSB联合IOSCO公布非银行非保险G-SIFIs识别方法征求意见稿。识别非银行非保险G-SIFIs的方法与G-SIBs和G-SIIs评估方法大体一致，包含适用于所有非银行非保险金融机构的高层次评估框架，以及适用于金融公司、市场中介、投资基金的详细评估方法。为避免数据局限性，非银行非保险G-SIFIs评估方法还允许监管当局在评估时发挥更大作用。该评估方法预计于2015年最终确定，FSB和相关标准制定机构将据此针对非银行非保险G-SIFIs制定监管政策框架。

（四）加强影子银行体系监管

持续监测。 2014年11月，FSB以25个经济体的2013年末数据为基础，发布《2014年全球影子银行监测报告》。报告采用广义和狭义[①]两种方法对全球影子银行规模及增长趋势进行估算。广义估算结果显示，2013年末全球影子银行规模增长5万亿美元，达75万亿美元，约占全球金融资产的25%，几乎达到全球银行资产的50%，相当于估算经济体GDP的120%，接近2007年124%的峰值；发达经济体影子银行规模占全球比重较高，但美国占比下降，欧元区和英国占比小幅上升；新兴经济体影子银行规模增速最快，9个新兴经济体影子银行规模增速超过10%；影子银行范畴内的各行业中，信托公司和其他投资基金增长最快。狭义估算结果显示，23个经济体影子银行规模由62万亿美元缩减至35万亿美元，增速由6.6%降至2.4%。

---

① 广义口径包括金融机构中不属于银行、保险公司、养老金、公共金融机构、中央银行和金融附属机构的部分，即其他金融中介（Other Financial Intermediaries）资产。狭义口径为广义口径扣除以下资产：不涉及银行类信用中介的非银行金融实体资产；银行集团内已受到审慎监管的非银行金融实体资产；活动中不存在影子银行风险的金融实体资产。

加强监管。FSB从五个方面加强影子银行监管政策的制定与执行。**一是降低传统银行与影子银行之间的关联性**。为应对影子银行体系的风险溢出，BCBS目前已制定完成银行投资于基金股权的风险资本要求及控制银行大额风险暴露的监管框架。BCBS还将继续研究扩展银行并表范围，将影子银行风险纳入审慎监管框架。**二是进行货币市场基金改革**。自从IOSCO于2012年10月提出货币市场基金监管的15条建议以来，各经济体监管当局在改革货币市场基金监管框架方面已取得较大进展。2014年IOSCO的同行评估显示，大多数FSB成员经济体都执行了上述建议，如美国证券交易委员会（SEC）要求部分货币市场基金采用浮动资产净值，基金单位份额的价格随着基金持有资产组合的市场价值变动。**三是改善资产证券化的激励机制**。IOSCO于2012年11月发布了包括透明度、标准化和风险自留要求等在内的政策建议。2014年IOSCO开展的同行评估显示，大多数FSB成员经济体在执行建议方面已取得良好进展。BCBS与IOSCO还于2014年12月共同发布识别简单、透明和具有可比性的证券化交易的征求意见稿。**四是降低证券融资交易的顺周期性及其他风险**。2014年10月，FSB公布非中央对手方清算证券融资交易的折扣率监管框架，提出银行在为非银行实体提供非政府证券抵押融资时的折扣率下限。该框架意在限制银行体系之外的过度杠杆累积，并降低杠杆的顺周期性。FSB还研究非银行之间证券融资交易的折扣率下限要求，以确保影子银行业务全部被覆盖、降低监管套利风险并促进公平竞争。**五是评估并降低其他影子银行实体及业务的系统性风险**。由于影子银行实体和业务形式多样且会不断演变，FSB制定了前瞻性的高层次政策框架以监测评估并应对影子银行风险。框架包括：基于五项经济功能评估非银行金融实体的类型，降低影子银行实体风险的政策工具，加强成员当局之间的信息共享。

专栏17　中国国家同行评估圆满完成

国家同行评估是FSB推动的一项重要工作，主要关注成员经济体执行金融部门标准和FSB政策的情况及其有效性，重点评估受评成员经济体对FSAP相关建议的采纳和改进情况。根据我国在G20和FSB作出的承诺，我国将每五年接受一次国际货币基金组织和世界银行的FSAP评估，并在每次FSAP评估后2~3年接受FSB的国家同行评估。

2014年初，我国首次国家同行评估工作正式启动。评估组成员由英国、美国、荷兰、瑞士和欧盟等经济体的财政、中央银行等部门的专家组成。人民银行会同财政部、银监会、证监会、保监会等部门建立了相应工作机制，成立中国国家同行评估部际领导小组和部际工作小组。FSB本次评估主要涵盖"宏观审慎管理框架"和"非银行信贷中介"两项议题，重点评估我国自首次FSAP评估以来在宏观审慎管理框架和非银行信贷中介监管方面取得的进展以及存在的问题。

在问卷答复和现场评估的基础上，评估组撰写了《中国国家同行评估报告》（以下简称《报告》）。《报告》指出，关于宏观审慎管理框架和非银行信贷中介两个议题，中国相关部门在采纳FSAP相关建议方面取得了良好进展，但是仍有需要改进之处。一是在宏观审慎方面，相关部门应进一步明确宏观审慎框架中各方的职责并加强部门间合作，进一步发展综合的系统性风险分析框架，审视有关金融稳定的信息共享机制，并加强宏观审慎政策问题的沟通。二是在非银行信贷中介方面，相关部门应继续提升数据收集能力以及行业内部和跨行业的风险评估能力，建立一个更加以业务为基础的监管方式。此外，中国相关部门应取消隐性担保，强化市场化定价机制，进一步发展资本市场，促进形成多元化和灵活的金融体系。

总体来看，评估报告从国际同行视角充分肯定了中国首次FSAP评估以来在宏观审慎管理和非银行信贷监管方面取得的进展，对存在的问题进行了深入分析，并提出了有益建议，对中国金融监管的改进具有一定参考价值。

（五）推动场外衍生品市场改革

2014年，全球场外衍生品改革取得一系列进展。**在执行国际准则方面**，目前超过半数FSB成员经济体已通过立法确保改革顺利完成。超过3/4成员经济体已经实施向交易信息库报告交易信息。90%成员经济体已要求银行实施巴塞尔协议Ⅲ关于衍生品风险暴露的资本要求。**在跨境监管方面**，FSB于2014年9月发布成员经济体报告，指出大多数国家都已经或正在建立互相尊重彼此场外衍生品监管体制的框架，以应对场外衍生品市场的跨境监管问题。**在全球交易信息库数据汇总方面**，虽然大多数成员经济体均已开始报告交易信息，但数据质量仍有待提高。为此，FSB于2014年9月发布汇总和共享交易信息库数据的可行性研究报告，建议制定关于数据一致性的指引，并建立数据汇总机制。

（六）改善会计、审计标准

2014年7月，国际会计准则理事会（IASB）公布了IFRS9，在金融工具分类与计量、金融工具减值以及套期会计三方面改变了金融工具的现有计量模式，未来将取代《国际会计准则第39号》（IAS39）。IFRS9最重要的变化在于要求使用预期信用损失模型（ECL）对减值（impairment）进行计量，要求实体在初始确认时就预估信用损失，并且在金融资产的全部生命周期内均及时确认预期损失的变动。同时，美国财务会计准则委员会（FASB）也开展预期信用损失减值模型研究，要求实体在每个报告期均确认金融资产全生命周期的预期减值损失。FSB鼓励IASB和FASB分别持续监测各自准则的执行情况，进一步促进会计准则执行的一致性。

FSB鼓励独立审计监管机构国际论坛（IFIAR）就全球系统重要性银行的审计工作开展调研[①]，并将调研范围扩展至全球系统重要性保险公司，以实现审计质量的一致性。BCBS于2014年3月发布《银行外部审计指引》，以改善银行审计质量并提高审慎监管的有效性。

（七）其他

改革金融市场基准利率及汇率形成机制。为应对近年来金融市场基准价格操纵问题，FSB就基准利率和基准汇率形成机制展开研究并提出相关建议。FSB根据IOSCO《金融基准利率原则》对现有主要基准利率（Libor、Euribor及Tibor）的治理和形成机制开展的评估显示，主要基准利率的管理机构在主要原则实施方面均取得较大进展，但在落实基准利率构成、数据充足性和形成机制透明度等原则方面，尚需进一步改革。FSB认为金融市场至少需要两个基准利率，即接近无风险利率及可反映银行信用风险状况的基准利率，建议通过实施多利率方案来改善现有基准利率形成机制。FSB研究发现，影响外汇市场基准利率公平性的关键在于交易机制不尽合理，建议改革主要基准汇率的计算方法，比如扩大基准汇率中间价的"时间窗口"、由中央银行发布参考基准汇率以及对市场交易主体行为进行监管等。

建设全球法人机构识别编码（LEI）体系。全球法人机构识别编码（LEI）

---

① 独立审计监管机构国际论坛（IFIAR）于2014年发布第一份关于全球系统重要性银行年度审计报告质量的调研报告，指出银行内部控制、公允价值资产、贷款损失准备审计过程中的主要问题。

体系被用于识别金融市场参与者并提高金融监管有效性，目前已有效运行。LEI监管委员会（ROC）负责全球LEI系统的监测和运行维护，70多个监管当局已加入该委员会。截至2014年9月末，来自189个国家的30多万法人实体获得18个本地系统（LOU）颁发的LEI识别码。2014年，全球LEI基金会成立，负责维护编码中央数据库，确保全球执行统一标准。

专栏18　全球法人机构识别编码中国本地系统建成运行

为构建国际统一金融监管框架，提高全球范围内系统性金融风险识别能力，FSB于2011年7月提议构建全球法人机构识别编码体系（Global Legal Entity Identifier System，简称"LEI体系"），并得到G20支持。LEI体系旨在为法人机构分配一组由数字和字母组成的20位唯一编码，并将法人机构相关信息以关系数据的形式与LEI编码关联，用于标识国际金融交易参与方，提高金融体系监管有效性。为统一LEI编码原则，国际标准化组织于2012年正式发布《金融服务法人机构识别编码》标准，就LEI编码的生成方式和关系数据内容进行了规范。

LEI体系架构分为3个层级。第一层是由全球监管机构组成的监管委员会（ROC），代表公共利益对LEI体系进行决策和监管。第二层是中央运行系统（COU），负责全球数据的集中和处理。第三层是本地系统（LOU），由各国在本国司法管辖领域内设立，负责受理法人机构编码申请注册并进行本地数据管理。

LEI中国本地系统建成运行，实现我国自主发码。 为适应LEI体系发展，人民银行推动全国金融标准化技术委员会（以下简称金标委）建成LEI中国本地系统，自2014年8月18日起正式提供LEI编码服务，主要业务功能包括LEI编码注册、数据验证、年检、数据更新、质疑与反馈、数据查询与下载等。截至2014年底，中国本地系统已为中国外汇交易中心等41家法人机构分配LEI编码。

LEI中国本地系统通过国际互认，对外服务不断加强。 2014年10月，我国本地系统国际互认申请通过了LEI体系ROC全体成员的最终审议，标志着我国本地系统及其发放的LEI编码获得国际认可。同时，金标委遵守LEI体系国际相关标准和规范，不断优化本地系统网站，建立网站英文版，提高对外服务水平，并为在境外注册LEI编码的国内法人机构提供编码迁入服务，加强我国法人机构信息安全管理。

制度体系不断完善，优化本地系统运营环境。我国本地系统按照相关国际规则坚持规范化运营，重视服务质量和数据质量。目前，LEI中国本地系统的相关制度主要分为对外制度和对内制度。对外制度就LEI编码注册及服务使用进行规定，包括《法人机构识别编码系统用户服务条款协议》等。对内制度规定了我国本地系统的内部工作职责、任务及程序等，包括《法人机构识别编码系统注册管理工作细则》和《法人机构识别编码系统业务运作管理流程》。

降低对信用评级机构（CRA）评级的依赖。FSB于2010年发布《降低依赖外部评级机构评级的原则》，鼓励金融机构提高自身的信用风险评估能力。2014年FSB同行评估结果显示，各成员经济体在降低对CRA依赖的行动计划方面存在较大差异，且各行业的实施进程不一。目前，各国均就如何推动金融机构开发内部信用评级方法制定了行动计划，但都没有明确用何种方法替代CRA评级，金融机构的开发工作也尚在探索阶段。FSB建议各国当局采取综合措施降低对CRA评级的过度依赖，加强与市场参与者对话，鼓励金融机构积极开发适合其业务和区域特征的内部评级方法，降低合同条款对CRA评级的依赖，但同时也要警惕用一种或有限几种方法简单替代CRA评级的风险。

二、主要国家和地区加强宏观审慎管理的进展

（一）美国

提高金融监管标准。一是落实巴塞尔协议Ⅲ的改革要求，建立更为严格的流动性监管框架。美联储、联邦存款保险公司、货币监理署联合发布流动性覆盖比率（LCR）最终文本，规定了LCR的最低要求，适用于所有总资产超过2 500亿美元或海外表内资产超过100亿美元的银行类机构，并将于2017年1月1日实施。二是发布杠杆率监管的补充新规，要求总资产超过7 000亿美元或托管资产超过10万亿美元的银行控股公司的杠杆率至少提高到5%，其下的受保存款机构的杠杆率至少提高到6%，并将于2018年1月1日起实施。三是美联储发布对在美国开展业务的大型外资银行的最终监管要求，适用于所有全球总资产超过100亿美元的银行集团，根据其全球总资产、在美国境内分支机构的

资产规模设定不同监管要求，并将于2016年7月1日起逐步实施。**四是**SEC公布美国货币市场基金监管新规，要求约占美国基金业三分之一的机构型优质货币市场基金采用浮动资产净值，允许其在特定时期向投资人收取申购赎回费及设置赎回限制。

审核大型金融机构"生前遗嘱"（living will）。为落实《多德—弗兰克华尔街改革和消费者保护法案》的要求，确保处置计划能够顺利实施，2014年8月，美联储与联邦存款保险公司首次联合对美国11家大型金融机构2013年度"生前遗嘱"发布审核意见，肯定了这些金融机构在改进可处置性方面已取得的进展，但其"生前遗嘱"仍需进一步完善，包括按照优化组织架构和业务条线降低机构复杂度，确保关键服务和核心业务在处置过程中不中断，提高处置准备工作可操作性以及相关信息的可获得性。

识别和防范系统性风险。2014年，金融稳定委员会（FSOC）继续发布年报，全面分析美国宏观经济金融形势和金融市场发展情况，梳理金融监管改革进展，评估美国金融稳定面临的潜在风险，并提出下一步政策建议，切实履行识别和防范系统性风险的职责。

（二）英国

出台宏观审慎政策。2014年，英国金融政策委员会（FPC）继续履行宏观审慎管理职责，出台了一系列宏观审慎政策。一是严格住房抵押贷款发放。要求银行在发放住房抵押贷款时，进行借款人偿付能力测试，考察在未来五年内银行基准利率高于现行利率3个百分点的压力情景下，借款人是否有能力偿还其贷款。二是实施贷款收入比限制。要求贷款收入比高于4.5的住房抵押贷款借款人比例不得超过总借款人数量的15%，该限制适用于住房抵押贷款年发放额超出1亿英镑的金融机构。三是获得对房地产市场的建议指导权。英国财政部明确FPC可以指导审慎监管局（PRA）和金融行为局（FCA）对金融机构的住房抵押贷款发放进行限制，主要工具包括贷款价值比限制和债务收入比限制。四是获得对杠杆率的建议指导权。英国财政部明确FPC可以指导PRA对银行、建筑协会和投资公司设定杠杆率和相应的缓冲要求。

实施银行业结构化改革。2014年10月，PRA公布《结构化改革的实施：就法律结构、治理和服务连续性征求意见》，提出了相关政策建议。一是隔离实体（RFBs）不能控制从事禁止业务的实体，也不能被该类实体控制，以确保RFBs的核心业务不受高风险业务影响。同时，RFBs和银行集团的其他实体之间应采取"兄弟式"结构（sibling structure），即各自作为独立的子公司，并列处于在同一控股公司控制之下。二是RFBs的治理框架必须确保自身可以独立决策，能够识别和管理与其他实体之间的利益冲突，避免受集团内其他实体的影响。三是RFBs只能接受集团内其他实体提供的共享服务，确保集团外实体和第三方机构向RFBs提供的服务不会因集团内其他实体的经营失误或倒闭而受到影响。

完善处置机制建设。为推动欧盟银行业恢复和处置指令的尽快落实，2014年10月，英格兰银行公布《英格兰银行处置方法》，进一步完善了对银行、建筑协会和特定投资公司的处置机制。一是确定职责分工。英格兰银行作为处置当局，负责决定使用何种处置工具，进行具体处置，并会同PRA或FCA对于金融机构是否需要进入处置进行评估；财政部负责批准涉及公共资金支持的处置决策，包括临时国有化措施或向某家机构紧急注入公共资金；金融服务补偿计划（FSCS）负责对受保存款人或投资人进行赔付。二是明确处置过程。主要包括实施稳定化措施、机构重组和退出处置三个阶段。当机构破产可能损害公共利益时，处置当局可以对机构实施稳定化措施，包括将机构的部分资产和业务转移到私人机构或过桥银行、启动自救措施等。在状况稳定之后，机构应通过业务重组或整合，恢复自我生存能力，确保可从金融市场获得持续融资。当机构经过重组不再需要公共资金支持而能够自我持续经营，或机构实施破产后，处置当局应适时退出。

（三）欧盟

完善宏观审慎政策。2014年，欧洲系统性风险委员会（ESRB）指导各成员经济体宏观审慎当局履行宏观审慎职能、完善宏观审慎管理工具和系统性风险监测指标，并将监测范围从银行扩展至保险、影子银行和金融基础设施领域。一是指导各成员经济体监管当局使用宏观审慎管理工具。2014年3月，ESRB发布《银行业宏观审慎政策典型报告》和《银行业宏观审慎政策操作手册》，指导各成员经济体按照系统性风险识别和评估、宏观审慎工具选择和校准、政策实施、政策评估四个步骤进行宏观审慎管理。建立相关评价机制，对各成员经济体宏观审慎授权及宏观审慎管理工具运用进行跟踪测评。二是继续开发宏观审慎管理工具箱并扩展其使用范围。除贷存比（LTD）、贷款价值比（LTV）、贷款收入比（LTI）、债务收入比（DSTI）等工具外，ESRB鼓励成员经济体逐步采用流动性覆盖比率（LCR）、净稳定融资比例（NSFR）等可以影响银行融资成本的宏观审慎管理工具，以有针对性地防范流动性风险。

推动建立银行业联盟。2014年4月15日，欧洲议会通过了支持建立银行业联盟的三项法案，即银行业恢复与处置法、银行业单一处置机制法和修订后的存款担保计划指令。根据银行业单一处置机制法，将在未来8年内成立一个金额为550亿欧元的处置基金，欧央行、欧盟委员会和各国处置当局共同成立单一处置委员会，负责欧元区内银行的关闭与重组，决定救助工具的类型及欧洲处置基金的运用方式。若各国处置当局不遵从单一处置委员会的处置决定，处置委员会有权直接对问题银行进行处置。存款担保计划指令要求欧盟28个成员经济体以向银行征税的方式筹集一个存款担保基金，保护存款金额在10万欧元以下的储户资金安全，避免动用纳税人资金救助问题银行。

强化银行业资本监管框架。2014年1月1日欧盟开始实施银行资本要求指引和银行资本要求监管办法，银行业的资本要求得到进一步强化。一是除重申巴塞尔协议Ⅲ最低资本要求、使用流动性覆盖比率（LCR）和净稳定融资比例（NSFR）外，还要求银行至少保持等同于现金流出量25%的流动性资产。二是要求建立逆周期资本缓冲以解决银行体系的顺周期性，并针对全球系统重要性机构和其他系统重要性机构提出了附加资本缓冲[1]要求，以防范系统性风险和关联性风险，同时要求各成员经济体采用系统性风险缓冲[2]，防范和降低杠杆率过高等长期的结构性系统风险。三是允许成员经济体监管当局采用提高房地产等特定部门信贷风险权重、提高最低自有资本要求、降低大额风险暴露定义阈值等特定工具。四是要求银行披露杠杆率等风险指标，增加经营透明度。

（四）德国

德国在欧盟框架下，结合国内情况，进一步强化宏观审慎管理，增强金融体系弹性。一是金融稳定委员会（FSC）在ESRB指导下履行宏观审慎管理职责，负责就潜在风险向联邦政府、联邦金融监管局（BaFin）和其他当局发出警告，并提出对策建议。二是德国央行在宏观审慎管理中继续发挥重要作用，负责为FSC会议提交讨论报告和初步政策建议，评估宏观审慎政策的实施效果，撰写FSC每年提交议会的年度报告。同时，德国央行的金融稳定职能进一步强化，内部成立专门的金融稳定部门，持续识别和评估金融稳定风险，不断研发宏观审慎分析工具，建立了系统性风险监测评估指标体系，专注于识别信贷机构和保险机构、特别是系统重要性金融机构的风险变化。三是联邦金融市场稳定局（FMSA）通过金融市场稳定基金（SoFFin）向金融机构提供援助，截至2014年4月，SoFFin已向9家银行提供总额为1 680亿欧元的担保，向4家银

---

[1] 全球系统重要性机构资本缓冲为风险加权资产的1%~3.5%，其他系统重要性机构资本缓冲不超过风险加权资产的2%。

[2] 系统性风险缓冲不能与全球系统重要性机构资本缓冲、其他系统重要性机构资本缓冲叠加使用，一般采用要求较高者。

行提供300亿欧元的再注资。同时，FMSA还监管新成立的不良资产管理公司，剥离银行风险资产，减轻银行资产负债表压力，确保银行继续为实体经济提供信贷支持，避免问题银行倒闭造成更大的经济社会成本。FMSA预计于2016年升级为专门从事金融机构重组事务的监管机构。

三、我国宏观审慎管理的实践

（一）金融监管协调部际联席会议工作机制不断完善

2014年，金融监管协调部际联席会议（以下简称联席会议）不断完善工作机制，深入开展金融领域重大问题和苗头性、倾向性问题的研究，着力加强监管政策、措施、执行的统筹协调，全年共召开5次会议，研究了26项议题，推动出台或建立了一系列政策制度安排。

专栏19　金融监管协调部际联席会议制度运行良好

2013年8月，经国务院批复同意，人民银行会同银监会、证监会、保监会、外汇局建立的金融监管协调部际联席会议制度正式运行，我国金融监管协调工作走上了制度化、规范化、日常化的轨道。联席会议制度建立以来，已召开8次会议，研究了35项议题，推动出台或建立了一系列政策制度安排，宏观调控和金融监管的有效性不断提高，深化金融改革取得积极进展，促进了金融更好地服务实体经济，牢牢守住了不发生系统性区域性金融风险的底线。

研究推进多项深化金融改革措施。一是推动落实金融监管改革措施和稳健标准，着手研究建立金融业宏观审慎和微观审慎相结合的监管框架。二是积极推进金融监管信息共享和金融业综合统计建设。三是推动明确中央和地方金融监管职责和风险处置责任，研究落实完善中央和地方金融监管工作协调机制。四是推动继续扩大金融业对内对外双向开放，明确按准入前国民待遇和负面清单管理模式推进金融业开放的总体原则；就进一步加快中国（上海）自由贸易试验区金融开放创新试点的举措和方案达成共识。

加强宏观调控与金融监管的协调配合，推动做好金融服务实体经济

工作。一是研究出台恢复和增强股票市场融资功能的配套支持措施。二是推动出台规范金融机构同业业务的有关政策。三是就合理降低社会融资成本的若干措施进行研究并达成共识，推动出台关于多措并举缓解企业融资成本高问题的一系列政策措施。四是研究扩大信贷资产证券化试点、盘活存量资金推动经济结构调整有关政策措施。五是研究加强资本市场建设、优化社会融资结构的有关措施。六是研究完善新股发行制度，缓解新股集中发行对货币市场的周期性冲击。

研究加强重点领域金融风险防范，切实维护金融稳定。一是进一步研究做好防范化解金融领域重大风险隐患有关工作。二是研究化解地方政府性债务风险的有效措施。三是研究缓解银行业不良贷款上升的有关政策。四是推动加快部分地区金融风险事件处置进度。五是研究妥善处置信用债违约风险和防范化解信托产品违约风险的有关工作安排。六是研究规范民间融资发展的有关措施。七是推动规范地方交易场所开展金融产品交易和商业银行参与各类交易场所业务行为。

及时明确跨市场、交叉性金融创新监管原则，促进新兴金融业态规范发展。在金融市场创新不断加快、互联网金融等新兴金融业态快速发展的形势下，联席会议多次就相关问题进行研究，制定统一标准，明确职责分工，不断强化风险监测和监管协调。一是研究明确促进互联网金融健康发展的总体要求、基本原则以及分类监管要求，推动出台相关政策措施。二是加强对基于互联网销售的货币市场基金和投资连结险产品管理。三是研究规范资产管理行业发展。四是研究协调原油期货结算政策、国债期货监管和涉农企业期货套期保值政策。五是协调推动城市商业银行和农村商业银行在全国股份转让系统挂牌相关事项。

（二）实施逆周期宏观调控

人民银行继续运用差别准备金动态调整机制加强宏观审慎管理。根据国内外经济金融形势变化、金融机构稳健性状况和信贷政策执行情况，对差别准备金动态调整机制的有关政策参数进行调整，引导金融机构落实好稳健货币政策的要求，保持自身稳健经营，合理适度投放信贷，优化信贷结构。针对经济增长面临一定下行压力，物价涨幅有所走低的形势，人民银行四次调整了差别准备金动态调整机制有关政策参数，适当下调了宏观经济热度参数，加大了与小微企业、涉农贷款等信贷政策执行相关的政策参数的调整力度，更加有针对性地鼓励和引导金融机构提高对小微企业、"三农"及中西部、欠发达地区的贷款比例，引导信贷合理增长。同时，人民银行还将金融机构同业资产情况纳入了有关政策参数的考察范围，以防范同业业务过快扩张引发金融风险。

（三）加强系统性风险监测评估

人民银行会同监管部门切实加强金融风险的监测、评估和预警，牢牢守住不发生系统性区域性金融风险的底线。一是加强银行业、证券期货业、保险业、具有融资功能的非金融机构及民间借贷的信息搜集及分析，建立对整个非银行信贷中介体系的监测和分析系统，进一步完善金融机构重大事项报告制度，强化金融风险应急管理。二是加强对重点领域的风险监测和排查，密切关注地方政府性债务、房地产、产能过剩行业，跨部门、跨行业、跨市场的潜在风险等。三是深入推进金融机构稳健性现场评估，提升评估的广度与深度，积极运用压力测试等手段，提高风险评估的前瞻性和科学性。四是健全系统性风险早期预警体系，从非金融部门和金融体系两个方面梳理可能的风险隐患，重点关注非金融部门偿债能力及金融体系的风险抵御能力、流动性状况等早期预警指标，构建具有内在联系的系统性金融风险早期预警分析框架。

（四）加强系统重要性金融机构监管

中国银行CMG指导并讨论通过了中国银行按年度更新的RRP。2014年9月，工商银行CMG成立，成员包括财政部、人民银行、银监会、香港和澳门金管局，并讨论通过了工商银行RRP。2014年5月，中国平安保险集团CMG成立，成员包括保监会、银监会和保险保障基金。目前，平安集团已完成RRP。

专题一

建立存款保险制度

存款保险制度是保护存款人利益的重要制度安排和金融安全网的基本组成要素。党的十八届三中全会明确提出"建立存款保险制度，完善金融机构市场化退出机制"。2014年政府工作报告将"建立存款保险制度"列为深化金融体制改革的一项重要工作。根据党的十八届三中全会精神和国务院工作部署要求，中国人民银行会同有关部门深入开展调查和综合研究，广泛征求各方面的意见建议，研究制定实施方案，推进存款保险立法。2014年，国务院常务会议审议通过中国人民银行关于建立存款保险制度实施方案的汇报。2015年2月17日，国务院总理李克强签署第660号国务院令，公布《存款保险条例》（以下简称《条例》），自2015年5月1日起施行。

我国建立存款保险制度的目的，是依法保护存款人的合法权益，促进金融机构审慎稳健经营，及时防范和化解金融风险，建立维护金融稳定的长效机制。存款保险制度建立后，其与中央银行最后贷款人职能、审慎监管一起，构成我国金融安全网的三大支柱。当前时机推出存款保险制度，对于进一步理顺政府和市场的关系，全面推进金融改革、开放和发展，促进形成组织多元、服务高效、公平竞争、可持续发展的金融机构体系，强化公司治理和风险管理，增强服务实体经济的能力和提升我国金融业的国际竞争力，都具有十分重要的作用。

一、存款保险的概念和功能

存款保险又称存款保障，是指国家以立法的形式为公众存款提供明确的法律保障，设立专门的存款保险基金，当吸收存款的金融机构经营出现问题时，依照规定使用存款保险基金保护存款人的利益，并采取必要措施维护存款保险基金安全的一项基础性金融制度安排。目前，世界上有110多个国家和地区建立了存款保险制度。实践证明，存款保险制度在保护存款人权益、及时防范和化解金融风险、维护金融稳定中发挥了重要作用，已成为各国金融安全网的重要组成部分。

（一）建立存款保险制度能够更好地保护存款人权益

建立存款保险制度的核心目标是切实加强对存款人的保护，这是建立这项制度的出发点和立足点。存款保险制度能够加强和完善对存款人的保护，使存款人的存款更安全，主要体现在三个方面：一是以立法的形式为一般公众的存款安全提供明确的全额保障，设立专门的存款保险基金，确保可靠的资金来源，当个别金融机构经营出现问题时，可以依照《条例》规定对存款人进行及时偿付，保护存款人权益。二是强化对金融机构的市场约束，并加强风险识别和核查，及时采取风险警示和早期纠正措施，促使金融机构审慎稳健经营，使风险早发现和少发生，从而更好地保障存款人的存款安全。三是存款保险是对我国金融安全网的完善和加强。通过明确的存款保障制度安排，稳定市场和存款人信心，有利于进一步提升我国金融安全网的整体效能，促进我国银行体系长期健康稳定运行，更好地保障存款人权益。

（二）建立存款保险制度能够推动形成市场化的金融风险防范和化解机制，建立维护金融稳定的长效机制

存款保险制度对不同经营质量的金融机构实行风险差别费率，通过这种市场化的经济手段，可以加强对金融机构的激励和约束，有利于促进其稳健经营和健康发展。同时，作为银行风险处置成本的主要承担者，存款保险机制具有内在动力主动加强对金融风险的识别和预警，及时采取措施，对风险早发现、早纠正和及时处置，从而有利于防范金融体系风险的累积。当个别银行出现经营失败时，存款保险机制作为市场化的风险处置平台，一般运用收购与承接等市场化手段处置风险，在有效保护存款人合法权益、阻断风险传染的同时，快速有序处置化解风险，最大程度地减少风险处置成本，维护金融稳定。

专栏1　存款保险制度的发展及其在维护金融稳定中发挥的作用

1933年，面对大萧条时期的银行大面积倒闭，美国立法建立了存款保险制度。美国存款保险制度一经建立，便迅速稳定了公众信心，有效促进了美国银行业危机逐步化解。此后80多年来，美国存款保险制度一直被认为是维护公众对银行体系信心的重要基础。在美国存款保险制度发挥重要作用并不断发展完善的同时，世界上也有越来越多的国家和地区先后建立了存款保险制度。

在2008年国际金融危机中，主要经济体应对金融危机的实践再次表明，建立一个有效的存款保险制度是增强公众信心、有效应对和化解金融危机、维护金融稳定的重要制度保障。美国作为本轮危机的发源地，其银行业受到严重冲击。自2008年初至2014年末，美国共有510多家银行业金融机构倒闭。面对危机，美国依靠其较为成熟的存款保险制度，主要运用收购与承接等市场化处置方式，及时化解和处置不同规模银行的

倒闭风险，有效遏制了大量银行倒闭的风险向金融体系蔓延，公众信心和银行体系总体保持稳定。相比而言，欧洲国家存款保险机制不完善，并且缺乏对问题银行进行早期风险干预和及时处置的能力，只能事后对存款人进行被动偿付，应对危机和维护公众信心的能力明显不足。结果有关国家不得不通过政府直接救助和资产重组及国有化等措施处置风险，不仅损害了纳税人利益，也为后续的政策退出增加了难度，在一定程度上加剧了欧洲国家主权债务风险。

2009年6月，在系统总结各国存款保险制度实践经验尤其是本轮国际金融危机中正反两方面经验教训的基础上，巴塞尔银行监管委员会和国际存款保险机构协会（IADI）联合发布《有效存款保险制度核心原则》（以下简称《核心原则》）。《核心原则》强调，应当在银行体系整体稳健的情况下尽快建立存款保险制度；存款保险制度在设计上应当遵循全面覆盖、充分保护绝大多数存款人、赋予必要职能、确保及时偿付、防范道德风险等原则；存款保险机制应当在问题银行的风险监测、风险控制、风险处置以及维护金融稳定等方面发挥重要作用。二十国集团（G20）领导人伦敦峰会《加强金融体系宣言》中也推动执行包括《核心原则》在内的国际金融标准。目前，《核心原则》已上升为主要的国际金融标准。

二、当前出台存款保险制度具有重要的现实意义

（一）存款保险制度有利于发展民营银行、中小银行

一方面，存款保险制度可以大大增强民营银行、中小银行的信用和竞争力。存款保险制度以立法的形式为公众存款提供明确的法律保障，可以提升这些银行的信用，为大、中、小各类所有制银行创造一个公平竞争的制度环境，推动各类银行业金融机构同等竞争和均衡发展。另一方面，存款保险制度可以为民营银行、中小银行的正常经营创造一个稳定、有序的市场环境。通过加强对存款人的保护，有效稳定存款人的预期，进一步提升市场和公众对银行体系的信心。当有个案风险发生时，可以灵活采取多种市场化方式快速有序处置风险，切断风险传染的链条，提高整个银行体系的抗风险能力和稳健性。

从各国经验看，建立存款保险制度是发展民营银行、中小银行的重要前提和条件。美国社区银行的健康发展，在很大程度上得益于美国存款保险制度的建立和完善，使小银行具备与大银行平等竞争的制度基础，维持了整个金融体系的多样性，改善和加强了对小企业、社区和农民的金融服务。通过建立存款保险制度，完善金融机构市场化退出机制，可以为民营银行、中小银行的健康发展提供坚实的制度保障。一般来说，存款保险对不同经营质量的金融机构实行差别费率，并采取及时风险纠正措施，有利于促进形成一个有效竞争、可持续发展、主要面向"三农"和小微企业的小金融机构体系，形成更加合理的金融体系结构布局，进一步提升金融服务实体经济的能力和水平。

专栏2　存款保险与美国社区银行的发展

从美国或世界有关国家的实践来看，中小银行、社区银行一直是存款保险制度的积极倡导者和推动者，同时也是受益者。存款保险事实上为大银行和小银行创造了一个公平竞争的环境，使小银行具备与大银行公平竞争的制度基础，从而维持了整个金融体系的多样性，有助于加强对小微企业、社区和"三农"的金融服务。

在美国，社区银行发挥着大银行无法取代的独特作用。美国有7 000多家社区银行，小企业和"三农"贷款主要由社区银行提供。根据美国联邦存款保险公司的统计，社区银行的资产占美国金融总资产的14%，但对小企业和"三农"的贷款却高达46%，美国超过20%的县完全依靠社区银行提供金融服务。

存款保险在美国社区银行的发展方面起着至关重要的作用。如果没有存款保险，存款人都倾向于选择大银行，社区银行就很难生存。有了存款保险，增强了存款人对社区银行的信心，促进了公平竞争环境的形成，才使得社区银行发展起来，维持了金融体系的多样性。

（二）建立存款保险制度有利于为利率市场化提供配套制度支持

利率市场化赋予了市场主体更多自主权，同时也要求金融机构进一步完善公司治理，强化财务硬约束。随着我国利率市场化进程进一步加速，推出作为配套制度环境的存款保险制度，引入风险差别费率，对风险早发现、早纠正，并及时处置问题银行，不仅能强化对银行业金融机构的正向激励和市场约束，为利率市场化改革奠定更好的微观基础,还有助于加强对存款人的保护和完善金融机构市场化退出机制,为利率市场化改革解除后顾之忧。

从扩大金融业对外开放来讲,目前,绝大多数经济体均已经建立了存款保险制度,我国建立存款保险制度,也有利于更好地参与存款人保护和金融风险处置跨境政策协调,增强我国金融业的国际竞争力。

三、我国存款保险制度的主要内容和政策考虑

我国存款保险制度在设计上,既立足于国情和现阶段需要,又充分吸取了国际经验教训,在基本要素上反映了国际公认的最佳实践与基本准则。制度的基本框架如下:

(一)存款保险的覆盖范围

存款保险制度是保障存款人权益的重要措施。为全面、充分保障存款人的利益,保证存款保险制度的公平性和合理性,促进银行业公平竞争,我国存款保险制度覆盖所有存款类金融机构。《条例》规定,在我国境内设立的商业银行、农村合作银行、农村信用合作社等吸收存款的银行业金融机构(统称投保机构),都应当参加存款保险。同时,参照国际惯例,规定投保机构在我国境外设立的分支机构,以及外国银行在我国境内设立的分支机构原则上不纳入存款保险,但是我国与其他国家或者地区之间另有安排的除外。

在存款保护范围上,我国存款保险制度覆盖投保机构吸收的人民币和外币存款,包括个人储蓄存款和企业及其他单位存款的本金和利息,但金融机构同业存款、金融机构高级管理人员在本机构的存款,以及其他经存款保险基金管理机构规定不予承保的存款除外。《条例》将少数特定存款排除在存款保险的保护范围之外,目的是发挥市场约束机制作用,促进银行业稳健发展,这也是国际通行做法。

(二)存款保险的偿付限额

确定存款保险的偿付限额,既要确保充分保障存款人的利益,又要注重防范道德风险。国际普遍经验是,使绝大部分存款人,例如90%以上得到全额保护,偿付限额一般是人均国内生产总值的2~5倍,就能充分保障存款人的利益,维护银行体系稳健运行。例如,美国约为5.3倍、英国约为3倍、韩国约为2倍、印度约为1.3倍。考虑到我国居民储蓄倾向较高,储蓄很大程度上承担着社会保障功能,同时存款是银行业资金来源的主要组成部分,为了使存款保险

惠及绝大多数存款人、促进银行业健康发展、维护金融稳定，经反复测算，将我国的最高偿付限额规定为50万元人民币，约为2014年我国人均国内生产总值的10.7倍，这一标准远高于国际水平，可以充分保障存款人的利益和银行体系稳定。据测算，设定50万元人民币的最高偿付限额，能够为我国99.63%以上的存款人（包括各类企业）提供100%的全额保护。

存款保险实行限额偿付，并不是限额以上存款就没有安全保障。当前我国银行业经营情况良好，银行体系总体运行稳健，银行资本充足率等主要财务和监管指标总体健康，同时银行业监管质量和水平不断提高，银行抗风险能力大大增强。存款保险制度建立后，现有金融安全网的效能得到进一步提升，有利于更好地保障银行业的健康稳定和存款人安全。从国际经验看，即使个别银行出现问题，通常是通过市场手段，运用存款保险基金促成健康的银行收购问题银行，将问题银行的存款转移到健康的银行，使存款人的权益继续得到充分保护。根据《条例》规定，我国存款保险基金管理机构在使用存款保险基金保护存款人利益时，除了在规定限额内偿付被保险存款以外，也可以使用存款保险基金为其他合格的投保机构提供支持，以促成其收购或者承担被接管、被撤销或者申请破产的投保机构的业务、资产、负债，这样存款人的存款将被转移到健康的银行继续得到全面保障。

（三）存款保险基金和存款保险费率

存款保险基金主要由银行业金融机构交纳的保费形成，以加强对金融机构的市场约束。为保障存款保险基金的安全，《条例》对存款保险基金的运用形式做了适当限制，规定存款保险基金的运用遵循安全、流动和保值增值的原则，限于存放中国人民银行，投资政府债券、中央银行票据、信用等级较高的金融债券及其他高等级债券，以及国务院批准的其他资金运用形式。

存款保险实行基准费率与风险差别费率相结合的制度。费率标准由存款保险基金管理机构根据经济金融发展状况、存款结构情况以及存款保险基金的累积水平等因素制定和调整，报国务院批准后执行。各投保机构的适用费率，则由存款保险基金管理机构根据投保机构的经营管理状况和风险状况等因素确定。实行基准费率和风险差别费率相结合的费率制度，有利于促进公平竞争，形成正向激励机制，强化对投保机构的市场约束，促使其审慎经营，健康发展。综合考虑国际经验、金融机构承受能力和风险处置需要等因素，我国存款保险费率水平将低于绝大多数国家存款保险制度起步时的水平以及现行水平。

(四)存款保险基金管理机构的职责

为做到风险的早发现和少发生,借鉴国际上比较成功的做法,在不改变现行银行业监督管理体制的前提下,按照存款保险基金管理机构与银行业监督管理机构适当分工、各有侧重的原则,《条例》赋予存款保险基金管理机构早期纠正和风险处置职能。主要包括:对于和保费计算有关的情况进行核查,对投保机构报送的信息、资料的准确性进行核查;参加金融监管协调机制,通过信息共享机制获取相关信息,不能满足控制存款保险基金风险、保证及时偿付、确定差别费率等需要的,可以要求投保机构及时报送其他相关信息;发现投保机构存在资本不足等影响存款安全及存款保险基金安全的情形的,可以对其提出风险警示;在投保机构的资本充足率大幅度下降,严重危及存款安全以及存款保险基金安全时,可以采取必要的风险纠正措施。

此外,为减少存款保险基金的损失,并与现行法律做好衔接,《条例》还规定,存款保险基金管理机构在处置问题金融机构时,既可以直接偿付,也可以灵活运用委托偿付、支持合格投保机构收购或者承担问题投保机构资产负债等方式,充分保护存款人利益,实现基金使用或成本最小化,在快速、有效处置金融风险的同时,确保银行业正常经营和金融稳定。

专栏3 美国储贷危机与存款保险的早期纠正职能

20世纪80年代,美国放松利率管制,很多储贷机构高息揽存,从事高风险业务,最终导致了储贷危机的爆发。1980—1994年,美国有近3 000家储贷机构和银行倒闭,资产损失约9 240亿美元,负责处置储贷机构风险的美国联邦储贷保险公司(FSLIC)耗尽保险基金并破产。储贷危机的一个深刻教训就是:存款保险制度设计必须注重防范道德风险,应对投保机构进行监督检查和风险约束,并能迅速处置经营不善的投保机构,将存款人和存款保险基金的损失降到最低。

吸取储贷危机的深刻教训,美国于1991年颁布了《联邦存款保险公司改进法》,对原有存款保险制度进行大幅改革:(1)引入风险差别费率机制。对投保机构进行风险评级,对高风险机构实行高费率,反之实行低费率,防范道德风险;(2)引入早期纠正机制。在投保机构经营出现问题,可能危及存款保险基金安全的情况下,对其分档次加以约束和强制性改进;(3)强化对问题银行的风险处置。当投保机构资本充足水平低于2%，联邦存款保险公司就可强制接管并进行处置。此次改革明确了联邦存款保险公司"事前介入、事中接管、事后处置"的职能，使其能够及时防范和处置风险，实现"风险最小化"的政策目标。

2013年3月，国际存款保险机构协会发布指引文件指出，存款保险机制是银行倒闭时最大的利益相关方，赋予其对风险的早期发现和纠正职能，是存款保险制度有效运行的基础和前提，有利于进一步提升金融安全网的整体效能。

专题二

国际金融监管体制改革实践与方向

20世纪以来,在经济金融危机等因素的推动下,国际金融监管体制经历了几次重大变革。20世纪30年代"大萧条"后,金融业从自由发展走向政府监管,分业经营和分业监管得到强化。80年代金融自由化浪潮兴起,各国纷纷放松监管,90年代区域性金融危机频繁爆发,分业监管向统一监管、机构监管向功能监管转变。2008年国际金融危机再次引发对监管体制的全面反思和广泛讨论,开启了以加强宏观审慎管理、强化中央银行监管职能、维护金融体系整体稳定为核心的新一轮改革。全面梳理金融监管体制改革的国别实践和基本脉络,深入剖析经验教训,客观认识改革方向,对于进一步完善我国金融监管体制、适应金融业改革创新步伐具有重要意义。

一、金融监管体制改革的国际实践

(一)英国

英国在金融领域长期奉行自由主义政策。1946年《英格兰银行法》规定,经财政部批准,英格兰银行可对银行的经营行为进行指导,但并未付诸实践。随着20世纪50至60年代经济好转,金融市场迅速发展,金融机构开始大量吸收批发性存款,资产负债迅速膨胀。1973年首次出现证券公司和一大批中小银行的流动性危机,英国才深刻体会到加强金融监管的重要性。1979年《银行法》颁布,正式赋予英格兰银行金融监管权。同年,《存款人保护法》颁布,金融监管逐步走上正轨,建立起分业监管格局(见图1)。

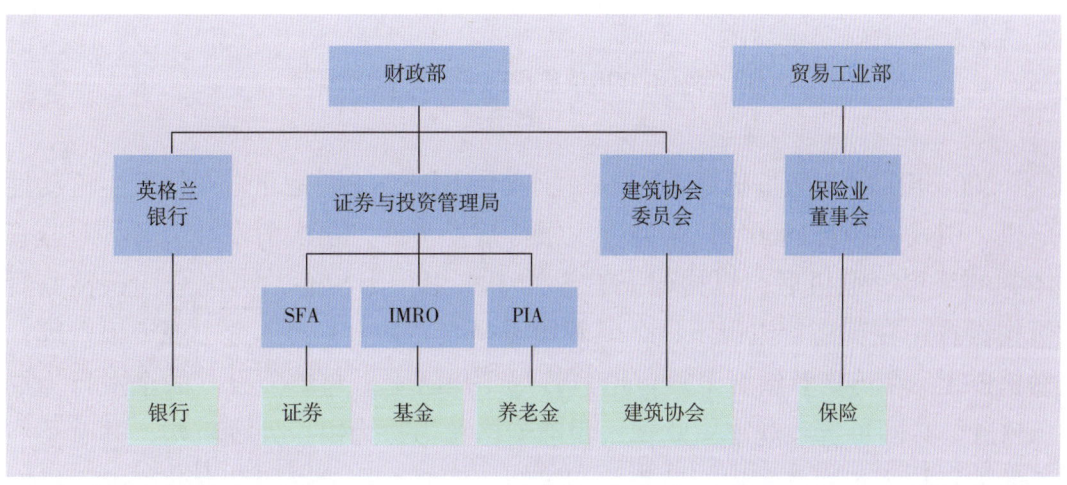

注:SFA(证券与期货管理局)、IMRO(投资管理监管组织)、PIA(私人投资监管局)为证券与投资管理局下设的3家行业自律组织。

图1 英国的分业监管框架

为配合国企私有化改革，撒切尔政府1986年启动金融"大爆炸"改革，英国商业银行纷纷收购证券经纪商，涌现出一批金融集团，分业监管越来越不适应综合经营的发展需要。1991年国际商业信贷银行破产、1995年巴林银行破产等事件进一步引发公众对监管有效性的强烈质疑，1997年工党执政后立即推动改革。1998年修订后的《英格兰银行法》赋予英格兰银行货币政策独立性，并将其对存款类机构的监管职责划归证券与投资管理局，但仍保留金融稳定职责。2000年《金融服务法》实施，2001年统一监管机构——金融服务局（FSA）正式成立，负责对银行、证券、保险业金融机构实施审慎监管，统一监管体制得以确立（见图2）。为加强监管合作，财政部、英格兰银行、FSA签订了谅解备忘录，设立三方委员会，财政大臣任主席。财政部负责金融监管体系的设置和相关立法，以及与欧盟之间的谈判和协调。

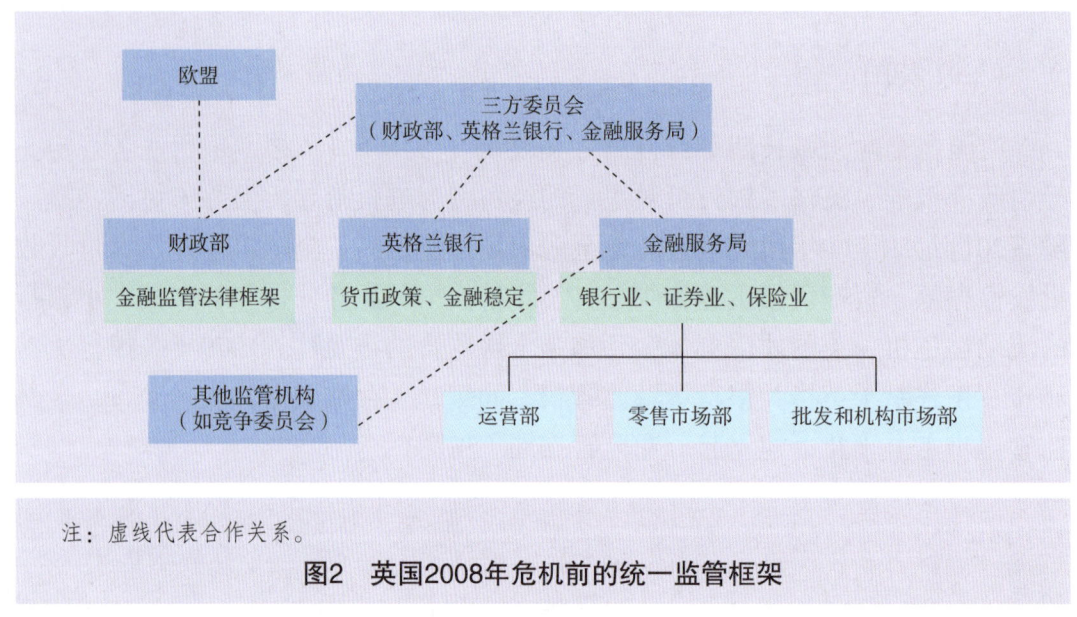

注：虚线代表合作关系。

图2 英国2008年危机前的统一监管框架

2008年国际金融危机令英国金融业遭受重创，特别是北岩银行发生流动性危机，引发英国自1866年以来的首次银行挤提事件，再次引发社会各界对监管体制的反思。危机后，以构建强有力的中央银行为核心，英国全面调整监管机构设置：在英格兰银行下设金融政策委员会（FPC），负责宏观审慎管理；撤销FSA，在英格兰银行下设审慎监管局（PRA），与单独设立的金融行为局（FCA）共同负责微观审慎监管；明确英格兰银行为银行处置机构，并赋予广泛的处置权力；建立多层次监管协调机制，明确英格兰银行和财政部在危机应对中的职责分工。2013年4月1日，新《金融服务法》生效，新的金融监管框架正式运行（见图3）。

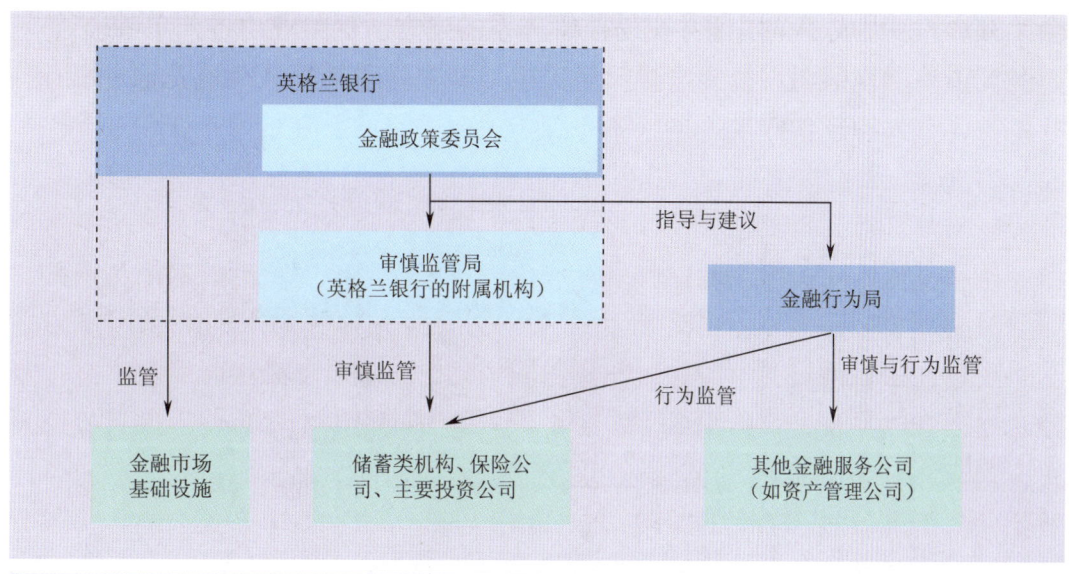

图3 英国现行金融监管框架

（二）美国

1791年，面对独立战争后严重的经济困境和债务危机，美国效仿英国成立了第一银行，实际行使中央银行职能，但因未获政治支持于20年期满后关闭。1817年成立的第二银行也于期满后停业，银行业从此进入长达30年的自由竞争时代，州政府各自为政。随着各州银行数量暴增、内部竞争恶化，银行挤兑和破产不断发生，美国联邦政府在内战期间甚至难以有效调运资金，凸显政府统一货币流通和银行监管的必要性。1864年颁布《国民银行法》，成立货币监理署（OCC）对在联邦政府注册的国民银行进行监管，形成联邦政府和州政府双层监管格局。

20世纪初，美国频繁爆发金融危机，特别是1907年银行危机导致信用支付体系近乎瘫痪。为维护金融稳定，1913年《联邦储备法》颁布，美国联邦储备委员会（FED，以下简称美联储）成立，负责执行货币政策、监管银行业、建立全国支付清算系统、行使最后贷款人职能。由于大部分州银行不愿成为美联储会员，美联储最初在银行监管中没有发挥实质作用。"大萧条"后，1933年颁布《格拉斯—斯蒂格尔法》，要求投资银行和商业银行业务严格分离，确立了分业经营体制，相应建立起分业监管体制（见图4）。1956年《银行控股公司法》明确由美联储监管全部银行控股公司，此外，联邦层面的银行业监管机构还包括货币监理署、联邦存款保险公司（FDIC）、储贷监理署（OTS）和国家信用社管理局（NCUA）。证券业最初由各州监管，1934年设立证券交易委员会（SEC），促成了全国证券交易监管体系的建立。保险业由各州单独监管。

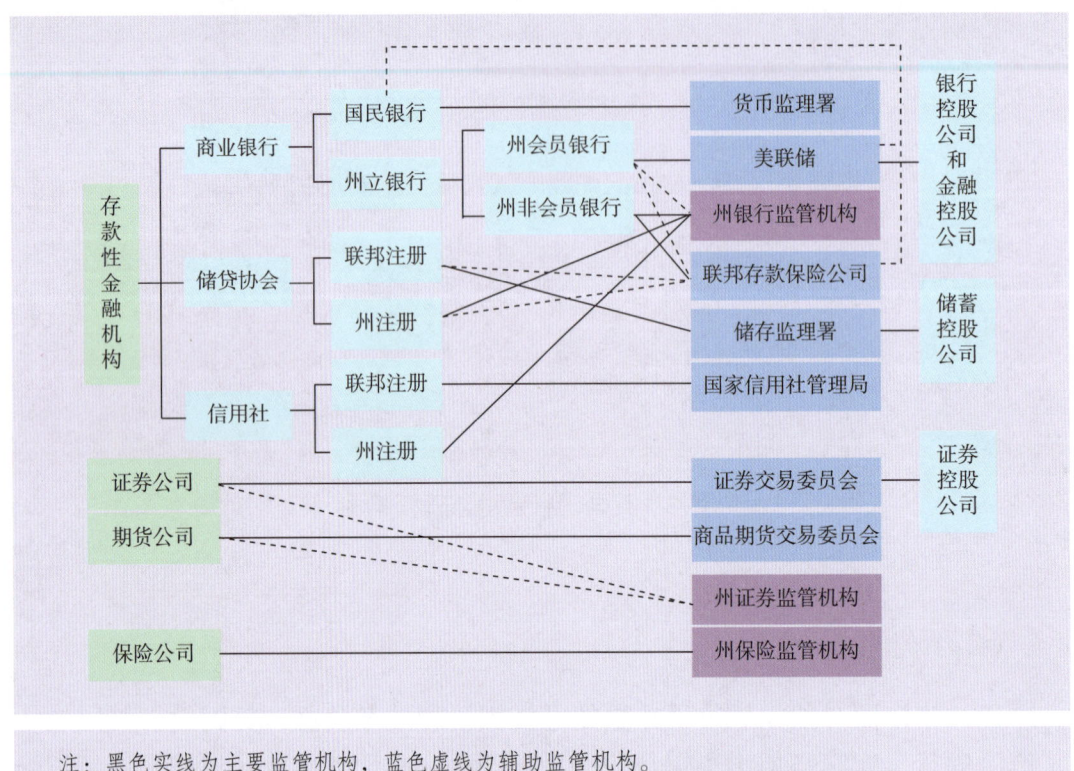

注：黑色实线为主要监管机构，蓝色虚线为辅助监管机构。

图4　美国2008年危机前的金融监管框架

20世纪80年代，经济全球化和金融自由化浪潮兴起，英国、德国、日本等国纷纷放松对金融机构综合经营的限制，美国金融业面临巨大的竞争压力，开始逐步扩展商业银行的业务范围。1996年，美联储允许银行控股公司设立证券业关联公司，并将证券业务收入占比上限提高至25%，《格拉斯—斯蒂格尔法》实质上失效。1999年《金融服务现代化法》颁布，允许管理和资本状况良好的银行控股公司转化为金融控股公司开展银行、证券、保险等各类业务，正式确立金融业综合经营体制。与之相适应，建立了伞形监管体制，美联储对金融控股公司进行整体监管，相应监管机构按照业务类型监管子公司。

2008年国际金融危机后，美国于2010年7月颁布《多德—弗兰克华尔街改革和消费者保护法案》，重塑和加强美联储的监管职责，强化金融稳定体制框架（见图5）：设立金融稳定监督委员会（FSOC），负责识别和防范系统性风险，加强监管协调；美联储负责对具有系统重要性的银行、证券、保险、金融控股公司等各类机构以及金融基础设施进行监管，牵头制定更加严格的监管标准；美联储内部设立相对独立的消费者金融保护局（CFPB），统一行使消费者权益保护职责；美联储与联邦存款保险公司共同负责系统性风险处置。同时，将场外衍生品、对冲基金、私募基金纳入监管范围；在财政部下设联邦保险办公室；撤销储贷监理署，将其大部分职能并入货币监理署。

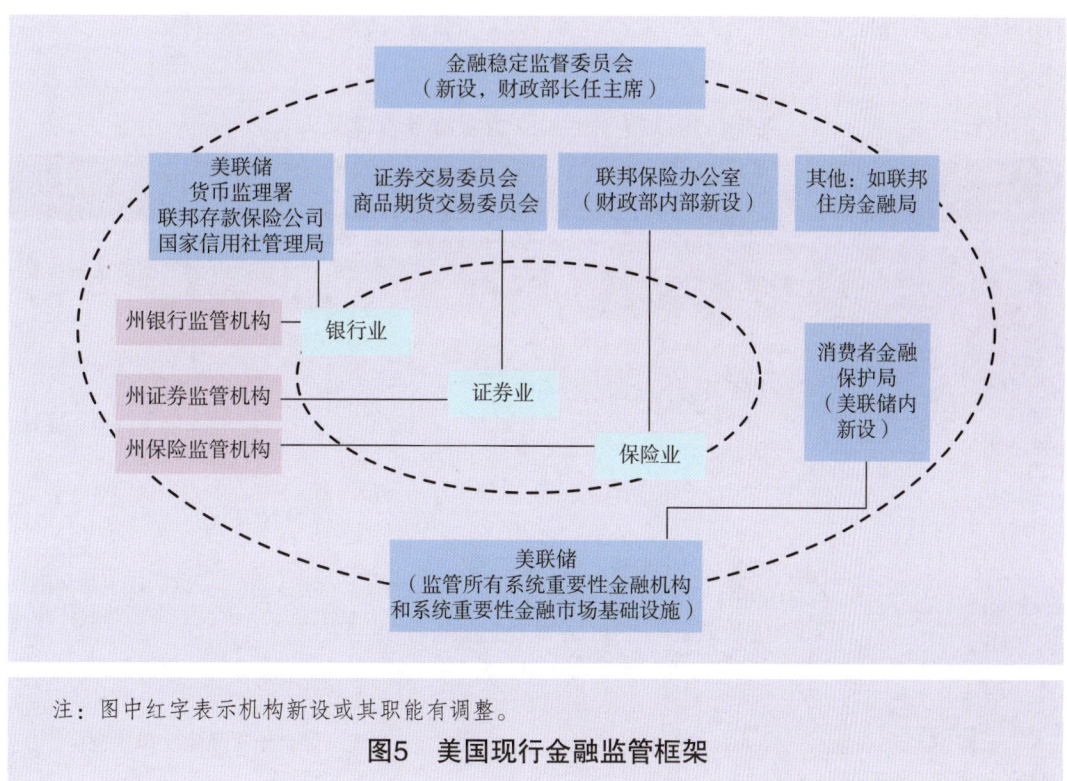

注：图中红字表示机构新设或其职能有调整。

图5　美国现行金融监管框架

（三）欧盟

第二次世界大战后，欧洲国家开始建立更加紧密的经济金融联系，1967年成立欧共体。1991年，欧共体首脑会通过《马斯特里赫特条约》，正式成立欧盟，此后着手建立欧洲经济货币联盟：第一，逐步取消成员国的一切资本管制；第二，1998年设立欧洲中央银行（欧央行），统一各国货币政策；第三，1999年1月欧盟国家开始实行单一货币欧元，2002年7月欧元成为欧元区唯一合法货币。鉴于统一的金融市场尚不完备，且货币政策与金融监管分离的呼声很高，成员国保留了各自的金融监管权。

随着欧洲经济货币联盟的推进，统一金融监管标准、加强监管协调的重要性日益凸显。1985年，欧共体首脑会通过《建立共同市场白皮书》，在金融监管领域采用"相互承认"和"最低限度协调"原则。1989年，欧共体理事会颁布《第二号银行指令》，在银行监管领域推行单一银行执照原则和母国控制原则。1999年，欧盟委员会颁布《金融服务行动计划》，覆盖银行、保险、证券、综合经营、支付清算、会计准则、消费者保护等诸多方面，为消除跨国金融服务限制、建立统一的金融监管体系奠定了基础。2001年，欧盟委员会采纳欧央行行长莱姆法鲁西的建议，尊重各国之间立法原则和技术规则的差异，提出四层次金融监管框架（见表1），成为欧盟监管协调的主要基础。

表1　　　　　　　　莱姆法鲁西框架下的欧盟金融监管体系

	机构	职责
第一层次	欧盟理事会、欧盟委员会、欧盟议会	按照立法程序制定欧盟层面的金融监管指令与规则
第二层次	管理委员会：欧洲银行委员会（EBC）、欧洲证券委员会（ESC）、欧洲保险和职业养老金委员会（CEIOPS）、金融联合委员会（FCC）	按照第一层次的法律，制定与市场监管一致的技术性条款
第三层次	监管委员会：欧盟银行监管委员会（CEBS）、欧盟证券监管委员会（CESR）、欧盟保险与职业养老金监管委员会（CEIOPS）	在第一层次、第二层次法律规章基础上，促进欧盟各国监管部门的合作和联系
第四层次	执行委员会	与成员国合作，强化法律法规执行

2008年国际金融危机重创欧洲金融市场，继而引发欧洲主权债务危机。欧盟2010年通过《泛欧金融监管改革法》，全面改革监管体系（见图6），并于2012年着手构建涵盖单一监管、单一处置、存款保险机制的欧洲银行业联盟，欧央行的职能从单一的货币政策向金融稳定延伸：在欧央行下设系统性风险委员会（ESRB），负责宏观审慎管理，识别评估风险隐患，向三个新设的微观审慎监管机构——银行业监管局（EBA）、证券和市场监管局（ESMA）、保险和职业养老金监管局（EIOPA)以及各成员国、各国监管机构提出警告或建议，成立专门检查小组评估建议采纳情况；银行业单一监管机制明确，欧央行直接监管欧元区资产总额300亿欧元以上、或占国内GDP 20%以上的120家大型银行，必要时可接管中小银行并采取早期干预措施；银行业单一处置机制提出，欧央行、欧盟委员会、各成员国共同成立单一处置委员会，负责欧元区内银行的关闭重组，分析和决定救助工具的类型及欧洲处置基金的运用方式。

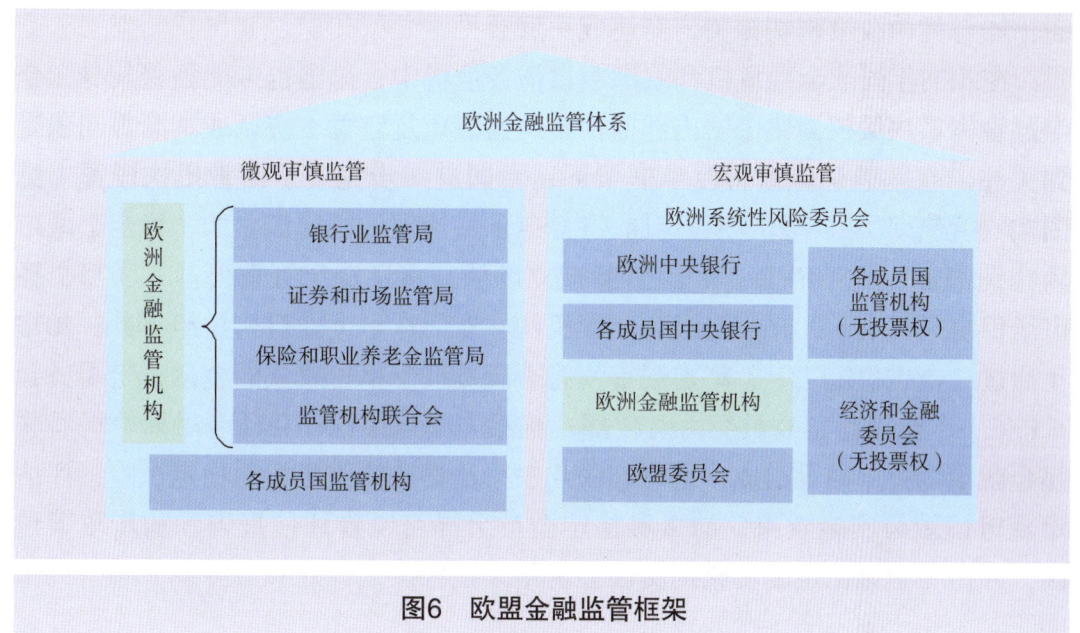

图6 欧盟金融监管框架

（四）德国

德国作为欧洲经济强国，金融监管体制经历了由分业监管到统一监管的过程。德国自19世纪50年代起就实行全能银行制度，最初监管十分有限，1931年爆发银行业危机后，1934年制定了首部银行法，首次引入官方监管。"二战"后，联邦德国金融业按照美国模式实行分业经营，德意志银行、德累斯顿银行、德国商业银行三大全能银行也被拆分为30家小银行，但随着国民经济的快速恢复，产业部门资金需求急剧膨胀，20世纪50年代末三大银行又分别重新组合起来并涉足多种业务。联邦德国1957年颁布《德意志联邦银行法》，赋予中央银行——德意志联邦银行货币政策和银行监管职责。1961年颁布《联邦银行法》，在财政部下设联邦银行监管局。此后财政部又分别设立联邦保险监管局和联邦证券交易监管局，分业监管制度逐步建立。

1990年两德统一后，在东部引入竞争机制和全能银行制度。为适应全能银行的发展需要，德国于2002年颁布《金融监管一体化法》，成立联邦金融监管局（BaFin），对银行、证券、保险业金融机构进行统一监管。同时，德意志联邦银行广泛参与金融监管：独立负责金融业信息统计，联邦金融监管局无权单独向金融机构征集数据信息；利用网点优势，参与金融机构日常监管，与联邦金融监管局共享信息，联合开展压力测试、现场检查；派代表参加联邦金融监管局下设的管理委员会，监督联邦金融监管局管理层，决定其预算并对专项监管任务提出建议；联邦金融监管局发布监管法规需事先与德意志联邦银行协商，如与货币政策密切相关，需达成一致意见。

在2008年国际金融危机和欧洲主权债务危机中，德国也未能独善其身，金融监管体系决策权力集中、内部监控不严格、重复监管、协调成本高等问题受到关注。在欧盟金融监管改革框架下，德国进一步完善了监管机构设置（见图7）：设立联邦金融市场稳定局（FMSA），管理危机后成立的"稳定金融市场特别基金"（SOFFIN），监管新成立的两家不良资产管理公司，联邦金融市场稳定局计划于2016年升级为监管机构，专门从事金融机构重组事务；2013年通过《金融稳定法》，将宏观审慎管理职责授予单独成立的金融稳定委员会（FSC），金融稳定委员会由财政部、德意志联邦银行、联邦金融监管局、联邦金融市场稳定局等组成，德意志联邦银行负责持续监测金融稳定风险，评估宏观审慎政策实施效果，向金融稳定委员会提交风险评估报告和初步政策建议，并撰写金融稳定委员会提交议会的年度报告。

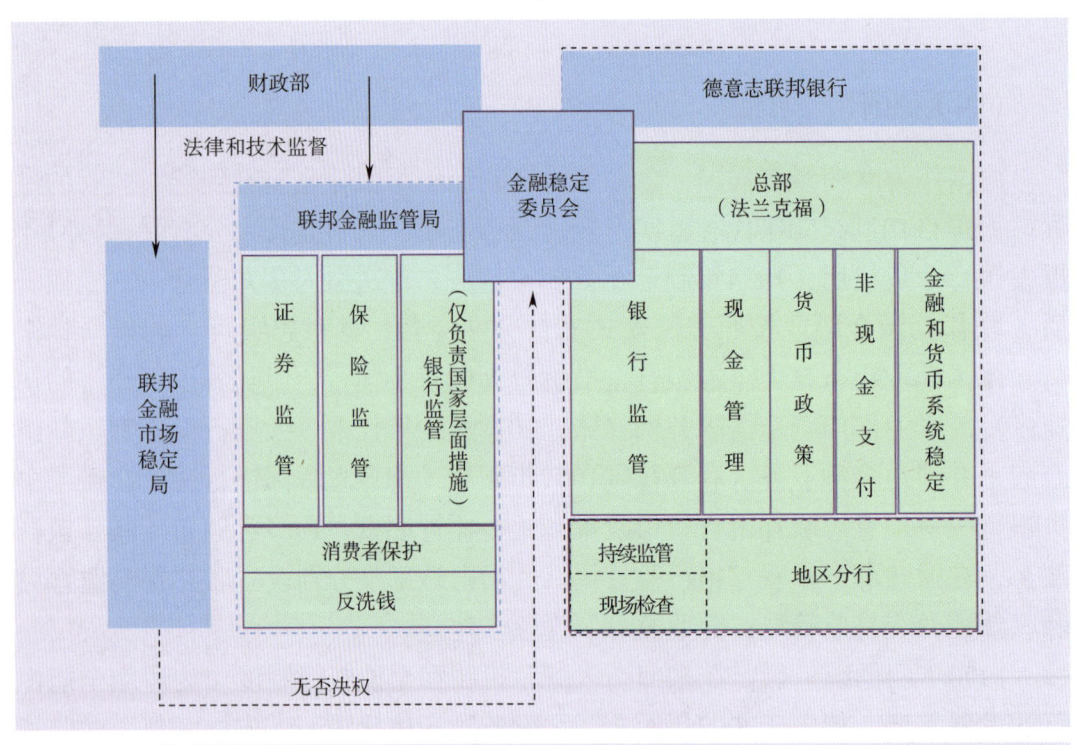

图7 德国金融监管框架

（五）澳大利亚

20世纪80年代之前，澳大利亚实行严格的金融管制。80年代初，为提高金融服务效率和金融机构竞争力，澳大利亚开始推行金融自由化改革，减少银行准入障碍，取消对银行经营的直接控制，取消外汇管制，开放金融市场。金融监管由联邦和州两层体系构成：联邦层面，在财政部下主要有4家监管机构——储备银行（RBA）、证券委员会（ASC）、保险和养老金委员会（ISC）、竞争和消费者委员会（ACCC）；在州层面，澳大利亚金融机构委员会和各州监管机构建立了金融机构监管机制，对信用社和建筑协会进行监管。

20世纪80年代后期，金融自由化改革的负面影响开始显现，股票市场大幅动荡，国际收支持续赤字，90年代大批金融机构不良贷款激增，同时金融业综合经营渐成趋势，机构监管模式下监管真空、标准不一等问题凸显。1997年3月，综合考虑成本、效率、可行性等因素，金融体系调查委员会提出金融监管体制改革方案，在拆分、整合原有联邦和州监管机构的基础上成立审慎监管局（APRA）及证券和投资委员会（ASIC），形成机构监管与行为监管相结合的"双峰监管"体制（见图8）。一"峰"，即审慎监管局，从防范风险的角度对金融机构进行审慎监管，确保金融体系安全。另一"峰"，即证券和投资委员会，针对金融机构的市场行为进行合规监管，保护金融消费者合法权益。财政部负责监管协调，提名储备银行行长以及审慎监管局、证券和投资委员会董事会成员。储备银行作为中央银行，下设储备银行理事会和支付体系理事会，分别负责货币政策的制定实施和支付体系的安全运行，确保金融稳定。

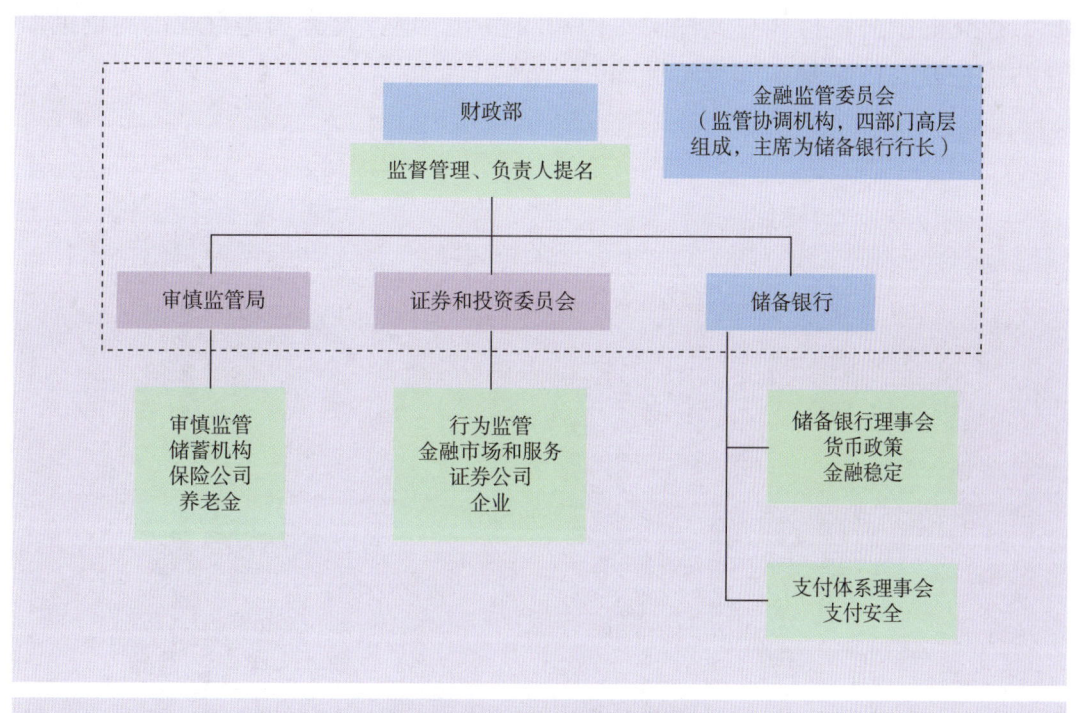

图8　澳大利亚金融监管框架

2008年国际金融危机后,澳大利亚启动金融体系调查,认为需要从以下方面完善"双峰监管"架构:建立监管问责机制,成立金融监管评估理事会(FRAB)对监管机构履职情况进行年度审查和评估;充实证券和投资委员会的履职工具,赋予其对金融产品的早期干预权和必要的市场准入职责;定期分析和评价金融监管对金融业竞争的影响,适当降低国内外机构的准入标准;加强监管能力建设,采取三年预算制,为监管机构提供稳定充足的资金,以具有竞争力的薪酬水平吸引高素质的专业人才。

(六)日本

日本在"二战"后延续了政府主导的金融监管体制,大藏省对金融体系进行行政性管理,并可对中央银行——日本银行下达业务命令。20世纪70年代后期,日本开始实施以利率市场化和放松管制为主的金融自由化改革。90年代初泡沫经济破灭后,1996年启动"大爆炸"式的全面金融改革计划,不久受亚洲金融危机冲击,出现金融机构破产潮,改革聚焦到金融监管组织结构问题上。1997年通过新《日本银行法》,提升日本银行独立性,削弱大藏省的金融控制权,成立金融服务厅(FSA)统一监管金融业。日本银行的主要职责是维护物价稳定和金融稳定,可与在日本银行开设存款账户的金融机构签订《检查协议书》,实施现场检查,督促加强风险管理。到2001年,以金融服务厅为核心、独立的中央银行和存款保险机构共同参与、地方财务局等行政部门辅助监管的统一监管体制基本形成(见图9)。

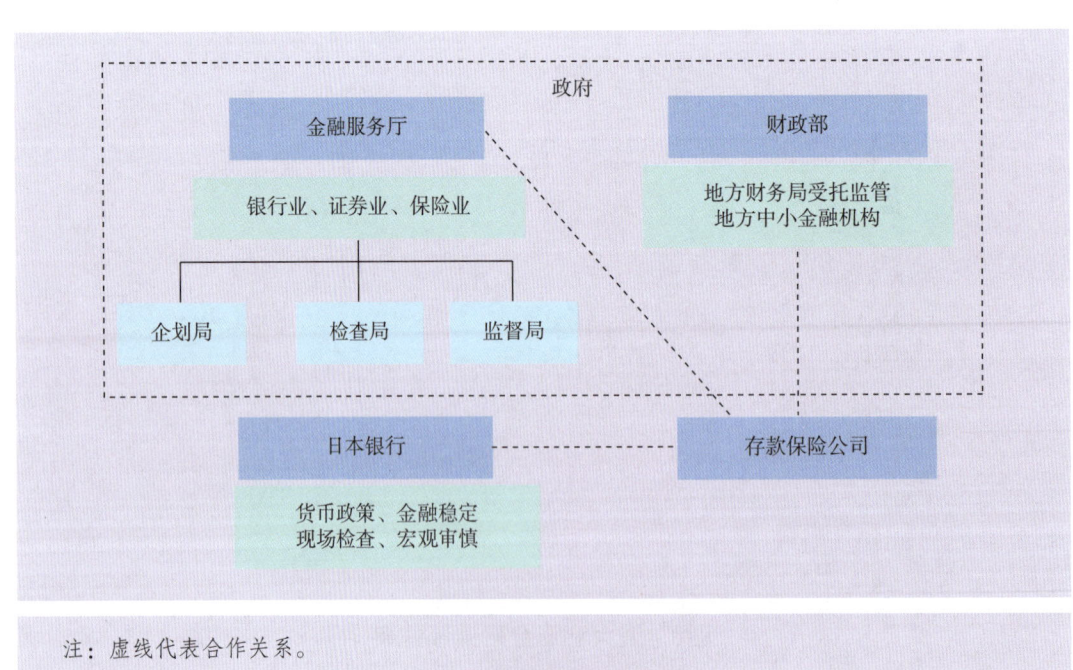

注:虚线代表合作关系。

图9 日本金融监管框架

日本在2008年国际金融危机后强化了中央银行的宏观审慎管理职能，2011年发布《日本银行强化宏观审慎管理的方案》：将宏观审慎管理与现场检查、非现场监测相结合，参考金融机构对金融体系的影响力设定检查频率和范围；定期发布《金融体系报告》，通过宏观压力测试、模型设计等方法识别金融体系与实体经济、非银行体系与银行体系的相互关联和作用；通过发放无抵押贷款等方式及时为金融机构提供必要的流动性支持，更好地发挥最后贷款人职能，确保金融稳定；从宏观审慎视角出发增强货币政策有效性，加强对经济状况和物价水平的预测，同时甄别、评估与货币政策执行相关的风险因素。

（七）韩国

从1961年开始，为支持经济发展五年计划，韩国政府开始直接管制金融，监管职能分散在财经部、韩国银行、银行监督院、保险监督院、证券监督院等部门。20世纪80年代后，韩国减少对金融市场的行政干预，金融业综合经营迅速发展，分业监管的体制漏洞日益明显。1997年亚洲金融危机后，韩国借鉴英国经验建立统一监管体制，增强韩国银行的独立性，并将金融监管职能集中于新成立的、直属国务院的金融监督委员会（FSC），但财经部保留了金融政策制定权。金融监督委员会下设金融监督院（FSS）和证券期货委员会（SFC），分别负责对金融机构和资本市场的监管。韩国银行专司货币政策职能，保留有限的间接监管职能，如可要求与金融监督院共同调查金融机构。同时，成立存款保险公司(KDIC)，赋予其对全部金融机构的检查监督权。

国际金融危机后，韩国对金融监管框架再次作出调整。2008年，将FSC与财经部的金融政策司合并为金融服务委员会（FSC），统一行使金融监管和金融政策制定权，并将韩国金融情报机构（KOFIU）并入其中，由其负责反洗钱和反恐怖主义融资行动。鉴于韩国银行对维护金融市场稳健运行、应对危机的重要性，修订《韩国银行法》，明确赋予其维护金融稳定职能，扩大其监管职权，并进一步丰富其政策工具，包括将信息收集范围从全国性商业银行扩展至所有金融机构，将无合格抵押品的金融机构也纳入紧急流动性支持范围，将证券拆借纳入公开市场操作工具等。

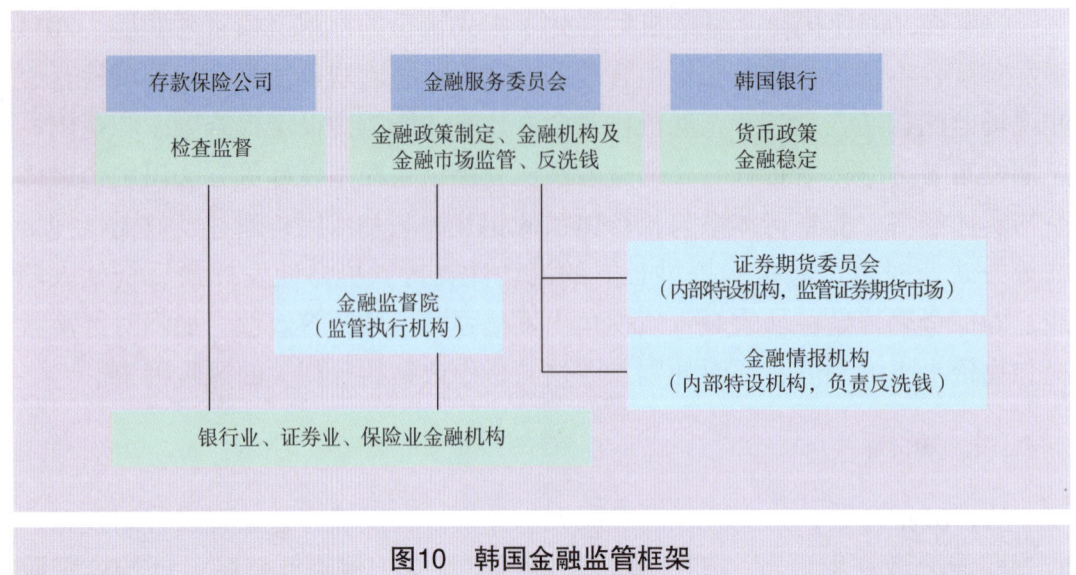

图10 韩国金融监管框架

二、国际金融危机暴露的监管缺陷

从主要发达经济体金融监管体制改革的实践看,金融危机始终是改革的直接推动力。2008年的国际金融危机再次暴露了已有金融监管框架和金融运行模式的不足,国际社会的讨论和反思广泛而深入。

过于宽松的监管环境滋生新的系统性风险。从世界范围看,金融业一直存在"危机—加强监管—金融创新—放松管制—新的危机"的循环。20世纪80年代以来的金融自由化显著扩大了弱监管或无监管的金融业务范围,各类复杂的场外结构性金融产品,对冲基金、特殊目的实体,以及其他私人资金池等非传统金融产品和业务迅猛发展,信息披露不足,高风险特征难以被清晰认知,与传统金融体系盘根错节,且存在监管松散甚至监管空白,成为系统性风险的重要来源。因此,要把握好金融监管的尺度,平衡好增强金融机构竞争力和防范金融风险之间的关系,避免重蹈覆辙。

微观审慎监管难以确保金融体系整体稳定。危机前占据主流的微观审慎监管理论认为,只要对单个金融机构的监管得当,确保其运营平稳,宏观金融体系就可以保持稳定,因此中央银行无须介入微观监管。危机表明,金融风险的外部性使得个体理性可能导致集体非理性,必须从总体上关注金融行业之间以及金融市场与宏观经济的密切联系,从跨机构和跨时间两个维度防范系统性风险,建立逆周期的宏观审慎管理制度。中央银行的宏观视角、管理经验、资源优势,支付清算功能,以及最后贷款人职能使其处于独特地位,应在宏观审慎管理中发挥重要作用。

隔离货币政策和金融监管不利于金融稳定。危机前,学术界普遍认为,中央银行的首要目标是维护物价稳定,货币政策应该保持独立,将货币政策和金融监管职责集于一身容易导致角色冲突。危机表明,币值稳定并不代表金融稳定,中央银行仅关注货币政策是不够的,金融稳定也是中央银行的天然职责。而中央银行难以仅依靠利率政策工具实现物价稳定和金融稳定双重目标,常规的宏观经济政策与审慎监管工具之间具有内在的密切联系,需要两者之间的协调配合以有效维护金融稳定。

金融监管体系权力分散严重影响危机应对。识别系统性风险、有效应对金融危机有赖于真实、完整的数据和信息。在权力分散的监管体制下,各行业数据被分割,信息共享不充分,协调合作不畅,中央银行与监管部门的沟通与协调成本大量增加,使中央银行难以及时、准确、全面地获取金融业信息,影响其行使最后贷款人职能,最终影响了对危机形势的准确判断和救助措施的及时出台。在美国,包括美联储在内的任何一家监管机构都不掌握金融体系的全面信息,难以评估金融体系的相互关联和影响程度。在英国,财政部、英格兰银行、金融服务局的职责分工不清晰、信息共享不及时、协调合作效率不高,以致未能及时采取有效措施平息北岩银行挤兑事件。

三、国际金融危机后的监管体制改革方向

危机后的国际金融监管体制改革,突出体现为建立以防范和化解系统性风险为目标的宏观审慎管理制度,完善审慎监管和行为监管相结合的微观审慎管理制度,同时促进二者的相互补充和协调。

建立宏观审慎管理制度,强化中央银行的金融稳定和金融管理职能。英国等部分将金融监管权从中央银行剥离的国家,在危机后又重新赋予并扩大了中央银行的金融监管职能。危机前,90%的中央银行承担着维护金融稳定和监督金融体系的主要职责,但只有约三分之二的国家将此职责以法律形式予以明确。2009年以来,有60多个国家和地区在修订中央银行法时明确其承担金融稳定职能,使该比例达到了五分之四。同时,全球成立了30余个跨部门的宏观审慎政策委员会,中央银行均参与其中并发挥关键作用,其承担的金融稳定目标和宏观审慎管理职责更加明确。以美国为例,目前普遍认为,美联储与美国金融稳定监督委员会目标一致,即识别并应对可能危及美国金融体系稳定的风险。

制定更加严格的审慎监管标准，完善金融基础设施建设。 在二十国集团引领下，以金融稳定理事会为平台，巴塞尔银行监管委员会等主要监管标准制定机构不断改进金融监管标准。强调单个机构对于金融体系稳定的重要性，通过提高资本、流动性、公司治理等监管标准，保证单个金融机构的稳健性。推动以"业务隔离"为核心的银行业结构改革，限制开展高风险业务，使银行的组织架构更加清晰透明，确保风险可控。加强影子银行和金融衍生品交易监管，强化金融基础设施建设，完善会计准则，推动评级机构改革。

设置金融消费者权益保护机构，更加注重行为监管。 危机后，"双峰监管"模式得到更多认同。英国设立了独立的金融行为局，从体制上实现了金融消费者保护与审慎监管职能的分离，美国也在美联储内部新设了消费者金融保护局。分设审慎监管和行为监管机构的考虑主要是二者的目标和监管手段不同：审慎监管旨在确保金融机构稳健运行，主要依靠监督和检查；行为监管旨在保护金融消费者权益，主要依靠规则制定和遵守。分设的优势在于，对金融机构和金融消费者的利益保护都更加透明，审慎监管关注风险监测和管理，而行为监管重在营销行为的披露，二者相互促进，互为补充。对不同金融部门的产品和服务适用统一的行为规范，也有利于提高监管效率，避免监管套利。

我国现行监管体制总体运行良好，符合经济金融发展的阶段特点和要求，但随着金融业改革创新步伐的不断加快，监管真空、监管套利、监管掣肘等问题也日益显现。顺应国际金融监管体制改革新趋势，适应国内经济发展新常态，需要进一步完善金融监管体制，把处理好货币政策、金融监管和金融稳定之间的关系作为出发点，以防范和化解系统性风险为目标，加快构建金融宏观审慎管理制度框架，完善中央银行的金融稳定职能和手段，进一步发挥金融监管协调部际联席会议制度的作用，创新差别准备金动态调整等逆周期调控机制，提高系统重要性金融机构的监管标准，构建统一的危机管理和风险处置框架。界定好监管与市场、监管与宏观调控、监管与金融机构之间的关系，厘清监管职能和行业发展职能的界限，突出监管核心目标。促进机构监管与功能监管相结合，及时确定新业务、新产品、新市场的监管主体，明确监管规则，减少监管真空和套利。同时，加强与国际组织和有关国家金融监管政策的协调与合作，积极参与国际金融监管标准和规则的研究制定，全面提升影响力和话语权，并推动相关标准在国内实施，树立主动严格执行国际标准的良好形象。

专题三

银行业压力测试

一、压力测试基本情况

2014年底,人民银行组织我国28家资产规模在4 000亿元以上的商业银行开展了2015年度金融稳定压力测试。此次压力测试包含信用风险压力测试、市场风险压力测试和流动性风险压力测试,目的是基于2014年底28家商业银行的资产负债表等数据,评估商业银行在不利冲击下的稳健性状况。

测试范围。此次测试涵盖大型商业银行、中型商业银行和小型商业银行共28家。在本文中,大型商业银行定义为2014年末资产规模超过6万亿元的商业银行,包括工商银行、农业银行、中国银行、建设银行、交通银行和邮储银行。中型商业银行为资产规模超过1万亿元且小于6万亿元的商业银行,包括招商银行、浦发银行、兴业银行、中信银行、民生银行、光大银行、华夏银行、广发银行、平安银行、北京银行、上海银行和江苏银行。小型商业银行为资产规模小于1万亿元的商业银行,包括浙商银行、渤海银行、恒丰银行、宁波银行、南京银行、天津银行、重庆农商行、北京农商行、成都农商行和上海农商行。

测试方式。本次压力测试以外部测试和内部测试两种方式展开,外部测试以28家商业银行为考察对象,由各商业银行根据给定口径提交数据,人民银行汇总后实施;内部测试主要考察单家商业银行或不同组别商业银行的风险状况,各商业银行自行开展测试并由人民银行对结果进行汇总和分析。

测试方法。信用风险压力测试采用敏感性压力测试和情景压力测试两种方法,敏感性压力测试直接考察重点领域信用敞口质量恶化的影响;情景压力测试测算银行体系的整体不良率和资本充足率在宏观经济下行时的变化情况。市场风险压力测试主要考察利率或汇率波动对商业银行资本充足率的影响。流动性风险压力测试测算政策因素和宏观经济因素对商业银行流动性比例的影响。

压力情景[①]。信用风险情景压力测试选择GDP增长率、M_2增长率、房价降幅和CPI涨幅4个压力指标来表征宏观经济下行的情景。信用风险敏感性压力测试以整体信贷资产和7个重点领域的不良贷款率、违约或损失作为压力指标。银行账户利率风险压力测试分别以平移和收窄的存贷款利率作为压力指标;交易账户利率风险压力测试以人民币债券收益率作为压力指标。汇率风险压力测试以人民币/美元汇率作为压力指标。流动性压力测试的压力指标包括有价证券价格、不良贷款占比、存款规模和同业存款(拆入)规模。此次压力测试的

---

①需要特别指出的是,压力情景根据外部经济专家问卷调查结果设定,不代表人民银行对宏观经济的判断。

具体压力情景如表1所示。

表1　　　　　　　　　金融稳定压力测试情景设计

风险种类	测试类型	测试对象	压力情景
信用风险	情景压力测试	整体信贷资产	➢ 轻度冲击为GDP增长率下降至6.5% ➢ 中度冲击为GDP增长率下降至5.5% ➢ 重度冲击为GDP增长率下降至4% （M_2增长率、房价降幅和CPI涨幅根据专家意见综合设定）
	敏感性压力测试	整体信贷资产	➢ 轻度冲击为不良贷款率上升100%[①] ➢ 中度冲击为不良贷款率上升250% ➢ 重度冲击为不良贷款率上升400%
		地方政府融资平台	➢ 轻度冲击为不良贷款率增加5个百分点[②] ➢ 中度冲击为不良贷款率增加10个百分点 ➢ 重度冲击为不良贷款率增加15个百分点
		"两高一剩"行业	➢ 轻度冲击为不良贷款率增加10个百分点 ➢ 中度冲击为不良贷款率增加15个百分点 ➢ 重度冲击为不良贷款率增加20个百分点
		房地产贷款	➢ 轻度冲击为房地产开发贷款（含土地储备贷款）和购房贷款不良率分别增加5个百分点 ➢ 中度冲击为房地产开发贷款（含土地储备贷款）和购房贷款不良率分别增加10个和7个百分点 ➢ 重度冲击为房地产开发贷款（含土地储备贷款）和购房贷款不良率分别增加15个和10个百分点
		长三角地区贷款	➢ 轻度冲击为不良贷款率上升150% ➢ 中度冲击为不良贷款率上升300% ➢ 重度冲击为不良贷款率上升450%
		客户集中度	➢ 轻度冲击为前1家最大集团（法人）客户违约 ➢ 中度冲击为前2家最大集团（法人）客户违约 ➢ 重度冲击为前3家最大集团（法人）客户违约
		表外业务敞口	➢ 轻度冲击为发生垫款的表外业务敞口余额占比5% ➢ 中度冲击为发生垫款的表外业务敞口余额占比10% ➢ 重度冲击为发生垫款的表外业务敞口余额占比15%
		表内外理财产品敞口[③]	➢ 轻度冲击为表内外理财产品余额损失10% ➢ 中度冲击为表内外理财产品余额损失20% ➢ 重度冲击为表内外理财产品余额损失30%

① 假设初始不良贷款率为X%，则上升n%后不良贷款率为X%（1+n%）。
② 假设初始不良贷款率为X%，则增加n个百分点后不良贷款率为（X+n）%。
③ 根据理财产品的投资范围划分，此次压力测试对象为信贷类理财产品，不包括债券类、存款类、资本市场类信托以及境外代客理财等其他类型的理财产品。

续表

风险种类	测试类型	测试对象	压力情景
市场风险	利率风险压力测试	银行账户	利率平移风险： ➢ 轻度冲击为存贷款利率上升25个基点 ➢ 中度冲击为存贷款利率上升75个基点 ➢ 重度冲击为存贷款利率上升150个基点 利率基础风险： ➢ 轻度冲击为存款利率上升25个基点，贷款利率下降25个基点 ➢ 中度冲击为存款利率上升75个基点，贷款利率下降50个基点 ➢ 重度冲击为存款利率上升150个基点，贷款利率下降100个基点
		交易账户	➢ 轻度冲击为各种人民币债券收益率曲线上升100个基点 ➢ 中度冲击为各种人民币债券收益率曲线上升250个基点 ➢ 重度冲击为各种人民币债券收益率曲线上升350个基点
	汇率风险压力测试[①]	银行账户和交易账户	➢ 轻度冲击为人民币/美元汇率变化±10% ➢ 中度冲击为人民币/美元汇率变化±20% ➢ 重度冲击为人民币/美元汇率变化±30%
流动性风险	情景压力测试	银行账户和交易账户	➢ 轻度冲击为30日内到期贷款转为不良贷款的比率为4%，有价证券价格下跌4%，存款流失6%，同业存款和拆入规模下降10% ➢ 中度冲击为30日内到期贷款转为不良贷款的比率为7%，有价证券价格下跌7%，存款流失8%，同业存款和拆入规模下降30% ➢ 重度冲击为30日内到期贷款转为不良贷款的比率为10%，有价证券价格下跌10%，存款流失10%，同业存款和拆入规模下降50%

二、压力测试总体结论

（一）信用风险

银行体系对信用风险的抗冲击能力较强。 信用风险敏感性和情景压力测试结果均表明，我国商业银行资产质量和资本充足水平较高，以28家商业银行为代表的银行体系对宏观经济冲击的缓释能力较强，总体运行稳健。

信用风险敏感性压力测试显示，在整体不良贷款率上升400%的重度冲击下，银行体系的资本充足率将从13.02%下降至11.31%（见图1）。其中，大型商业银行下降1.88个百分点，中型商业银行下降1.46个百分点，小型商业银行下降0.97个百分点（见图2）。对于7个重点领域信用风险敞口，在轻度、中度和重度冲击下，银行体系的整体资本充足率均保持在较高水平，即使在重度冲击下，资本充足率也不低于10.5%。

[①] 汇率风险压力测试中的冲击指人民币对美元汇率产生变化，同时假定美元对其他货币汇率保持稳定。

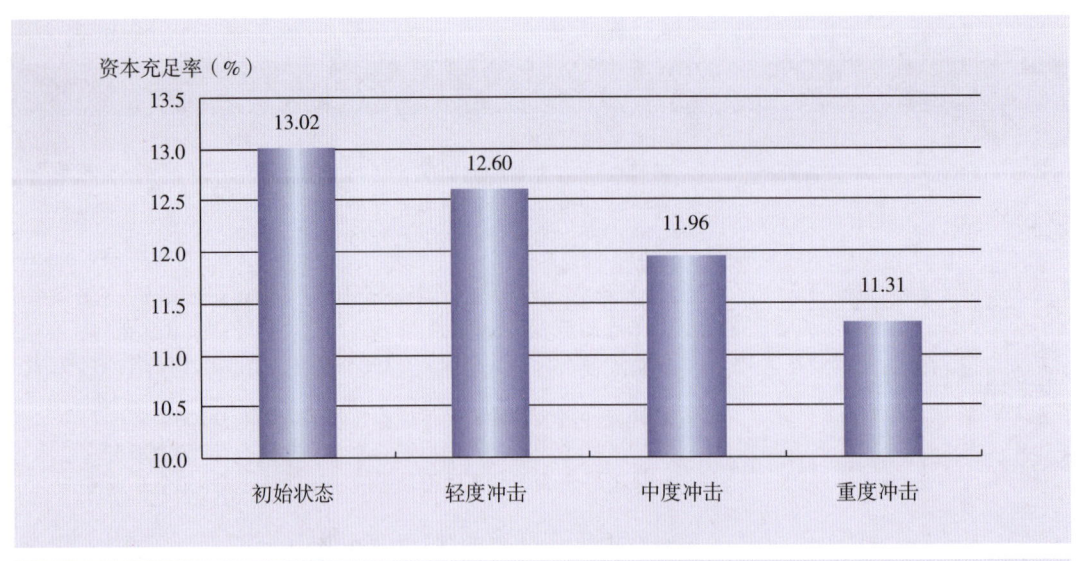

图1 整体信贷资产敏感性测试总体情况

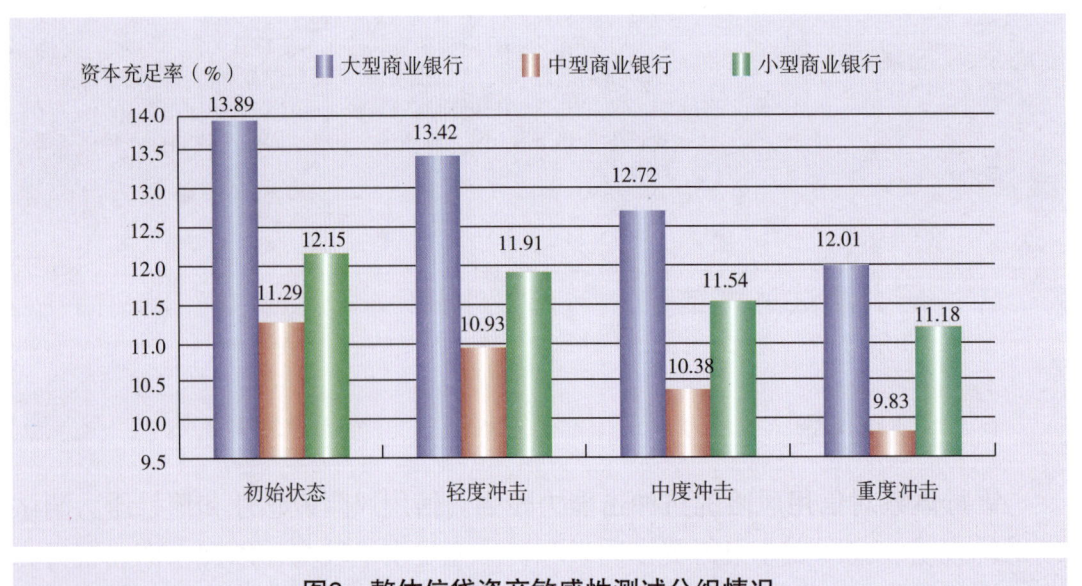

图2 整体信贷资产敏感性测试分组情况

信用风险情景压力测试显示,在轻度、中度和重度冲击下,银行体系的整体资本充足率将分别下降为12.64%、12.14%和10.97%。其中重度冲击对银行体系的影响较大,但冲击后的银行体系资本充足率水平仍较高,显示我国银行体系对宏观经济冲击的缓释能力较强、总体运行较为稳健。在初始状态,28家商业银行中资本充足率高于10.5%的有27家,而在轻度、中度和重度冲击下,分别变化为22家、17家和15家(见图3)。

专题三　银行业压力测试

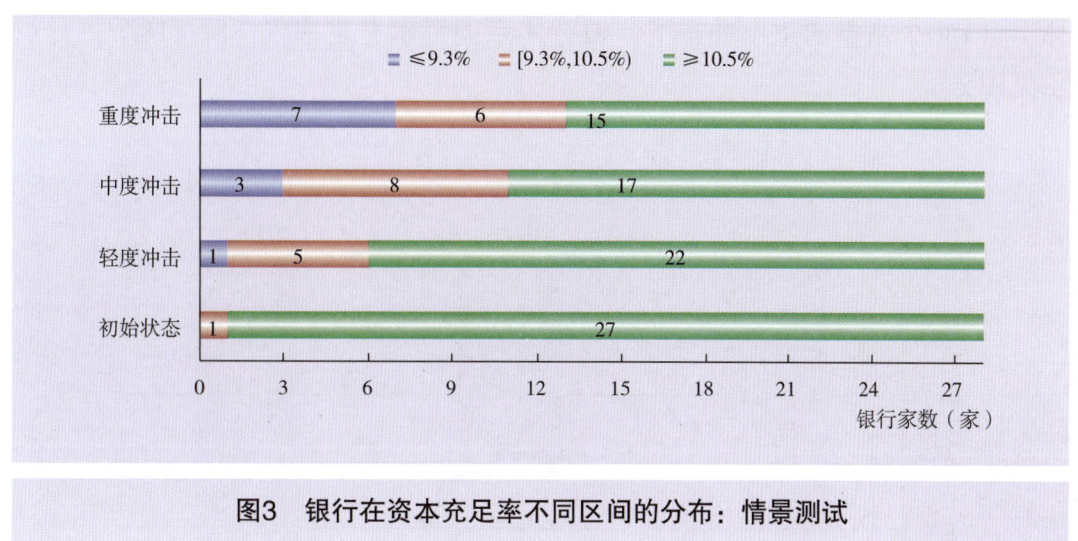

图3　银行在资本充足率不同区间的分布：情景测试

部分重点领域稳健状况值得关注。根据7个重点领域风险敞口测试结果，表外业务、房地产贷款、银行表内外理财等领域风险和集团客户集中度风险应当引起关注（见图4）。从测试结果的机构分布来看，由于资本充足水平、风险敞口大小及资产质量的不同，各商业银行的抗风险能力存在一定的差异。

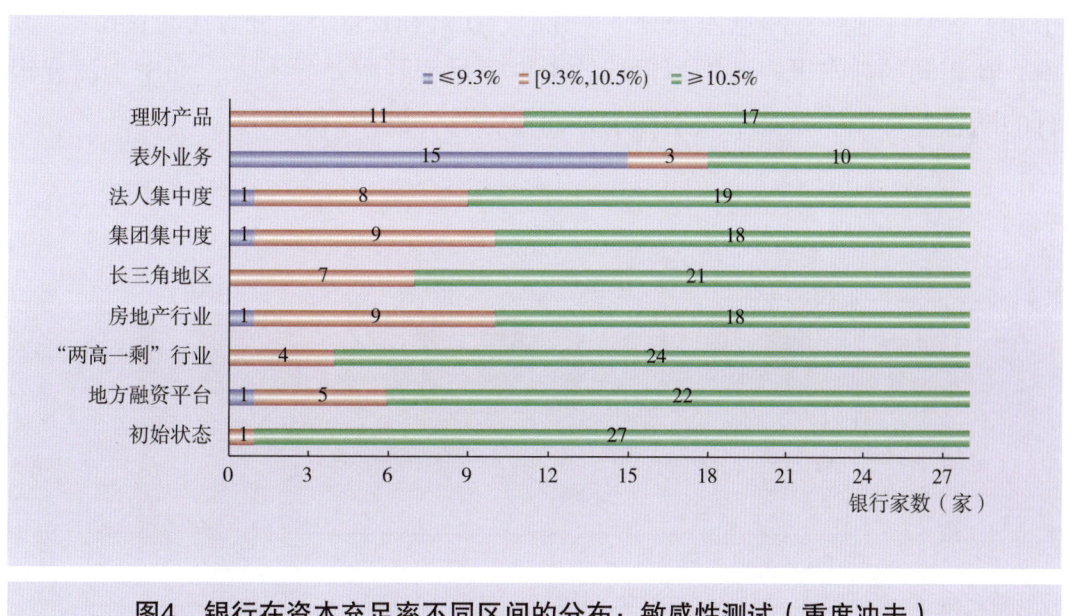

图4　银行在资本充足率不同区间的分布：敏感性测试（重度冲击）

（二）市场风险

利率平移风险对银行账户影响较小。压力测试结果表明，在存贷款利率整体上升150个基点的重度冲击下,银行体系的资本充足率仅下降0.18个百分点(见图5)。

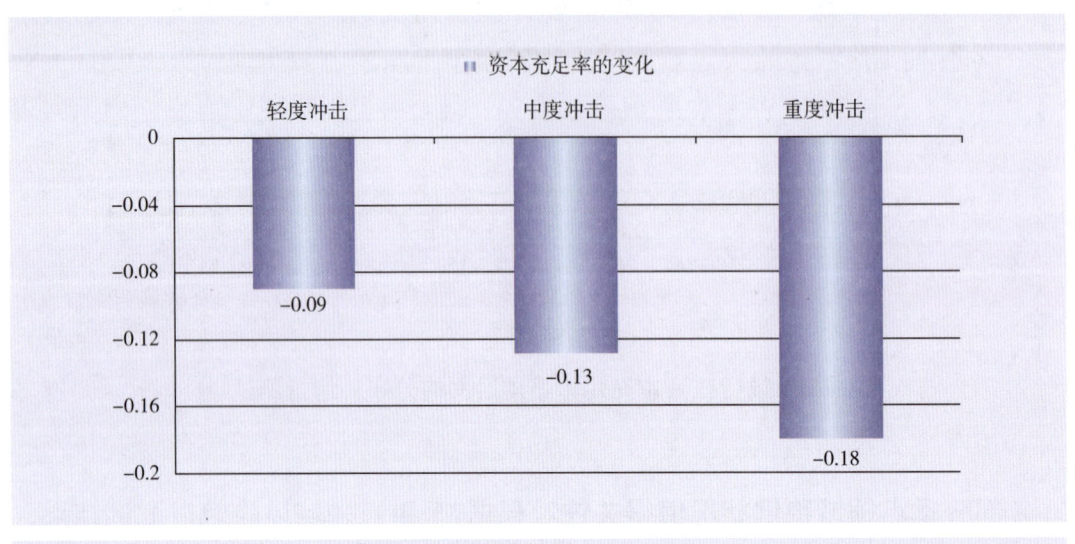

图5 银行账户利率平移风险

银行账户利率基础风险基本可控。当存款利率上升、贷款利率下降时,在轻度、中度和重度冲击下,银行体系的整体资本充足率分别下降0.53个、1.26个和2.38个百分点,净息差分别下降0.31、0.81和1.58个百分点(见图6)。其中,在相同的冲击下,各类型银行的资本充足率降幅差异不大,而中型商业银行的净息差降幅明显高于大型和小型商业银行(见图7和图8)。

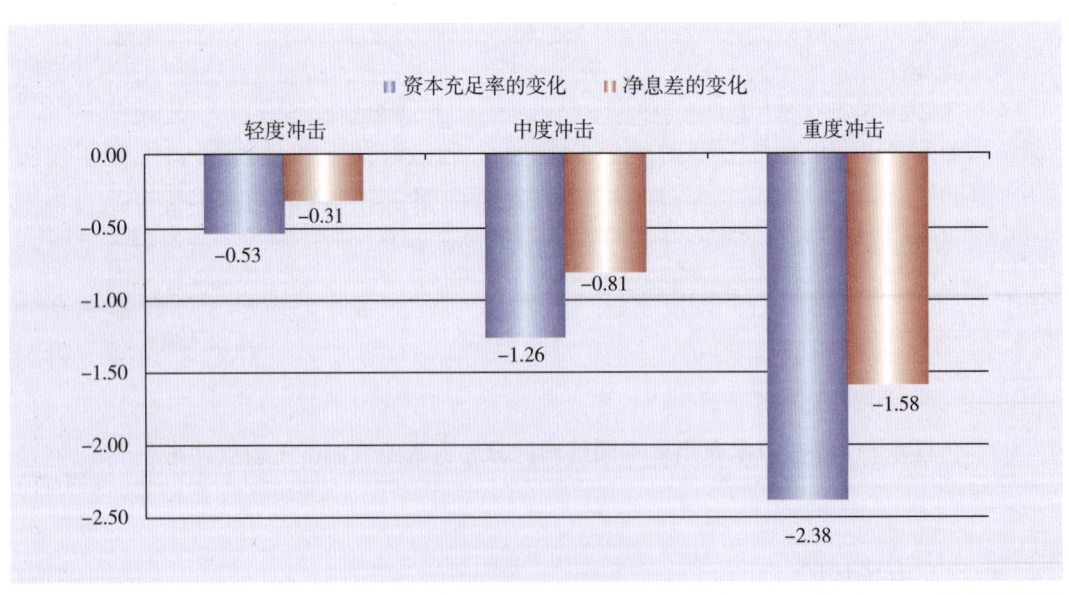

图6 银行账户利率基础风险

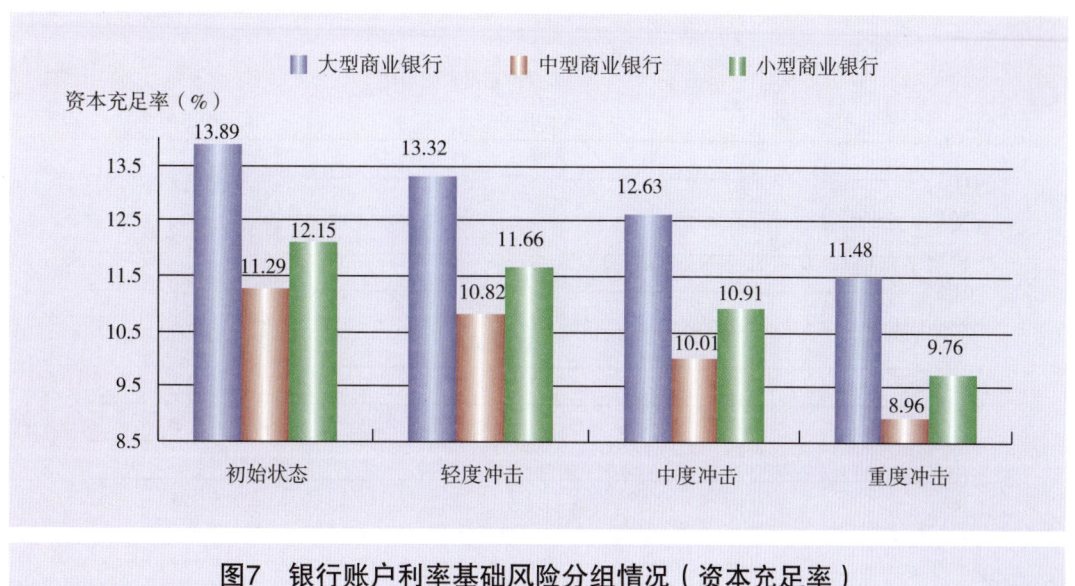

图7 银行账户利率基础风险分组情况（资本充足率）

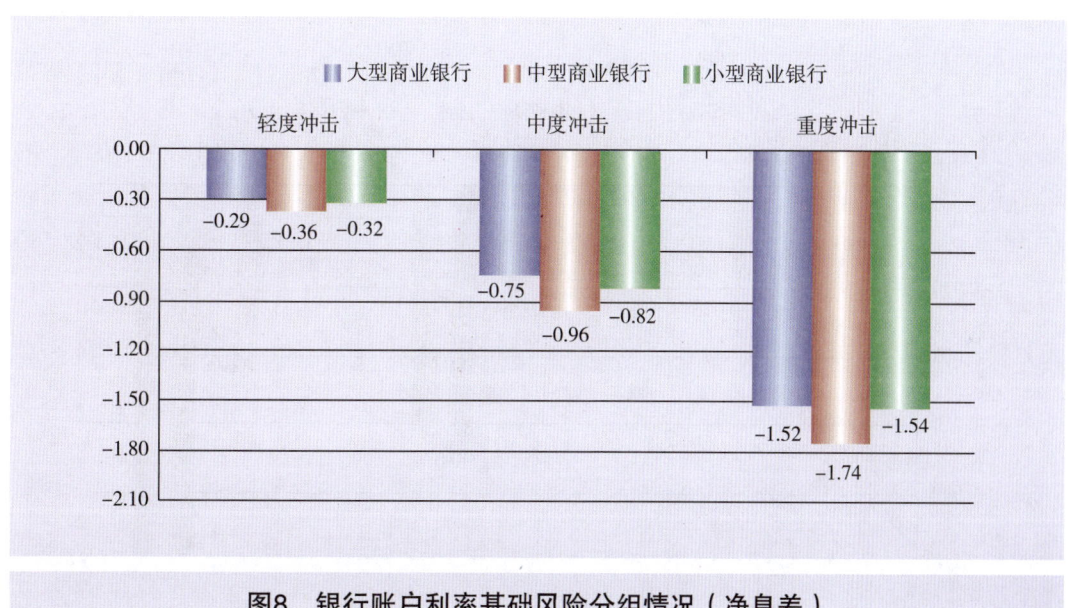

图8 银行账户利率基础风险分组情况（净息差）

利率风险对交易账户的影响较小。交易账户利率风险压力测试结果显示，在各种人民币债券收益率曲线上升350个基点的重度冲击下，28家银行的资本充足率都只有微小的波动，银行体系的资本充足率仅下降了0.039个百分点（见图9）。其中，在相同的冲击下，小型商业银行资本充足率的降幅高于大型和中型商业银行，表明小型商业银行对各种人民币债券收益率曲线上升更为敏感（见图10）。

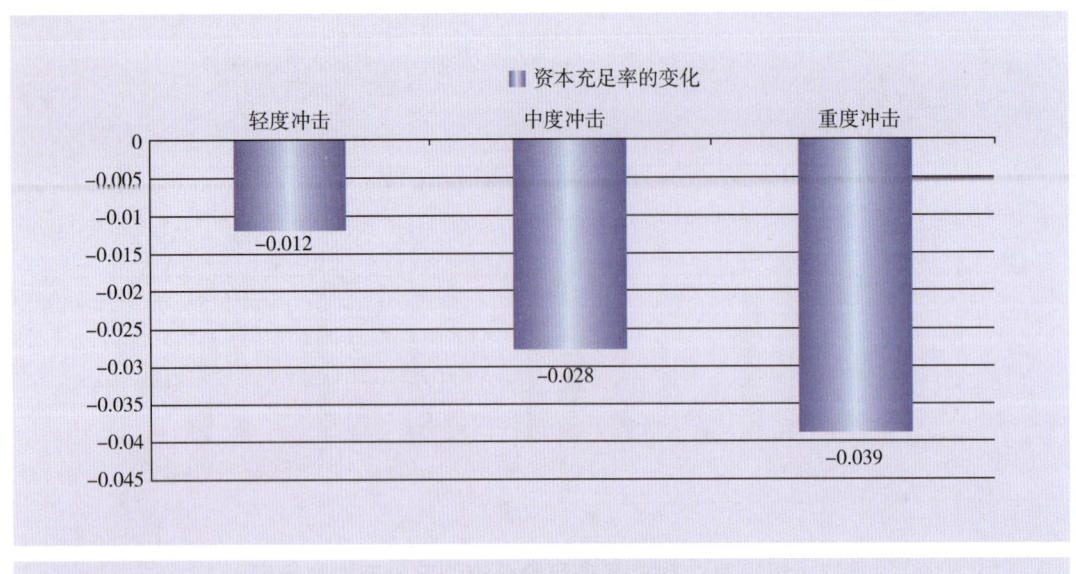

图9 交易账户利率风险

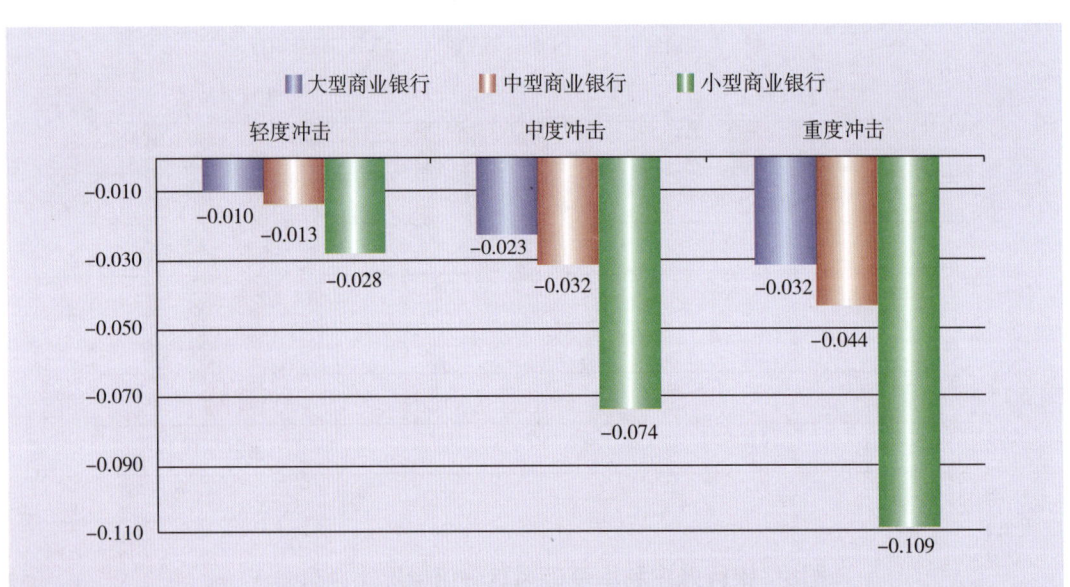

图10 交易账户利率风险下不同组别银行资本充足率变化

汇率变动对银行体系的直接影响有限。压力测试结果表明,在重度冲击下,银行体系的资本充足率仅下降了0.05个百分点(见图11)。其中,在相同的冲击下,中型商业银行的资本充足率降幅最大,小型商业银行的资本充足率水平基本不受影响(见图12)。

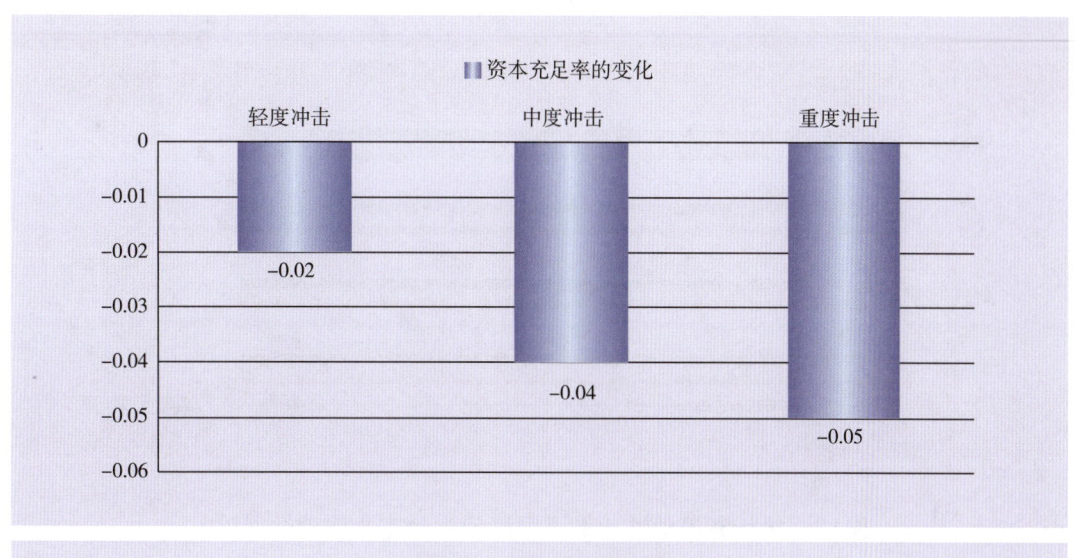

图11 直接汇率风险

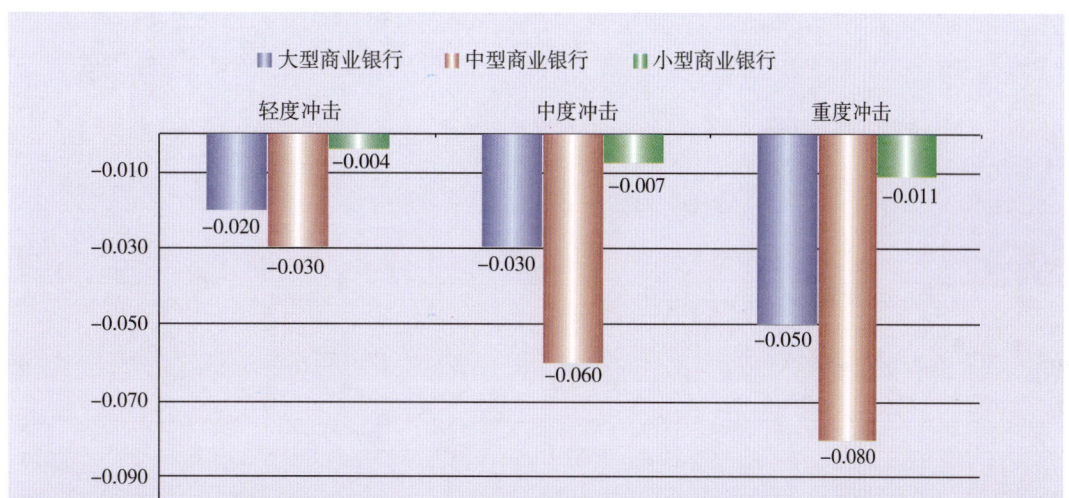

图12 直接汇率风险下不同组别银行资本充足率变化

（三）流动性风险

流动性风险压力测试以内部测试方式展开。压力测试结果表明，在压力冲击下各商业银行的流动性比例出现不同程度的下降。在轻度、中度和重度冲击下，分别有1家、2家和4家银行的流动性比例不满足监管要求[①]（见图13）。

---

① 根据银监会公布的《商业银行风险监管核心指标（试行）》中规定，商业银行的流动性比例不应低于25%。

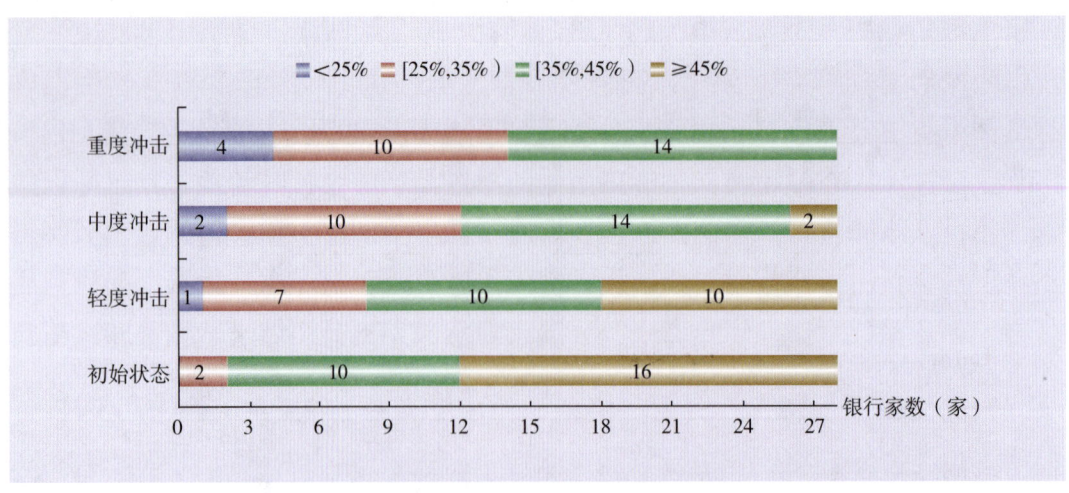

图13 银行在流动性比例不同区间的分布:流动性风险

专题四

证券业压力测试

一、压力测试基本情况

为加强证券行业系统性风险评估与防范,2015年,中国人民银行、中国证监会共同指导中国证券业协会,针对证券行业面临的主要风险因素,结合业务发展情况,开展了统一情景的综合压力测试,评估证券行业在压力情景下的风险状况和风险承受能力。

压力测试对象。本次压力测试共选取10家具有代表性的证券公司,上述10家被测试公司2014年末的资产总额占证券业金融机构资产总额的比重接近50%。

压力测试模型。本次压力测试由测试组织方统一提供压力情景,通过选取具有代表性的风险因子,设定其在轻度、中度、重度不利情景下的预计值,综合反映证券公司面临的经营风险、市场风险、信用风险、操作风险和法律合规风险。受测试证券公司根据统一要求,结合自身实际情况填报相关数据,主要包括:一是2014年公司主要资产负债表数据及风控指标的实际值;二是与公司运营相关的关键参数,如经纪业务佣金费率、投资银行业务规模等,用以模拟压力测试情景向最终测试结果传导的渠道。

压力情景。本次压力测试的压力情景主要包含宏观情景和压力冲击参数两部分。其中宏观情景选取GDP增长率、房价下降幅度、M_2增长率等对证券公司经营具有重大影响的宏观变量,其取值与银行业压力测试保持一致(见表1)。

表1　　　　　　　　　证券业压力测试宏观情景

压力情景	GDP同比增速	房价下降幅度	M_2同比增速	CPI同比增速	基准利率变化幅度
轻度冲击	6.5%	10.0%			
中度冲击	5.5%	20.0%	根据专家意见综合设定		
重度冲击	4.0%	30.0%			

压力冲击参数为直接影响证券公司经营状况的中观行业参数,其取值基于市场专家对给定宏观情景下相关参数的估计(见表2)。宏观情景与压力冲击参数均来自专家判断,不代表测试组织方的判断。

表2　　　　　　　　　　　证券业压力测试压力冲击参数

风险类型	风险因子	轻度冲击	中度冲击	重度冲击
经营风险	市场日均股票交易量增减比例	-8.00%	-18.00%	-28.00%
	市场股票佣金率增减比例	-10.00%	-17.00%	-25.00%
	股票主承销金额增减比例	-8.00%	-16.00%	-28.00%
	债券主承销金额增减比例	-8.00%	-17.00%	-27.00%
	市场融资融券日均余额增减比例	-6.00%	-12.00%	-18.00%
	市场资产管理业务收入	-6.00%	-12.00%	-21.00%
市场风险	上证综合指数涨跌比例	-10.00%	-19.00%	-29.00%
	基准利率和利率债利率增加幅度	0.25%	0.50%	0.75%
	信用利差上升幅度（信用评级AAA级的信用债券）	0.30%	0.65%	1.10%
	信用利差上升幅度（信用评级AAA级以下，BBB级（含）以上的信用债券）	0.55%	0.90%	1.55%
	信用利差上升幅度（信用评级BBB级以下的信用债券）	0.90%	1.50%	2.50%
信用风险	客户融资类业务违约损失率	0.60%	1.20%	2.00%
	场外交易业务违约损失率	0.60%	1.30%	2.10%
	类信贷投资业务违约损失率（房地产类）	2.60%	5.00%	10.00%
	类信贷投资业务违约损失率（非房地产类）	1.30%	2.50%	6.00%
	融资类金融产品代销违约损失率（房地产类）	0.30%	0.70%	1.30%
	融资类金融产品代销违约损失率（非房地产类）	0.20%	0.40%	1.00%
操作风险	操作风险损失率	2.00%	3.00%	5.00%
法律合规风险	分类评级	下调1个等次	下调2个等次	下调3个等次

二、压力测试总体结论

（一）监管指标

受测证券公司在各类压力情景下监管指标全部达标。本次压力测试考察了受测证券公司在轻度、中度、重度压力情景下监管指标的表现。结果显示，全部10家受测证券公司在各类压力情景下,其各项监管指标均能满足《证券公司风险控制指标管理办法》的监管要求,说明以受测公司为代表的证券行业总体运营稳健。

受测证券公司净资本充足。从净资本指标来看,10家受测证券公司总体净资本在轻度、中度、重度压力情景下分别较2014年上升2.26%[①]、下降4.59%、下降14.03%。各家证券公司压力情景下的净资本、净资本/各项风险资本准备等指标均远高于预警标准和监管标准,说明受测证券公司净资本充足。

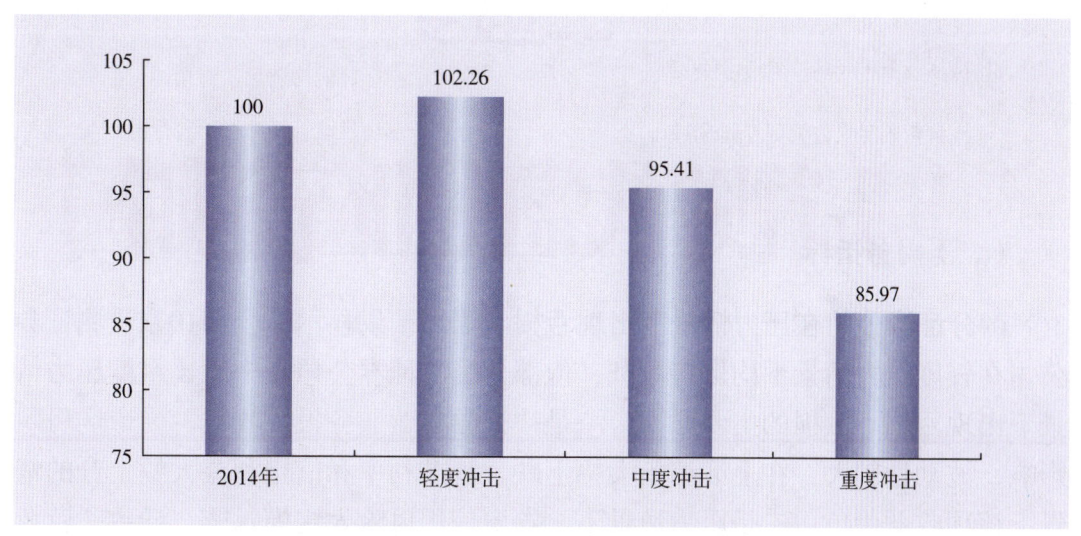

图1　受测证券公司总体净资本情况（以2014年为100）

部分受测证券公司出现压力情景下监管指标达到预警标准的情况,但仍满足监管标准。10家受测证券公司在轻度、中度、重度压力情景下监管指标均能够满足监管要求,但部分证券公司"净资本/净资产"、"净资产/负债"及"自营权益类证券及证券衍生品/净资本"指标可能触及预警标准[②]。

[①] 轻度压力情景下,全部受测证券公司均能保持正的净利润,若不考虑利润分配等因素,则净资产将因收益转增资本而增加,造成轻度压力情景下净资本较2014年有所上升。

[②] 本次测试中"监管标准"、"预警标准"根据《证券公司风险控制指标管理办法》（中国证券监督管理委员会 第55号）确定。

表3 受测证券公司监管指标表现

监管指标	压力情景下监管指标表现
净资本/各项风险资本准备之和	全部满足监管标准、预警标准
净资本/净资产	1家受测公司在轻度、中度、重度冲击下触及预警指标，1家受测公司在重度冲击下触及预警指标，但均满足监管指标
净资本/负债	全部满足监管标准、预警标准
净资产/负债	重度冲击下，2家受测公司触及预警标准，但满足监管标准
自营权益类证券及证券衍生品/净资本	1家受测公司在轻度、中度、重度冲击下触及预警指标，但均满足监管指标
自营固定收益类证券/净资本	全部满足监管标准、预警标准

（二）财务指标

部分证券公司在压力情景下出现亏损。 测试结果显示，全部10家受测证券公司在轻度压力情景下均保持盈利，但部分受测证券公司在中度、重度压力情景下出现亏损。亏损的主要原因：一是"证券自营业务投资收益"受市场风险影响，波动性较大，在上证综指大幅下跌、基准利率和信用利差大幅上升的情景下该项收益为负；二是压力情景下，券商信用风险大规模暴露，导致"营业外支出"大幅上升。

需注意的是，本次压力测试旨在检验证券公司潜在风险来源，**其结果不应、也不能作为对证券业的盈利预测。** 首先，本次测试的压力情景部分属于发生概率较小的尾部风险；其次，为保证测试结果的确定性，对于证券公司的自营业务头寸采用了静态值的设定，但现实中证券公司大多会根据市场风险状况调整其自营业务头寸，从而主动规避部分市场风险；最后，由于截至目前证券公司融资融券、约定购回、股票质押等业务尚未出现较为严重的违约事件，因此"信用风险"项下各项业务的违约损失率主要体现行业专家对极端压力情景下的主观判断，并不代表实际发生损失将达到上述水平。

（三）需关注的风险

证券公司自营业务收入波动性较大，需关注市场下跌风险。 近年来，证券公司自营业务发展较快，根据中国证券业协会公布的数据，2012年至2014年，全部证券公司证券投资收益（含公允价值变动损益）分别为290.17亿元、305.52亿元、710.28亿元，占当年营业收入的比重分别为22.4%、19.2%、

27.3%。证券公司积极发展自营业务对于其业务多元化有着重要意义。但也应注意到,自营业务受市场风险影响较大、收入的波动性较高,一旦出现股票、债券市场大幅下跌等不利情形,可能对证券公司的盈利能力构成较大冲击。特别是自2014年以来,我国股票市场出现了显著上涨,部分证券公司自营业务规模、收入占比显著提高,对其市场风险管理提出了更高的要求。

需关注融资融券、约定购回、股票质押等业务的潜在信用风险。 目前,证券公司普遍开展了包括融资融券、约定购回、股票质押等在内的客户融资类业务,包括收益互换、利率互换等在内的场外业务,以及其他类贷款业务和融资产品代销业务。截至目前,上述业务的实际违约损失率几乎为零,可能受益于上述业务大多设置了保证金或股票质押要求,能够有效控制信用风险,但也存在信用风险未真实暴露的可能。随着证券公司从传统"轻资产"的通道业务向"重资产"的资本中介业务转型,其所面临的风险结构将出现显著变化,信用风险对于证券公司经营业绩的影响将日益突出。证券公司应当审慎评估、管理信用风险,避免在内部风险控制模型中过分依赖历史违约损失数据,低估潜在风险。

三、反向压力测试

我们针对本次压力测试中反映出对证券公司经营影响较大的市场风险和信用风险进行了反向压力测试,检验了在控制市场风险的条件下,证券公司能够承受的最大信用风险违约损失率,以及控制信用风险的条件下,证券公司为保持盈利需调整的自营业务头寸比例。

(一)市场风险反向压力测试

测试方法:在实际经营中,证券公司一般根据市场下跌情况动态调整其自营业务头寸,以控制风险、降低损失,我们采取反向压力测试的方法模拟了这一过程。由于信用风险对本次压力测试的结果影响较大,我们首先对信用风险进行控制(将信用风险项下的风险冲击参数均设置为0),然后降低中度、重度压力情景下各证券公司的自营业务头寸,直至其实现盈利。本次市场风险反向压力测试中采用同比例降低受测公司权益类证券和债券自营规模的方式,不考虑权益类证券、债券自营规模的不对称调整。

测试结果:测试结果显示,由于受测证券公司业务模式不同,对于市场风险的敏感程度存在较大差异。中度压力情景下,5家受测证券公司自营业务收入占比较低,因此不必缩减自营业务规模即能实现盈利,缩减60%的自营业务规模能够保证全部受测证券公司盈利;重度压力情景下,1家证券公司不必缩减自营业务规模即能实现盈利,缩减95%的自营业务规模能够保证8家受测证券公司盈利,另有2家证券公司亏损主要源于其他业务,单纯缩减自营业务规模无法使其实现盈利。

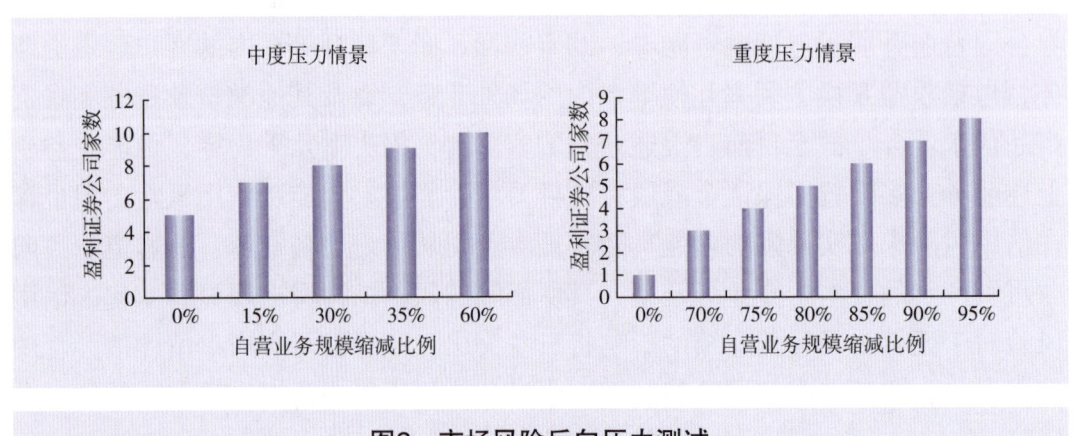

图2 市场风险反向压力测试

(二)信用风险反向压力测试

测试方法: 截至目前,仍缺乏对证券公司信用风险相关参数的准确估计,因此我们主要考察受测证券公司能够承受的最大信用风险违约损失率。由于市场风险对本次压力测试的结果影响较大,我们首先对市场风险进行控制(将市场风险项下的风险冲击参数均设置为0),然后提高中度、重度压力情景下,信用风险项下各类业务违约损失率,直至受测证券公司出现亏损。为保证结果的简洁性,我们在进行信用风险反向压力测试时不再根据不同业务区分违约损失率,而是对信用风险项下各压力冲击参数(违约损失率)取相同的值。

测试结果: 测试结果显示,中度压力情景下,信用风险违约损失率处于0.65%以下时,全部受测证券公司能够实现盈利,部分受测证券公司由于开展融资融券等涉及信用风险的业务比例较低,在信用风险违约损失率达到6%时仍能保持盈利,全部受测证券公司信用风险违约损失率盈亏平衡点的均值为2.36%。重度压力情景下,信用风险违约损失率处于0.30%以下时,8家受测证券公司能够实现盈利,部分受测证券公司在信用风险违约损失率达到4.15%时仍能保持盈利,上述8家受测证券公司信用风险违约损失率盈亏平衡点的均值为1.33%;另有2家证券公司亏损主要来源于其他业务,在信用风险违约损失率为0时仍出现亏损。

专题四 证券业压力测试

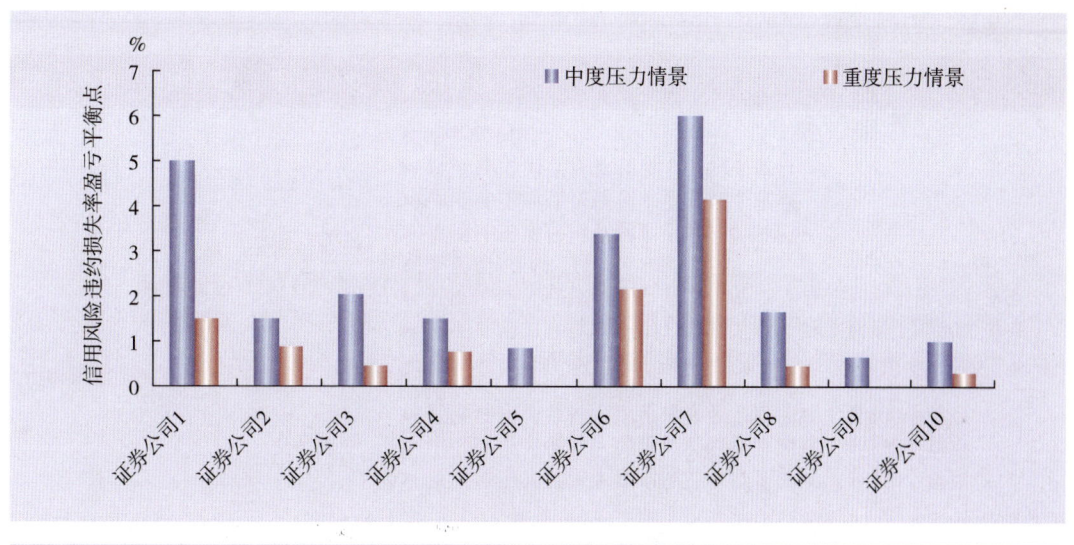

图3 信用风险反向压力测试

附录一

统计资料

附表 1　　　　　　　　　　主要宏观经济指标

项　　目	2010	2011	2012	2013	2014
国内生产总值（亿元）	401 513	473 104	519 470	568 845	636 463
工业增加值	160 722	188 470	199 671	210 689	227 991
固定资产投资总额（亿元）	278 122	311 485	374 695	447 074	512 761
社会消费品零售总额（亿元）	156 998	183 919	210 307	237 810	262 394
货物进出口总额（亿美元）	29 740	36 419	38 671	41 600	264 334
出口	15 778	18 984	20 487	22 096	143 912
进口	13 962	17 435	18 184	19 504	120 423
差额	1 816	1 549	2 303	2 592	23 489
实际使用外商直接投资（亿美元）	1 057	1 160	1 117	1 176	1 196
外汇储备（亿美元）	28 473.4	31 811.0	33 116.0	38 213.0	38 430.0
居民消费价格指数（上年=100）	103	105	103	103	102
财政收入（亿元）	83 101.51	103 874.43	117 253.52	129 143	140 350
财政支出（亿元）	89 874.16	109 247.79	125 952.97	139 744	151 662
城镇居民人均可支配收入（元）	19 109	21 810	24 565	26 955	28 844
农村居民人均纯收入（元）	5 919	6 977	7 917	8 896	9 892
城镇就业人员(百万)	—	359	371	382	393
城镇登记失业率（%）	4.1	4.1	4.1	4.05	4.09
总人口（百万）	1 339.7	1 347.4	1 354.0	1 360.7	1 367.8

注：1. 2010—2013年国内生产总值为最终核实数，2014年国内生产总值为初步核算数。
　　2. 自2011年起，固定资产投资统计的起点标准从计划总投资50万元提高到500万元。
数据来源：根据《中国统计年鉴》和《中国国民经济和社会发展统计公报》等相关资料整理。

附表2　　　　　　　　　主要金融指标（一）
（年末余额）

单位：亿元

项　目	2010	2011	2012	2013	2014
M_2	725 851.8	851 590.9	974 148.8	1 106 525.0	1 228 374.8
M_1	266 621.5	289 847.7	308 673.0	337 291.1	348 056.4
M_0	44 628.2	50 748.5	54 659.8	58 574.4	60 259.5
金融机构各项存款	718 237.9	809 368.3	917 368.1	1 043 846.9	1 138 644.6
储蓄存款（城乡居民储蓄）	303 302.5	343 635.9	399 546.9	447 601.6	485 261.3
非金融企业存款（企业存款）	244 495.6	303 504.3	327 444.9	361 555.2	378 333.8
金融机构各项贷款	479 195.6	547 946.7	629 906.6	718 961.5	816 770.0

注：由于统计制度调整，自2011年起，"城乡居民储蓄"、"企业存款"分别替换为"储蓄存款"、"非金融企业存款"。
数据来源：中国人民银行。

附表3　　　　　　　　　主要金融指标（二）
（增长率）

单位：%

项　目	2010	2011	2012	2013	2014
M_2	19.73	13.61	13.80	13.59	11.01
M_1	21.19	7.85	6.49	9.27	3.19
M_0	16.69	13.76	7.71	7.16	2.88
金融机构各项存款	20.16	13.54	13.34	13.76	9.08
储蓄存款（城乡居民储蓄）	16.31	13.78	16.27	12.03	8.41
非金融企业存款（企业存款）	12.61	9.23	7.89	10.43	4.64
金融机构各项贷款	19.89	15.83	14.96	14.14	13.60

注：由于统计制度的调整，本表增长率是经过调整的可比口径的同期比。
数据来源：中国人民银行。

附表4　　　　　　　　　国际流动性

单位：百万美元

项　目	2010	2011	2012	2013	2014
总储备（减黄金）	2 862 276	3 197 107	3 325 440	3 833 291	3 853 760
特别提款权	12 345	11 855	11 366	11 184	10 456
在基金储备头寸	2 593	4 104	2 485	792	286
外汇	2 847 338	3 181 148	3 311 589	3 821 315	3 843 018
黄金（百万盎司）	33.89	33.89	33.89	33.89	33.89
黄金（折价）	9 815	9 815	9 815	9 815	9 815
其他存款性公司国外负债	108 406	123 250	157 509	294 789	409 995

数据来源：中国人民银行。

附表5　　　　　　　　　　　黄金、外汇储备

年　份	黄金储备 （万盎司）	外汇储备 （亿美元）	外汇储备比上年增长 （%）
1996	1 267	1 050.3	42.7
1997	1 267	1 398.9	33.2
1998	1 267	1 449.6	3.6
1999	1 267	1 546.8	6.7
2000	1 267	1 655.7	7.0
2001	1 608	2 121.7	28.1
2002	1 929	2 864.1	35.0
2003	1 929	4 032.5	40.8
2004	1 929	6 099.3	51.3
2005	1 929	8 188.7	34.3
2006	1 929	10 663.4	30.2
2007	1 929	15 282.5	43.3
2008	1 929	19 460.3	27.3
2009	3 389	23 991.5	23.3
2010	3 389	28 473.4	18.7
2011	3 389	31 811.5	10.7
2012	3 389	33 115.9	4.1
2013	3 389	38 213.2	15.4
2014	3 389	38 430.2	0.6

注：中国人民银行于2001年12月、2002年12月和2009年4月对黄金储备数据进行了调整。
数据来源：中国人民银行。

附表6　　　　　　　　　　　金融业资产简表
（2014年12月31日）

单位：万亿元

项　目	资产
金融业	219.18
中央银行	33.82
银行业金融机构	172.34
证券业金融机构	2.86
保险业金融机构	10.16

注：证券业金融机构资产指不包含客户资产的证券公司总资产。
数据来源：中国人民银行金融稳定分析小组估算。

附表7　　2014年存款性公司概览
（季末余额）

单位：亿元

项　　目	第一季度	第二季度	第三季度	第四季度
国外净资产	284 032.5	289 009.2	288 865.7	288 390.4
国内信贷	972 329.3	1 016 864.2	1 032 886.4	1 076 962.2
对政府债权（净）	48 407.0	46 665.6	47 087.1	55 047.0
对非金融部门债权	831 077.7	858 227.8	878 406.8	902 512.9
对其他金融部门债权	92 844.7	111 970.8	107 392.5	119 402.3
货币和准货币	1 160 687.0	1 209 587.2	1 202 051.4	1 228 374.8
货币	327 683.7	341 487.4	327 220.2	348 056.4
流通中货币	58 329.3	56 951.1	58 845.0	60 259.5
单位活期存款	269 354.4	284 536.4	268 375.2	287 796.9
准货币	833 003.6	868 099.8	874 831.2	880 318.4
单位定期存款	250 779.0	265 644.2	272 197.0	264 055.7
个人存款	500 399.2	508 024.9	504 261.9	508 878.1
其他存款	81 825.4	94 430.6	98 372.3	107 384.6
不纳入广义货币的存款	28 640.3	32 791.6	33 008.2	31 135.8
债券	108 253.9	113 378.4	118 474.4	123 119.4
实收资本	33 107.3	33 666.0	34 121.0	36 630.2
其他（净）	−74 327.2	−83 549.9	−65 903.0	−53 907.7

数据来源：中国人民银行。

附表 8　　2014年货币当局资产负债表
（季末余额）

单位：亿元

项目	第一季度	第二季度	第三季度	第四季度
国外资产	280 177.7	280 169.5	280 121.2	278 622.9
外汇	272 149.1	272 131.0	272 017.9	270 681.3
货币黄金	669.8	669.8	669.8	669.8
其他国外资产	7 358.7	7 368.6	7 433.4	7 271.7
对政府债权	15 312.7	15 312.7	15 312.7	15 312.7
其中：中央政府	15 312.7	15 312.7	15 312.7	15 312.7
对其他存款性公司债权	12 384.0	14 556.6	21 015.3	24 985.3
对其他金融性公司债权	8 818.0	8 809.2	8 731.6	7 848.8
对非金融部门债权	25.0	25.0	25.3	11.6
其他资产	9 929.8	10 825.6	11 055.4	11 467.5
总资产	**326 647.2**	**329 698.6**	**336 261.6**	**338 248.8**
储备货币	274 741.1	279 898.7	285 299.2	294 093.0
货币发行	64 815.8	63 260.5	65 544.7	67 151.3
其他存款性公司存款	209 925.3	216 638.2	219 754.4	226 941.7
不计入储备货币的金融性公司存款	1 365.6	1 516.6	1 661.7	1 558.4
发行债券	7 762.0	7 132.0	6 922.0	6 522.0
国外负债	1 998.8	1 477.3	1 964.0	1 833.8
政府存款	28 962.8	33 283.0	36 787.5	31 275.3
自有资金	219.8	219.8	219.8	219.8
其他负债	11 597.2	6 171.3	3 407.5	2 746.5
总负债	**326 647.2**	**329 698.6**	**336 261.6**	**338 248.8**

数据来源：中国人民银行。

附表9　　2014年其他存款性公司资产负债表
（季末余额）

单位：亿元

项　目	第一季度	第二季度	第三季度	第四季度
国外资产	29 878.6	35 152.0	35 940.3	36 689.0
储备资产	216 345.3	223 025.1	226 343.4	233 488.7
准备金存款	209 858.8	216 715.7	219 643.7	226 597.0
库存现金	6 486.4	6 309.4	6 699.7	6 891.7
对政府债权	62 057.0	64 635.9	68 561.8	71 009.6
其中：中央政府	62 057.0	64 635.9	68 561.8	71 009.6
对中央银行债权	15 966.3	10 314.4	7 579.2	6 564.0
对其他存款性公司债权	279 594.9	293 407.5	278 523.3	280 389.3
对其他金融机构债权	84 026.7	103 161.6	98 660.8	111 553.5
对非金融机构债权	625 036.8	642 770.5	655 324.1	673 285.7
对其他居民部门债权	206 015.9	215 432.3	223 057.4	229 215.6
其他资产	84 969.8	85 778.0	88 931.2	79 834.6
总资产	1 603 891.2	1 673 677.2	1 682 921.5	1 722 029.9
对非金融机构及住户负债	1 056 770.7	1 097 645.6	1 086 315.7	1 102 202.6
纳入广义货币的存款	1 020 532.6	1 058 205.5	1 044 834.2	1 060 730.7
单位活期存款	269 354.4	284 536.4	268 375.2	287 796.9
单位定期存款	250 779.0	265 644.2	272 197.0	264 055.7
个人存款	500 399.2	508 024.9	504 261.9	508 878.1
不纳入广义货币的存款	28 640.3	32 791.6	33 008.2	31 135.8
可转让存款	7 252.9	7 927.9	7 814.6	8 156.7
其他存款	21 387.4	24 863.7	25 193.6	22 979.1
其他负债	7 597.8	6 648.4	8 473.3	10 336.0
对中央银行负债	11 690.8	15 284.6	21 889.6	26 616.7
对其他存款性公司负债	112 139.8	114 185.6	107 682.3	111 117.9
对其他金融性公司负债	86 323.3	98 502.4	103 207.2	112 400.8
其中：计入广义货币的存款	81 825.4	94 430.6	98 372.3	107 384.6
国外负债	24 025.0	24 835.0	25 231.9	25 087.6
债券发行	108 253.9	113 378.4	118 474.4	123 119.4
实收资本	32 887.6	33 446.2	33 901.3	36 410.4
其他负债	171 800.1	176 399.4	186 219.2	185 074.5
总负债	1 603 891.2	1 673 677.2	1 682 921.5	1 722 029.9

数据来源：中国人民银行。

附表 10　　2014年中资大型银行资产负债表
（季末余额）

单位：亿元

项　目	第一季度	第二季度	第三季度	第四季度
国外资产	20 058.06	23 243.74	22 989.55	23 268.14
储备资产	122 260.28	123 488.29	125 882.27	122 514.77
准备金存款	118 655.76	120 044.02	122 056.79	118 637.65
库存现金	3 604.52	3 444.27	3 825.48	3 877.12
对政府债权	40 641.57	41 467.79	42 802.08	43 798.59
其中：中央政府	40 641.57	41 467.79	42 802.08	43 798.59
对中央银行债权	13 724.67	9 585.07	7 073.01	6 230.14
对其他存款性公司债权	117 007.73	124 524.51	118 423.73	119 071.79
对其他金融性公司债权	24 781.98	36 374.55	33 304.49	36 983.54
对非金融性公司债权	339 685.31	347 254.01	353 217.66	359 189.15
对其他居民部门债权	110 341.06	114 987.47	118 820.49	121 801.01
其他资产	61 507.72	60 473.38	62 408.50	53 022.53
总资产	**850 008.36**	**881 398.81**	**884 921.79**	**885 879.65**
对非金融机构及住户负债	584 019.79	597 191.84	588 746.57	588 822.72
纳入广义货币的存款	564 109.19	576 592.56	567 164.60	567 167.06
单位活期存款	146 816.40	152 656.38	144 757.25	149 263.31
单位定期存款	105 646.69	111 297.17	112 862.91	107 492.19
个人存款	311 646.09	312 639.00	309 544.43	310 411.56
不纳入广义货币的存款	14 590.34	16 277.16	15 608.58	14 089.23
可转让存款	3 566.71	3 600.61	3 534.19	3 732.03
其他存款	11 023.63	12 676.56	12 074.38	10 357.21
其他负债	5 320.26	4 322.12	5 973.40	7 566.43
对中央银行负债	3 540.79	6 308.79	12 161.71	12 629.72
对其他存款性公司负债	18 427.52	20 902.96	20 267.59	21 852.31
对其他金融性公司负债	40 012.79	49 911.77	50 215.78	53 509.47
其中：计入广义货币的存款	38 905.22	48 914.19	49 330.79	52 782.91
国外负债	12 608.97	12 661.94	12 483.20	11 929.91
债券发行	67 592.86	69 944.53	70 672.23	71 222.15
实收资本	16 081.85	16 082.17	16 084.84	17 643.65
其他负债	107 723.79	108 394.80	114 289.86	108 269.72
总负债	**850 008.36**	**881 398.81**	**884 921.79**	**885 879.65**

数据来源：中国人民银行。

附表11　　　　　　　　　2014年中资中型银行资产负债表
（季末余额）

单位：亿元

项　目	第一季度	第二季度	第三季度	第四季度
国外资产	8 211.63	10 120.24	11 004.41	10 802.31
储备资产	38 531.59	41 366.73	41 364.41	44 166.20
准备金存款	37 887.00	40 709.52	40 744.65	43 479.73
库存现金	644.59	657.21	619.76	686.47
对政府债权	10 972.99	11 933.52	13 640.97	14 513.02
其中：中央政府	10 972.99	11 933.52	13 640.97	14 513.02
对中央银行债权	1 404.60	259.80	196.47	126.87
对其他存款性公司债权	66 831.06	72 688.32	66 941.26	64 679.14
对其他金融性公司债权	30 945.62	36 033.99	33 204.96	40 458.04
对非金融性公司债权	145 599.64	149 668.47	152 155.95	157 577.08
对其他居民部门债权	40 320.83	42 122.33	43 800.31	46 053.91
其他资产	8 845.94	10 196.61	10 554.41	10 964.34
总资产	**351 663.89**	**374 390.01**	**372 863.15**	**389 340.91**
对非金融机构及住户负债	189 559.37	205 343.60	198 745.48	201 771.50
纳入广义货币的存款	178 219.18	191 734.94	184 335.82	188 105.41
单位活期存款	54 843.35	59 831.72	53 463.37	60 317.38
单位定期存款	79 308.05	84 581.75	86 282.00	83 300.40
个人存款	44 067.79	47 321.47	44 590.45	44 487.63
不纳入广义货币的存款	10 246.00	12 464.54	13 135.26	12 437.25
可转让存款	2 044.32	2 606.08	2 598.47	2 496.58
其他存款	8 201.68	9 858.46	10 536.78	9 940.67
其他负债	1 094.18	1 144.12	1 274.40	1 228.84
对中央银行负债	5 899.96	6 127.07	6 257.56	10 249.30
对其他存款性公司负债	40 904.31	40 833.57	37 926.87	38 070.40
对其他金融性公司负债	38 407.56	39 579.23	42 118.76	46 270.70
其中：计入广义货币的存款	35 811.05	37 185.31	39 036.00	43 431.21
国外负债	4 678.47	5 666.74	5 991.50	6 338.84
债券发行	38 523.02	41 031.28	44 456.32	46 615.30
实收资本	2 656.28	2 737.82	2 749.54	3 029.66
其他负债	31 034.93	33 070.69	34 617.12	36 995.21
总负债	**351 663.89**	**374 390.01**	**372 863.15**	**389 340.91**

数据来源：中国人民银行。

附表12　　2014年中资小型银行资产负债表
（季末余额）

单位：亿元

项　　目	第一季度	第二季度	第三季度	第四季度
国外资产	371.66	351.79	400.80	575.03
储备资产	37 824.35	39 676.19	40 432.58	45 602.52
准备金存款	36 557.53	38 418.23	39 111.59	44 154.91
库存现金	1 266.82	1 257.96	1 320.99	1 447.61
对政府债权	8 352.82	8 704.99	9 328.35	9 804.64
其中：中央政府	8 352.82	8 704.99	9 328.35	9 804.64
对中央银行债权	105.92	98.65	100.08	83.14
对其他存款性公司债权	59 195.09	60 120.47	56 431.99	59 783.65
对其他金融性公司债权	23 839.92	25 744.81	27 083.85	28 641.30
对非金融性公司债权	94 935.11	99 965.92	103 794.07	109 410.57
对其他居民部门债权	31 233.67	33 496.46	35 658.43	37 481.78
其他资产	8 962.47	9 588.22	10 187.59	10 458.29
总资产	264 821.02	277 747.50	283 417.75	301 840.91
对非金融机构及住户负债	181 577.18	191 978.53	195 250.52	205 272.33
纳入广义货币的存款	179 867.45	190 105.78	193 139.16	202 802.50
单位活期存款	45 952.84	48 975.67	46 872.40	51 314.56
单位定期存款	46 137.61	49 678.69	51 748.86	52 304.46
个人存款	87 777.00	91 451.42	94 517.90	99 183.48
不纳入广义货币的存款	1 067.68	1 159.42	1 424.12	1 535.82
可转让存款	292.13	304.98	313.99	356.77
其他存款	775.55	854.43	1 110.13	1 179.04
其他负债	642.05	713.34	687.23	934.01
对中央银行负债	999.29	1 376.42	1 837.42	2 187.61
对其他存款性公司负债	43 771.29	42 525.17	39 526.36	42 095.89
对其他金融性公司负债	6 839.39	8 024.80	9 838.50	11 287.83
其中：计入广义货币的存款	6 472.24	7 766.42	9 439.13	10 546.90
国外负债	714.29	702.87	785.64	753.43
债券发行	1 896.63	2 158.73	3 150.17	4 977.04
实收资本	7 459.08	7 785.87	8 128.33	8 558.96
其他负债	21 563.88	23 195.10	24 900.81	26 707.84
总负债	264 821.02	277 747.50	283 417.75	301 840.91

数据来源：中国人民银行。

附表 13　　　　　　　　　2014年外资银行资产负债表
（季末余额）

单位：亿元

项　目	第一季度	第二季度	第三季度	第四季度
国外资产	1 109.61	1 294.78	1 443.41	1 888.69
储备资产	2 951.42	3 018.86	2 898.58	3 205.40
准备金存款	2 939.79	3 007.53	2 886.84	3 194.46
库存现金	11.63	11.33	11.74	10.93
对政府债权	1 342.80	1 799.12	2 055.36	2 184.62
其中：中央政府	1 342.80	1 799.12	2 055.36	2 184.62
对中央银行债权	658.99	301.81	134.12	39.63
对其他存款性公司债权	6 742.82	6 471.25	5 989.28	5 774.89
对其他金融性公司债权	1 490.64	1 578.42	1 684.16	2 124.82
对非金融性公司债权	10 874.64	10 891.65	11 034.54	11 077.28
对其他居民部门债权	842.61	891.11	933.08	970.37
其他资产	1 056.73	934.27	1 063.84	877.40
总资产	**27 070.26**	**27 181.28**	**27 236.37**	**28 143.09**
对非金融机构及住户负债	15 015.76	15 123.90	15 006.82	15 730.67
纳入广义货币的存款	12 168.56	12 219.82	12 087.19	12 685.11
单位活期存款	2 471.33	2 597.29	2 325.64	3 314.92
单位定期存款	7 634.71	7 573.70	7 760.51	7 440.21
个人存款	2 062.53	2 048.83	2 001.04	1 929.99
不纳入广义货币的存款	2 435.83	2 556.30	2 509.25	2 621.09
可转让存款	1 121.81	1 189.36	1 171.01	1 249.23
其他存款	1 314.02	1 366.94	1 338.24	1 371.86
其他负债	411.37	347.78	410.38	424.47
对中央银行负债	1.82	0.67	1.77	1.85
对其他存款性公司负债	1 563.57	1 873.92	1 624.04	1 784.86
对其他金融性公司负债	647.11	596.59	637.79	708.67
其中：计入广义货币的存款	519.66	452.11	460.23	512.50
国外负债	6 023.24	5 803.41	5 971.08	6 056.96
债券发行	80.30	80.62	85.71	114.50
实收资本	1 618.00	1 634.85	1 660.95	1 654.05
其他负债	2 120.46	2 067.32	2 248.22	2 091.54
总负债	**27 070.26**	**27 181.28**	**27 236.37**	**28 143.09**

数据来源：中国人民银行。

附表 14　　2014年农村信用社资产负债表
（季末余额）

单位：亿元

项　　目	第一季度	第二季度	第三季度	第四季度
国外资产	3.57	4.22	3.87	2.61
储备资产	12 112.86	12 664.47	12 798.26	14 985.24
准备金存款	11 154.03	11 725.89	11 876.94	14 115.69
库存现金	958.83	938.58	921.32	869.55
对政府债权	690.39	675.24	683.66	653.55
其中：中央政府	690.39	675.24	683.66	653.55
对中央银行债权	71.58	69.07	75.48	84.21
对其他存款性公司债权	22 298.80	21 577.18	21 179.65	18 939.23
对其他金融性公司债权	2 276.74	2 487.34	2 356.48	2 377.99
对非金融性公司债权	22 353.85	22 912.05	22 877.69	22 917.85
对其他居民部门债权	22 891.07	23 526.34	23 415.09	22 443.07
其他资产	4 374.87	4 369.16	4 498.55	4 272.88
总资产	**87 073.74**	**88 285.07**	**87 888.74**	**86 676.63**
对非金融机构及住户负债	68 767.61	68 973.22	67 660.87	66 661.92
纳入广义货币的存款	68 640.19	68 854.23	67 531.55	66 484.37
单位活期存款	11 211.95	11 406.00	11 044.12	10 847.51
单位定期存款	2 588.68	2 889.80	2 884.47	2 775.93
个人存款	54 839.56	54 558.43	53 602.96	52 860.94
不纳入广义货币的存款	5.20	5.51	9.35	6.09
可转让存款	0.44	0.54	0.62	0.43
其他存款	4.75	4.96	8.72	5.66
其他负债	122.22	113.48	119.98	171.46
对中央银行负债	1 137.52	1 359.55	1 524.68	1 435.21
对其他存款性公司负债	6 914.72	7 415.30	7 828.51	6 697.71
对其他金融性公司负债	345.06	333.55	355.90	560.50
其中：计入广义货币的存款	59.85	62.00	71.17	75.16
国外负债	0.05	0.05	0.07	0.13
债券发行	0.00	0.00	0.00	1.00
实收资本	2 523.65	2 549.72	2 523.55	2 646.50
其他负债	7 385.13	7 653.67	7 995.17	8 673.65
总负债	**87 073.74**	**88 285.07**	**87 888.74**	**86 676.63**

数据来源：中国人民银行。

附表15　证券市场概况统计表

年　份	2009	2010	2011	2012	2013	2014
境内上市公司数（A、B股）（家）	1 718	2 063	2 342	2 494	2 489	2 613
境内上市外资股（B股）（家）	108	108	108	107	106	104
境外上市公司数（H股）（家）	159	165	171	179	182	205
总发行股本（亿股）	26 162.85	33 184.35	36 095.52	38 395.00	40 569.08	43 610.13
其中：流通股本（亿股）	19 759.53	25 642.03	28 850.26	31 339.60	36 744.16	39 104.28
股票市价总值（亿元）	243 939.12	265 422.59	214 758.10	230 357.62	239 077.19	372 546.96
其中：股票流通市值（亿元）	151 258.65	193 110.41	164 921.30	181 658.26	199 579.54	315 624.31
股票交易量（亿股）	51 106.99	42 151.99	33 957.55	32 881.06	48 372.67	73 754.61
股票成交金额（亿元）	535 986.74	545 633.54	421 646.74	314 667.41	468 728.60	743 912.98
上证综合指数（收盘）	3 277.14	2 808.08	2 199.42	2 269.13	2 115.98	3 234.68
深证综合指数（收盘）	1 201.34	1 290.87	866.65	881.17	1 057.67	1 415.19
投资者账户（万户）	12 037.69	13 391.04	14 050.37	17 064.46	17 517.63	14 214.68
平均市盈率						
上海	28.73	21.61	13.40	12.30	10.99	15.99
深圳	46.01	44.69	23.11	22.01	27.76	34.05
平均换手率（%）						
上海	499.41	197.61	124.80	101.59	123.59	439.50
深圳	793.27	557.46	340.49	297.85	389.11	635.81
国债发行额（亿元）	17 927.24	19 778.30	17 100.10	16 154.20	20 230.00	21 747.00
公司债发行量（万手）	16 599.30	16 094.45	21 395.32	37 365.46	36 699.00	51 516.00
债券成交金额（亿元）						
国债现货成交金额（亿元）	42 291.52	78 391.44	87 629.52	92 221.85	56 498.86	58 552.15
国债回购成交金额（亿元）	35 475.87	65 877.79	199 581.50	443 655.31	583 253.84	814 741.84
证券投资基金只数（只）	557.00	704.00	914.00	1 173.00	1 552.00	1 897.00
证券投资基金规模（亿元）	26 767.05	24 228.35	26 510.37	28 661.81	30 025.77	45 353.61
证券投资基金成交额（亿元）	10 249.58	8 996.43	6 365.80	8 667.36	1 024.87	13 247.01
期货成交总量（万手）	215 751.76	156 684.42	105 413.75	145 052.57	206 182.30	250 585.57
期货成交额（亿元）	1 305 142.92	1 540 296.21	1 375 162.44	1 711 269.35	2 674 662.02	2 919 882.26

数据来源：中国证监会、中央国债登记结算有限责任公司。

附表 16 股票市值与GDP的比率

单位：亿元，%

年份	GDP	市价总值	比率	GDP	流通市值	比率
1997	78 973	17 529	22.20	78 973	5 204	6.59
1998	84 402	19 506	23.11	84 402	5 746	6.81
1999	89 677	26 471	29.52	89 677	8 214	9.16
2000	99 215	48 091	48.47	99 215	16 088	16.21
2001	109 655	43 522	39.69	109 655	14 463	13.19
2002	120 333	38 329	31.85	120 333	12 485	10.38
2003	135 823	42 458	31.26	135 823	13 179	9.70
2004	159 878	37 056	23.18	159 878	11 689	7.31
2005	183 868	32 430	17.64	183 868	10 631	5.78
2006	211 923	89 404	42.19	211 923	25 004	11.80
2007	249 530	327 141	131.10	249 530	93 064	37.30
2008	300 670	121 366	40.36	300 670	45 214	15.04
2009	335 353	243 939	72.74	335 353	151 259	45.10
2010	397 983	265 422	66.69	397 983	193 110	48.52
2011	471 564	214 758	45.54	471 564	164 921	34.97
2012	519 322	230 358	44.36	519 322	181 658	34.98
2013	568 845	239 077	42.03	568 845	199 580	35.09
2014	636 463	372 547	58.53	636 463	315 624	49.59

数据来源：中国证监会。

附表 17 境内股票筹资额和银行贷款增加额的比率

单位：亿元，%

年份	境内股票筹资额	银行贷款增加额	比率
1997	933.82	10 712.47	8.72
1998	803.57	11 490.94	6.99
1999	897.39	10 846.36	8.27
2000	1 541.02	13 346.61	11.55
2001	1 182.13	12 439.41	9.50
2002	779.75	18 979.20	4.11
2003	823.10	27 702.30	2.97
2004	862.67	19 201.60	4.49
2005	338.13	16 492.60	2.05
2006	2 463.70	30 594.89	8.05
2007	7 722.99	36 405.60	21.21
2008	2 619.71	41 703.76	6.28
2009	3 894.53	96 290.18	4.04
2010	8 954.99	79 510.73	11.26
2011	5 073.07	68 751.14	7.38
2012	3 127.54	81 962.95	3.82
2013	3 457.52	93 326.01	3.70
2014	4 834.04	101 548.47	4.76

注：自2008年起，股票再筹资中区分定向增发（现金）和定向增发（资产注入），本表2008年以后境内股票融资额不包含定向增发（资产注入）部分。

数据来源：根据中国证监会、中国人民银行数据整理。

附表18　股票市场概况统计表

年份		2008	2009	2010	2011	2012	2013	2014
境内上市公司数（A、B股）（家）		1 625	1 718	2 063	2 342	2 494	2 489	2 613
其中：ST公司数（家）		140	142	153	137	96	57	43
中小板公司数（家）		273	327	531	646	701	701	732
创业板公司数（家）		—	36	153	281	355	355	406
境内上市外资股（B股）（家）		109	108	108	108	107	106	104
其中：ST公司数（家）		20				12		4
总发行股本（亿股）		24 522.85	26 162.85	33 184.35	36 095.52	38 395.00	40 569.08	43 610.13
其中：中小板总发行股本		591.60	794.13	1 366.74	1 943.50	2 410.25	2 818.48	3 470.59
创业板总发行股本		—	34.60	175.06	399.53	600.89	761.56	1 077.26
市价总值（亿元）		121 366.44	243 939.12	265 422.59	214 758.10	230 357.62	239 077.19	372 546.96
其中：中小板市价总值		6 269.68	16 872.55	35 364.61	27 429.32	28 804.03	37 163.74	51 058.20
创业板市价总值		—	1 610.08	7 365.22	7 433.79	8 731.20	15 091.98	21 850.95
流通市值（亿元）		45 213.90	151 258.65	193 110.41	164 921.30	181 658.26	199 579.54	315 624.31
其中：中小板流通市值		2 672.68	7 503.57	16 150.32	14 343.52	16 244.15	25 543.70	36 017.99
创业板流通市值		—	298.97	2 005.64	2 504.08	3 335.29	8 218.83	13 072.90
成交量（亿股）	合计	24 131.38	51 106.99	42 151.99	33 957.55	32 881.06	48 372.67	73 754.61
	日平均	98.10	209.45	174.18	139.17	135.31	203.25	301.04
	中小板	1 189.26	3 283.65	4 055.35	3 729.74	5 075.85	8 245.92	11 313.54
	创业板	—	38.55	400.53	761.69	1 478.14	3 035.83	4 035.31

附录一 统计资料

续表

年　份		2008	2009	2010	2011	2012	2013	2014
成交金额（亿元）	合计	267 112.64	535 986.74	545 633.54	421 649.72	314 667.41	468 728.60	743 912.98
	日平均	1 085.82	2 196.67	2 254.68	1 728.07	1 294.93	1 969.45	3 036.38
	中小板	16 637.28	48 273.52	85 832.42	69 026.48	61 891.45	100 224	152 167
	创业板	—	1 828.11	15 717.88	18 879.15	23 304.64	51 182	78 041
平均换手率（%）	上海	392.52	499.41	197.61	124.80	101.59	123.59	439.50
	深圳	469.11	793.27	557.46	340.49	297.85	389.11	635.81
	上海	14.86	28.73	21.61	13.40	12.30	10.99	15.99
	深圳	17.13	46.01	44.69	23.11	22.01	27.76	34.05
平均市盈率	中小板	24.96	51.01	56.93	28.26	25.42	34.07	41.06
	创业板		105.38	78.53	37.62	32.01	55.21	64.51
上证综合指数	开盘	5 265.00	1 849.02	3 289.75	2 825.33	2 212.00	2 289.51	2 112.13
	最高	5 522.78	3 478.01	3 306.75	3 067.46	2 478.37	2 444.80	3 234.68
	月日	2008-1-14	2009-8-4	2010-1-11	2011-4-18	2012-2-27	2013-2-18	2014-12-31
	最低	1 664.92	1 844.09	2 319.74	2 134.02	1 949.46	1 849.65	1 991.25
	月日	2008-10-28	2009-1-5	2010-7-2	2011-12-28	2012-12-4	2013-6-25	2014-1-20
	收盘	1 820.81	3 277.14	2 808.08	2 199.42	2 269.13	2 115.98	3 234.68
深证综合指数	开盘	1 450.33	560.10	1 207.33	1 298.60	871.93	887.36	1 055.88
	最高	1 584.40	1 240.64	1 414.64	1 316.19	1 020.29	1 106.27	1 504.48
	月日	2008-1-15	2009-12-4	2010-11-11	2011-1-6	2012-3-14	2013-10-22	2014-12-16
	最低	452.33	557.69	890.24	828.83	724.97	815.89	1 004.93
	月日	2008-11-4	2009-1-5	2010-7-2	2011-12-28	2012-12-4	2013-06-25	2014-4-29
	收盘	553.30	1 201.34	1 290.87	866.65	881.17	1 057.67	1 415.19

数据来源：中国证监会、上海证券交易所、深圳证券交易所。

附表19

中国债券发行情况汇总表

单位：亿元

年份	国债			金融债券			公司信用类债券（企业债）		
	发行额	兑付额	期末余额	发行额	兑付额	期末余额	发行额	兑付额	期末余额
1995	1 510.86	496.96	3 300.30				300.80	336.30	646.61
1996	1 847.77	786.64	4 361.43				268.92	317.80	597.73
1997	2 411.79	1 264.29	5 508.93				255.23	219.81	521.02
1998	3 808.77	2 060.86	7 765.70				147.89	105.25	676.93
1999	4 015.00	1 238.70	10 542.00				158.20	56.50	778.63
2000	4 657.00	2 179.00	13 020.00				83.00		861.63
2001	4 884.00	2 286.00	15 618.00				147.00		
2002	5 934.30	2 216.20	19 336.10				325.00		
2003	6 280.10	2 755.80	22 603.60				358.00		
2004	6 923.90	3 749.90	25 777.60				327.00		
2005	7 042.00	4 045.50	28 774.00				2 046.50	37.00	
2006	8 883.30	6 208.61	31 448.69				3 938.30	1 672.40	
2007	23 139.10	5 846.80	48 741.00				5 181.00	2 880.90	7 683.30
2008	8 558.20	7 531.40	49 767.80				8 723.40	3 277.84	13 250.62
2009	17 927.24	9 745.06	57 949.98				16 599.30	4 309.12	25 540.80
2010	19 778.30	10 043.38	67 684.90				16 094.45	5 099.23	36 318.15
2011	17 100.00	10 959.00	75 832.00	23 491.00	7 683.00	75 748.00	23 548.00	10 326.00	49 095.00
2012	16 154	9 464	82 522	26 202	8 588	93 362	37 365	8 750	77 710
2013	20 230	8 996	95 471	26 310	13 306	105 772	36 784	18 673	93 242
2014	21 747	10 365	107 275	36 552	19 345	125 489	51 516	27 388	116 214

注：1. 金融债券指由金融企业发行的债券，包括国开行金融债、改策性金融债、商业银行普通债、商业银行次级债、商业银行资本混合债、商业银行资本支持证券、证券公司债券、证券公司短期融资券、资产管理公司金融债。表中"公司信用类债券"，包括非金融企业债务融资工具、企业债券以及公司债、可转债、可分离债、中小企业私募债。

2. 因统计制度调整，自2012年起，表中"企业债"替换为"公司信用类债券"。

数据来源：中国人民银行。

附表20 中国保险业发展概况统计表

单位：亿元，%

项目	2008年	同比增长	2009年	同比增长	2010年	同比增长	2011年	同比增长	2012年	同比增长	2013年	同比增长	2014年	同比增长
保费收入	9 784.10	39.06	11 137.30	13.83	14 527.97	30.44	14 339.25	—	15 487.93	8.0	17 222.24	11.20	20 234.81	17.49
1.财产险	2 336.71	16.97	2 875.83	23.07	3 895.64	35.46	4 617.82	18.54	5 330.93	15.44	6 212.26	16.53	7 203.38	15.95
2.人身意外伤害	203.56	7.08	230.05	13.02	275.35	19.69	334.12	—	386.18	15.58	461.34	19.46	542.57	17.61
3.健康险	585.46	52.40	573.98	-1.96	677.47	18.03	691.72	—	862.76	24.73	1 123.50	30.22	1 587.18	41.27
4.寿险	6 658.37	49.17	7 457.44	12.00	9 679.51	29.80	8 695.59	—	8 908.06	2.4	9 425.14	5.80	10 901.69	15.67
赔款、给付	2 971.17	31.16	3 125.48	5.19	3 200.43	2.40	3 929.37	22.78	4 716.32	20.03	6 212.90	31.73	7 216.21	16.15
1.财产险	1 418.33	38.99	1 575.78	11.10	1 756.03	11.44	2 186.93	24.54	2 816.33	28.78	3 439.14	22.11	3 788.21	10.15
2.人身意外伤害	62.57	-1.35	63.92	2.15	71.39	11.69	81.84	14.64	96.80	18.28	109.51	13.12	128.42	17.27
3.健康险	175.28	49.99	217.03	23.82	264.02	21.65	359.67	36.23	298.17	-17.10	411.13	37.88	571.16	38.92
4.寿险	1 314.98	23.54	1 268.74	-3.52	1 108.99	-12.59	1 300.93	17.31	1 505.01	15.69	2 253.13	49.71	2 728.43	21.09
营业费用	1 079.52	13.92	1 234.06	14.32	1 538.35	24.66	1 882.38	22.36	2 171.46	15.36	2 459.59	13.27	2 795.79	13.67
银行存款	8 087.55	24.11	10 519.68	30.07	13 909.97	32.23	17 737.17	27.51	23 446.00	32.19	22 640.98	-3.43	25 233.44	11.45
投资	22 465.22	11.18	26 897.43	19.73	32 136.65	19.48	37 736.67	17.43	45 096.58	19.50	54 232.43	20.26	66 997.41	23.54
其中：国债	4 208.26	6.24	4 053.82	-3.67	4 815.78	18.80	4 742.40	-1.52	4 795.02	1.11	4 776.73	-0.38	5 009.88	4.88
证券投资基金	1 646.46	-34.93	2 758.78	67.56	2 620.73	-5.00	2 915.86	11.26	3 625.58	24.34	3 575.52	-1.38	4 714.28	31.85
资产总额	33 418.44	15.22	40 634.75	21.59	50 481.61	24.23	60 138.10	19.13	73 545.73	22.29	82 886.95	12.70	101 591.47	22.57

注：1. 自2011年起，保险业根据财政部《企业会计准则解释第2号》调整了保险收入确认原则，按照新口径统计保费收入，故2011年起保费收入不能与住年进行比较。
2. 保费收入、赔款给付、营业费用为年度数据。
3. 银行存款、投资、资产总额为年底数据。
数据来源：根据中国保监会网站提供数据整理。

附表21　　　　　　　　2010—2014年全国非寿险保费收入构成

单位：亿元，%

险　种	2010	占比	2011	占比	2012	占比	2013	占比	2014	占比
车险	3 004.15	74.60	3 504.56	73.33	4 005.17	72.43	4 720.79	72.84	5 515.93	73.11
企财险	271.61	6.74	329.81	6.90	360.36	6.52	378.80	5.84	387.35	5.13
货运险	78.74	1.96	97.83	2.05	101.71	1.84	102.94	1.59	95.44	1.27
意外险	85.53	2.12	105.12	2.20	126.54	2.29	150.93	2.33	171.93	2.28
责任险	115.88	2.88	148.01	3.10	183.77	3.32	216.63	3.34	253.30	3.36
其他	470.98	11.70	593.73	12.42	752.33	13.60	911.07	14.06	1 120.45	14.85
合计	4 026.89	100.00	4 779.06	100.00	5 529.88	100.00	6 481.16	100.00	7 544.40	100.00

数据来源：中国保监会。

附表22　　　　　　　　2010—2014年全国寿险保费收入构成

单位：亿元，%

险　种	2010	占比	2011	占比	2012	占比	2013	占比	2014	占比
人寿保险	9 679.31	92.18	8 695.40	90.96	8 907.90	89.46	9 424.99	87.75	10 901.57	85.90
其中：普通保险	948.17	9.03	951.20	9.95	969.65	9.74	1 200.27	11.17	4 296.49	33.86
分红保险	7 454.77	70.99	7 662.54	80.15	7 854.29	78.88	8 132.81	75.72	6 508.75	51.29
投资连结保险	152.82	1.46	4.55	0.05	4.35	0.04	4.42	0.04	4.42	0.03
意外伤害保险	189.83	1.81	229.00	2.40	259.64	2.61	310.41	2.89	370.63	2.92
健康保险	631.74	6.02	635.61	6.65	790.35	7.94	1 005.52	9.36	1 418.09	11.17
合计	10 500.88	100.00	9 560.00	100.00	9 957.89	100.00	10 740.93	100.00	12 690.28	100.00

数据来源：中国保监会。

附表23　　2014年全国各地区保费收入情况表

单位：亿元

地区	原保险保费收入	财产保险	寿险	意外险	健康险
全国合计	20 234.81	7 203.38	10 901.69	542.57	1 587.18
江　苏	1 792.97	590.00	1 014.18	48.90	139.90
广　东	1 683.76	606.29	916.72	48.47	112.27
山　东	1 251.79	426.51	680.45	28.34	116.49
北　京	1 207.24	314.76	708.69	34.64	149.16
浙　江	1 060.63	371.76	583.61	29.77	75.49
河　南	1 051.08	472.91	482.53	29.92	65.73
四　川	1 036.08	278.38	659.88	18.77	79.05
河　北	986.75	320.36	545.60	38.33	82.46
上　海	931.94	356.72	493.59	19.64	61.99
湖　北	700.23	204.55	421.51	18.52	55.64
湖　南	587.73	211.27	317.00	15.96	43.50
安　徽	572.29	241.45	274.42	11.21	45.21
深　圳	557.70	187.42	319.08	11.05	40.15
福　建	554.61	182.19	303.39	16.12	52.91
辽　宁	548.66	206.95	282.91	17.32	41.49
陕　西	507.09	122.03	346.79	8.68	29.59
山　西	476.75	160.00	266.48	11.75	38.51
黑龙江	465.37	156.03	271.92	8.72	28.70
重　庆	407.26	138.87	222.94	15.82	29.64
云　南	400.37	138.75	222.60	9.48	29.54
江　西	375.99	177.26	147.66	14.21	36.86
天　津	330.00	107.66	191.89	5.26	25.18
广　西	317.75	108.87	174.51	6.58	27.79
内蒙古	317.41	131.63	141.23	12.24	32.32
新　疆	313.97	138.26	144.44	7.10	24.17
吉　林	313.30	130.62	143.79	12.99	25.90
宁　波	213.06	112.43	78.89	8.56	13.18
贵　州	208.44	80.00	106.44	6.34	15.66
甘　肃	206.98	111.57	81.45	5.52	8.45
青　岛	203.14	88.12	95.04	4.88	15.10
大　连	199.27	71.86	107.14	4.45	15.82
厦　门	131.21	57.08	60.54	4.08	9.51
宁　夏	85.15	37.83	40.55	2.35	4.42
海　南	83.92	36.37	36.05	2.41	9.09
青　海	46.09	22.99	16.57	1.55	4.97
西　藏	12.76	9.01	1.09	1.47	1.18
集团、总公司本级	96.07	94.62	0.13	1.17	0.16

注：集团、总公司本级是指集团、总公司开展的业务，不计入任何地区。
数据来源：中国保监会。

附表 24 支付系统业务量统计表

单位：万笔，亿元

项目/年度	2010年		2011年		2012年		2013年		2014年	
	笔数	金额	笔数	金额	笔数	金额	笔数	金额	笔数	金额
大额支付系统	29 121.66	11 043 680.19	37 211.44	13 552 814.97	47 035.96	17 719 972.13	59 548.66	20 607 617.10	71 256.49	23 468 933.87
小额支付系统	38 672.84	162 124.36	56 304.92	183 614.11	75 393.50	185 477.54	104 027.48	203 154.11	143 580.15	220 751.23
网上支付跨行清算系统					26 580.35	35 630.14	71 784.34	94 684.65	163 914.52	177 893.21
同城票据清算系统	44 957.39	731 904.25	41 803.08	709 484.72	39 135.21	665 182.46	41 871.79	682 892.87	38 381.54	632 193.30
境内外币支付系统	54.48	9 506.38	76.24	17 103.76	111.05	33 614.79	139.44	44 294.86	191.15	52 809.80
银行业金融机构行内支付系统	524 460.31	4 580 717.89	729 076.77	5 305 821.12	895 492.15	6 245 593.61	1 075 915.50	7 452 224.44	1 431 813.80	8 962 797.55
银行卡跨行交易清算系统	845 329.81	112 267.74	1 038 147.93	159 285.29	1 248 897.88	217 631.82	1 513 946.08	322 972.28	1 867 366.07	411 097.10

数据来源：中国人民银行。

责任编辑：戴　硕　董　飞　肖　炜
责任校对：李俊英
责任印制：程　颖

图书在版编目（CIP）数据

中国金融稳定报告（Zhongguo Jinrong Wending Baogao）.2015/中国人民银行金融稳定分析小组编.
—北京：中国金融出版社，2015.5
ISBN 978 - 7 - 5049 - 7756 - 4

Ⅰ.①中…　Ⅱ.①中…　Ⅲ.①金融市场—研究报告—中国—2015　Ⅳ.①F832.5

中国版本图书馆CIP数据核字（2015）第108263号

出版
发行　中国金融出版社
社址　北京市丰台区益泽路2号
市场开发部　　（010）63266347，63805472，63439533（传真）
网 上 书 店　http://www.chinafph.com
　　　　　　（010）63286832，63365686（传真）
读者服务部　（010）66070833，62568380
邮编　100071
经销　新华书店
印刷　北京松源印刷有限公司
尺寸　210毫米×285毫米
印张　13.25
字数　236千
版次　2015年5月第1版
印次　2015年5月第1次印刷
定价　228.00元
ISBN 978 - 7 - 5049 - 7756 - 4/F.7316
如出现印装错误本社负责调换　联系电话（010）63263947